东吴哲学文丛
丛书主编 李兰芬 邢冬梅

朱耀平 著

海德格尔与现象学的存在论转向

意识之踪迹的现象学呈现
存在之意义的生存论追问

苏州大学出版社

图书在版编目(CIP)数据

海德格尔与现象学的存在论转向 / 朱耀平著. —苏州：苏州大学出版社，2014.12
(东吴哲学文丛 / 李兰芬，邢冬梅主编)
ISBN 978-7-5672-0585-7

Ⅰ. ①海… Ⅱ. ①朱… Ⅲ. ①海德格尔，M.(1889～1976)—现象学—研究 Ⅳ. ①B516.54②B81—06

中国版本图书馆 CIP 数据核字(2014)第 302598 号

书　　名	**海德格尔与现象学的存在论转向**
著　　者	朱耀平
责任编辑	薛华强
出版发行	苏州大学出版社 (苏州市十梓街 1 号　215006)
印　　刷	苏州工业园区美柯乐制版印务有限责任公司
开　　本	700 mm×1 000 mm　1/16
印　　张	14
字　　数	252 千
版　　次	2014 年 12 月第 1 版 2014 年 12 月第 1 次印刷
书　　号	ISBN 978-7-5672-0585-7
定　　价	35.00 元

苏州大学版图书若有印装错误，本社负责调换
苏州大学出版社营销部　电话：0512－65225020
苏州大学出版社网址　http://www.sudapress.com

本书为下列科学研究项目的阶段性成果：

1. 2012 年度江苏省社会科学基金项目“胡塞尔遗稿中的心灵哲学研究”(12ZXB009)；

2. 2013 年度教育部人文社会科学研究规划基金项目“胡塞尔遗稿中的心灵哲学研究”(13YJA720029)。

本书同时还获得江苏省高校优秀中青年教师境外研修计划资助。

特此致谢！

总　序

出版“东吴哲学文丛”，不只是为了展示既有研究成果，更是为了表达一种哲学探究的愿望和谋划。恰似苏州大学的校训：“养天地正气，法古今完人。”“东吴哲学文丛”关注的不是某一个具体的哲学问题的研究，也不是某一哲学领域、某一哲学流派、某一哲学时代的探讨，“东吴哲学文丛”意图呈现东吴哲学一种多元并存的哲学视野、一种“凸显问题意义、淡化学科分野”的思维路向、一种哲学共同体的学人情怀。

当今世界是一个高度复杂与多元重叠的世界。我们进入了相较以往更突出的东西文化冲突且交融、共生且纷争的时代。身处其中的中国哲学人，获得了相对于以往更开阔的全球性视野来回溯和前瞻、反思和建构与人类历史、与现实密切相关的理论主题。“东吴哲学文丛”就是在这样一个语境中产生的。

“东吴哲学文丛”的作者以苏州大学哲学一级学科的学者为基础，开放性吸纳秉承东吴哲学研究理念的其他学者的著述加入；“东吴哲学文丛”的论著主题和内容基本涵盖所有哲学层面的论题讨论和反思，开放性吸纳新锐以及其他学科论题的哲学辨析；“东吴哲学文丛”的未来关注走向会更明显地凸显全球性视野下的中国问题和中国思考，开放性地将中国思考建设性植入世界的现实文化。

从东吴大学算起，苏州大学已经走过110多年的历程；苏州大学的东吴哲学在时代蹉跎与变迁中，在与社会的政治、经济、文化环境的碰撞、纠结、融合中，努力实现超越。“东吴哲学文丛”是苏州大学哲学学科和哲学研究的多面走向的一个出口，也是寻求哲学交流、哲学合作、哲学发展的一个路径。

经过几代人的努力，苏州大学哲学学科形成了“一体两翼”的研究格局、“兼容并蓄”的地域特色和学术风格以及“多元互动”的跨学科发展路径。在新的起点和平台上，哲学学科全体同仁携手耕耘教坛、学苑，谱写哲学发展新篇章。“东吴哲学文丛”将努力成为这种发展路径和平台的一种指征。

李兰芬　邢冬梅

目　录

Contents

导 言

任何一种在哲学史上占有一席之地的哲学，都是勇于面对它所处的时代的问题并试图为解决这些问题找到新的出路的哲学。以胡塞尔、海德格尔等人为代表，曾经占据了 20 世纪哲学王国半壁江山的现象学正是这样一种哲学。

今天，人类已经进入 21 世纪。我们这个时代面临的问题，与胡塞尔、海德格尔等人所处的时代所面临的问题，也许大相径庭，也许大同小异，但是，不管怎样，我们必须学会思考、学会解决问题。这首先要求我们学习前人是如何思考、如何解决问题的。在这方面，现象学无疑是一个不可多得的典范。因此，身处这个世纪的人们仍然面临着进一步深入地把握现象学这个上个世纪留给我们的思想遗产的精髓的任务。我们完全可以说，对现象学的研究远未结束，而只是刚刚开始。

作为一个哲学流派，现象学的一个突出特点在于被人称为或自称为现象学家的各个哲学家的思想之间往往存在着巨大的差异。这一点特别明显地表现在它的两个主要代表人物——胡塞尔和海德格尔——两人的思想关系上。在这种情况下，能否准确地把握这些不同的哲学家们的思想之间联系与区别，就成为我们能否获得对现象学的思想实质正确理解的关键。

“现象学以胡塞尔的《逻辑研究》开山”[1]，现象学首先指的是胡塞尔的现象学。海德格尔既是胡塞尔现象学最忠实的维护者和继承者，也是它的最激烈的反叛者；对胡塞尔现象学作了最充分肯定的人是他，对它进行了最彻底的批判的人也是他，他们二人的思想之间的“张力”之大，为哲学史上所罕见。

实际上，胡塞尔与海德格尔两人的思想之间的关系是任何想要对现象学的理论内容有所了解的人都必然遇到的、不可回避的问题，这个问题成为现象学研究的热点问题并非偶然。

海德格尔对胡塞尔现象学的继承主要表现在他对“现象学的三个重要发现”——意向性、范畴直观、“先天”的本真意义——的积极因素的肯定、吸收

[1] 海德格尔.存在与时间.陈嘉映，王庆节，合译.北京：生活·读书·新知三联书店，2006：45.

和利用上。海德格尔与胡塞尔的最大不同则在于他不仅彻底抛弃了后者的先验唯心论的立场，而且把现象学规定为关于存在问题的科学，使现象学从意识现象学转变为此在现象学或基础存在论，现象学在海德格尔那里成为"生存论及存在论的现象学"。

海德格尔对胡塞尔现象学的上述态度与他对西方传统哲学特别是笛卡尔以来的近代主体性哲学及胡塞尔现象学与这种哲学的关系的看法有关。在海德格尔看来，尽管胡塞尔现象学特别是它的三个重要发现在挑战笛卡尔式的心物二元论、突破传统的真理和存在概念等方面具有重要的意义，但无论是从其理论内容本身来看，还是从胡塞尔对他本人的哲学与笛卡尔、康德等人的哲学的关系的自我陈述来看，胡塞尔现象学都可以说是未脱近代主体性哲学之窠臼。对于海德格尔来说，这就意味着胡塞尔现象学与笛卡尔、康德等人的哲学一样都遗忘了存在问题，从而留下了本体论上的"空白"。近代主体性哲学在本体论上的"空白"状态首先表现为这种哲学把一切都归结为"主体"，却没有对"主体"本身的存在方式进行必要的规定；而之所以缺乏这种规定则是因为存在本身的意义没有得到应有的规定。

针对笛卡尔以来的主体性哲学特别是胡塞尔的先验现象学或"意识现象学"把一切都归结为"主体"或"意识"(Bewusstsein)，却遗忘了"主体"或"意识"本身的存在方式问题的缺陷，海德格尔提出了对"主体"或"意识"的存在本身(Dasein)进行追问的要求。这意味着被包括胡塞尔现象学在内的主体性哲学所忽略的"主体"或"意识"的存在问题对于海德格尔来说却是现象学面临的迫切问题，现象学的出发点不再是"主体"或"意识"本身，而是"主体"或"意识"的存在，即"此在"。这就是现象学从胡塞尔"意识现象学"向海德格尔"此在现象学"的转变。

尽管海德格尔对现象学的这种理解与胡塞尔的理解有很大的不同，但对于海德格尔来说，这仍然不能改变这样一个事实，即他本人的哲学探索"只有在胡塞尔奠定的基础上才是可能的"〔1〕。那么，胡塞尔现象学对海德格尔哲学的这种奠基作用有何具体的表现呢？在何种意义上我们可以说海德格尔的哲学或存在论是"现象学的哲学"或"现象学的存在论"呢？这实际上也就是在何种意义上我们可以把海德格尔哲学看作是对胡塞尔现象学实行了某种改造的结果的问题。为此，本书"上篇"对胡塞尔意识现象学的分析和讨论将把重点放在那些对海德格尔哲学具有特殊重要性的理论观点上。

事实上，海德格尔的哲学与胡塞尔的现象学即使有再密切不过的关系，

---

〔1〕 海德格尔. 存在与时间. 陈嘉映，王庆节，合译. 北京：生活·读书·新知三联书店，2006：45.

也并不使人感到意外,因为海德格尔本来就是胡塞尔的“学生和助手”,甚至曾经被胡塞尔看作是除他本人之外的最为地道的现象学家。尽管如此,他们二人最后还是分道扬镳了。那么,海德格尔最终决定“告别”胡塞尔的原因是什么?在何种意义上我们必须把海德格尔看作是胡塞尔现象学的批判者和超越者,而不仅仅是继承者呢?这就是本书的“下篇”试图加以回答的问题。

上篇　胡塞尔意识现象学

第一章 胡塞尔现象学的产生和发展

通常认为，在胡塞尔的一生中，他的哲学思想经历了三次大的转折：第一次转折是从描述心理学转变为本质现象学，以《逻辑研究》(1900—1901)的发表为标志；第二次转折是从本质现象学转变为先验现象学，以《纯粹现象学和现象学哲学的观念》第一卷(1913)的发表为标志；最后一次转折是从先验现象学转变为生活世界和交互主体性现象学，以《笛卡尔的沉思》(1931)和《欧洲科学危机与先验现象学》(1936)的问世为标志。上述每一次思想转折都意味着胡塞尔心目中的现象学概念的具体含义的变化。下面试以这三次思想转折为线索对胡塞尔现象学概念的形成和演变过程作一扼要的考察。

一、从描述心理学向本质现象学转变

"描述心理学"的概念直接来自于布伦塔诺。布伦塔诺认为描述心理学与解释心理学的不同在于，前者只对意识现象本身进行描述和概括，而后者则致力于说明各种意识现象之间的因果联系。由于布伦塔诺把意识现象看成是数学和逻辑学概念产生的基地，因此他认为描述心理学是一切先天科学的基础。直到 1891 年发表《算术哲学》为止，胡塞尔对布伦塔诺的上述思想都是赞同的。根据《算术哲学》中的"熟悉性原则"，对相关的意识活动的描述可以澄清逻辑和算术的基本概念，并建立这些学科的基本的分析性定律。

但是，大量事实表明，企图通过心理学来为数学和逻辑学奠基是不可能成功的，那种做法最后不可避免地要陷入"心理主义"的困境。实际上，即使胡塞尔本人对那种"心理学的奠基"也从未感到过完全的满意，正如他后来在谈到这一点时所言，"在论及数学表象的起源，或者，在论及确实是由心理因素所决定的实践方法的形成时，我感到心理学分析的成就是明白清晰而且富于教益的。然而，思维的心理联系如何过渡到思维内容的逻辑统一(理论的统一)上去，在这个问题上我却无法获得足够的连贯性和清晰性。此外，数学的客观性以及所有科学的客观性如何去俯就心理学对逻辑的论证，这个原则性的怀疑就更使我感到不安了。这样，我建立在流行的心理学信念——用心理学分析来逻辑地阐明现有的科学——之上的全部方法便发生了动摇……"[1]

对心理学的奠基作用的这种怀疑和动摇，加上来自G. 弗雷格对《算术哲学》第一卷的心理主义倾向的批评，使胡塞尔最终放弃了出版《算术哲学》第二卷的打算。在接下来的几年时间里，胡塞尔一直致力于对把心理学看成是逻辑学必要而充分的基础这样一种心理主义观点的清算。从1895年起，胡塞尔开始在讲课时对心理主义进行批判。在1900年发表的题为《纯粹逻辑学导引》的《逻辑研究》第一卷中，胡塞尔首先把他对心理主义的批判进行了系统的论证和总结，指出由于心理主义混淆了心理学对象（如判断行为）和逻辑学对象（如判断内容），结果必然导致自相矛盾的相对主义和怀疑论。

《逻辑研究》第一卷对心理主义的批判，使人们有足够的理由相信，胡塞尔已与逻辑学中的心理主义"一刀两断"，但令人困惑的是，在次年出版的篇幅扩大了三倍的《逻辑研究》第二卷中"却包含着对于构成认识来说至关重要的意识行为的描述"[2]。不少人据此认为，胡塞尔以其对意识现象的现象学描述重新陷入了恰恰是他从前所批驳的已经声誉扫地的心理主义。然而这实际上不过是对胡塞尔这部著作的一个严重误解。这是因为胡塞尔这时的"意识现象学"所要研究的，"不是单纯的实际关系，而是本质的关系，这种本质关系可以不依赖于经验的或实际的情况来理解"[3]。对这种本质关系的研究是从认识论上说明逻辑观念的起源的必要手段，是通向纯粹逻辑学的必由之路。因此，问题不在于使逻辑学与意识现象和心理学"断绝一切关系"，而在于以"一种新的、相对于经验中的自然态度和思想中的自然态度来说是完全改变了的态度方式"[4]去研究意识现象。

为了说明他在《逻辑研究》中确立的意识现象学与经验心理学的不同，胡塞尔强调现象学不是事实科学，而是本质科学，即关于"爱多斯"(eidos)的科学，而"这门本质科学所具有的还原方法将引导人们从心理学的现象出发达到纯粹的'本质'，或者说，在判断思维中引导人们从事实的（'经验的'）一般性出发达到'本质的'一般性"[5]。这种还原方法就是所谓的"本质还原"(eidetic reduction)，通过本质还原的方法建立起来的"意识现象学"或"意识本质论"就是"本质现象学"，这是胡塞尔本人所确立的第一个现象学概念。

---

〔1〕 胡塞尔. 逻辑研究(第一卷). 倪梁康，译. 上海：上海译文出版社，2006：2.
〔2〕 海德格尔. 面向思的事情. 陈小文，孙周兴，译. 北京：商务印书馆，1999：92.
〔3〕 施皮格伯格. 现象学运动. 王炳文，张金言，译. 北京：商务印书馆，1995：151.
〔4〕 胡塞尔. 纯粹现象学通论. 李幼蒸，译. 北京：商务印书馆，1992：44.
〔5〕 同上：45.

二、从本质现象学向先验现象学的过渡

针对人们对《逻辑研究》第二卷的真实意图的误解，胡塞尔不厌其烦地指出：本质现象学"不是心理学，并且它之所以不能被看作是心理学，其原因不在于偶然的划界和术语，而在于其根本的原则"[1]。但胡塞尔为他自己所做的辩护似乎没有收到预期的效果。显然，把造成这种结果的原因归结为人们的无知或不友善，是不明智的。实际上，造成这种令胡塞尔感到十分苦恼和困窘的局面的原因，只能从《逻辑研究》第二卷的内容本身中去寻找。毫无疑问，这部著作所表述的建立在本质还原的基础上的本质现象学与经验心理学确实具有很大的不同，但这是否就意味着它不再是任何一种意义上的心理学？答案是否定的。因为本质还原只是要求割断意识的一般本质与具体的人的心理活动和过程之间的关联，而没有要求割断意识本质与一般意义上的人类心理过程的关联，所以意识现象仍然被看作是发生于人的心理过程中的现象。因此，本质现象学所说的"意识"仍然是一种不纯粹的意识，仍然不是"意识一般"或"纯粹意识本身"，而只不过是一般化、本质化了的"人类意识"。显然，把这样一种以人类意识作为研究对象的科学称为"心理学"，是恰如其分的。总之，人们把《逻辑研究》第二卷看作一部心理学的著作，虽然有违胡塞尔的初衷，却并非毫无理由。甚至胡塞尔本人后来也经常把本质现象学称为"现象学的心理学"。

胡塞尔建立现象学的目的在于澄清逻辑学观念的起源，以达到为逻辑学奠基的目的。但只要现象学仍然停留在心理学的范围之内，它就不可能担当起为逻辑学奠基的重任。胡塞尔的《逻辑研究》第一卷已经告诉我们：任何企图让具有心理学性质的学科为逻辑学奠基的想法都是幼稚的，因为那样将不可避免地导致怀疑论和相对主义的结局。这样，怎样从人类意识进一步上升到"意识一般"或"纯粹意识"，使现象学从研究"人类意识"的科学转变为研究"纯粹意识本身"的科学，从而清除现象学中残留的心理学"杂质"，使现象学发展成为纯粹现象学即先验现象学，就成为胡塞尔面临的迫切任务。

经过几年时间的思考，胡塞尔确信他已找到了从"人类意识"通向"纯粹意识"的道路和方法，这就是通过作为本质还原的深化和彻底化的"先验还原"把人类意识进一步还原为与人的心理无关的、纯粹的先验意识，以这种纯粹的先验意识作为研究对象的现象学就是所谓的"纯粹现象学"或"先验现

---

〔1〕 胡塞尔.纯粹现象学通论.李幼蒸，译.北京：商务印书馆，1992：43.

象学”。

胡塞尔 1907 年在哥廷根大学所做的题为《现象学的观念》的讲座中，第一次明确地把现象学规定为“关于意识一般、关于纯粹意识的科学”[1]，这意味着胡塞尔这时已完成了从本质现象学向先验现象学的过渡。但由于这次讲座的讲稿在胡塞尔生前并未正式发表，而是直到 1950 年才作为《胡塞尔全集》的第二卷发表，因此人们通常以 1913 年《纯粹现象学和现象学哲学的观念》第一卷的发表作为胡塞尔完成向先验现象学过渡的标志。

根据胡塞尔的有关论述，可以看出先验现象学主要具有以下两个不同于本质现象学的显著特征：

第一，意向性方法在先验现象学中的作用得到进一步的加强。在本质现象学中，意向性仍然是作为意识现象不同于物理现象的根本特征提出的：任何意识都是关于某物的意识；意向性是意识现象的基本特征，就像非意向性是物理现象的特征一样。但是，从 1907 年起，随着胡塞尔“对象在意识中的构造”的思想的日趋成熟，意向对象开始成为意识活动的一个必不可少的组成部分。因此，先验现象学里所谓的“意识一般”或“纯粹意识”不仅仅是指意识活动本身(Noesis)，而且还包括作为这种活动的结果的意向对象(Noema)。[2] 这样，在本质现象学中仍然存在的意识现象与物理现象的对立在先验现象学中已经不复存在。

第二，与本质还原具有不彻底性不同，先验现象学中的先验还原是真正彻底的还原。胡塞尔在谈到先验还原与本质还原的不同时指出：本质还原“只是一种方法上的手段，人们可以用它来把心理之物作为普遍的、具有特殊本质的联系提取出来，使这些心理之物成为一种纯粹性、一种自身封闭的纯粹‘心理现象’”，这就是说，作为现象学的心理学家，“只是为了达到纯粹地把握我的心理这个目的，我才从方法上排斥那些与我的心理一同有效的、超出这个心理的、但又在这心理中被意识到的现实实在，而世界仍然作为存在着的世界暗中保持着它的有效性。原因在于，对于作为心理学家的我来说，我的纯粹意识生活的领域始终作为实在世界的一个抽象一方法析出的层次而保持其有效性；这个实在世界不仅包含着我的纯粹心灵。而且还包含着其他人以及他们的纯粹心灵”。与此相反，先验还原的特征则在于：“现象学家自始至终在一种普遍的意志中将普遍的世界经验以及所有其他在世界存在中

[1] 胡塞尔.现象学的观念.倪梁康，译.上海：上海译文出版社，1986：23.

[2] Noesis 和 Noema 这两个概念来源于希腊文，分别代表意向体验中的意识活动本身即体验的实项组成部分和意向对象，胡塞尔强调后者虽然不能被看作是体验实项组成，但它仍属于意向体验的“真实的”组成。

的有效性，无论是现时的还是习惯的有效性，都判为无效。随之，一种普遍的习性便得以形成，它使得人们不可能再去保持任何一种与世界有关的存在有效性，这样，作为现存有效的判断基础的世界万物对于先验现象学家来说是完全不存在的。”〔1〕总之，与现象学的心理学家将对象（客体）的客体性置而不论不同，先验现象学家试图将客体性解释成为一种在先验的主体性中构造出来的东西。〔2〕

先验现象学的上述这两个特征使现象学从不自觉地受着心物二元论支配的心理学转变为自觉的先验唯心论哲学。可见，先验现象学与本质现象学不仅在学科性质上不同，而且哲学立场也根本不同。这就是说，对于已经完成了先验论转向的现象学来说，先验唯心论的哲学主张是具有无比的重要性的根本特征，用胡塞尔自己的话来说，“只有那些对意向性或先验还原方法（或这两者之和）的深刻意义缺乏了解的人，才会试图把现象学与先验唯心论相分离”〔3〕。实际上，对于胡塞尔来说，先验现象学与先验唯心论不过是同一枚硬币的两面而已。

三、从先验现象学向生活世界和交互主体性现象学的扩展

对胡塞尔1913年以后的著作、特别是生前发表的最后一部著作《欧洲科学的危机与先验现象学》（1936年）的考察表明，胡塞尔从来没有打算过要放弃或改变他的先验唯心论的哲学立场。他在后期著作中提出“生活世界”和“交互主体性”这两个有名的概念的目的并不是为了放弃或改变先验现象学，而是为了说明或完善它。

《现象学运动》一书的作者赫伯特·施皮格伯格（Herbert Spiegelberg）在论及胡塞尔的“生活世界”概念时指出，这个概念本身所引起的兴趣不可掩盖这样一个事实，即“它在胡塞尔的后期著作中只占有很有限的地位，只起有限的作用。因为胡塞尔把它主要看作是通向先验现象学的两条道路之一，另一条道路是通过批判地评价经验心理学达到先验现象学”〔4〕。这就是说，对于胡塞尔来说，生活世界的问题不过是通向纯粹意识及其相关物领域的一条更容易被人理解和接受的通道而已，因此，对这个课题的探讨并不意味着他对先验现象学或先验唯心论的背离，相反，正如伽达默尔在他的《现象学运动》

〔1〕 转引自 倪梁康.现象学及其效应.北京：生活·读书·新知三联书店，1994：100－101.
〔2〕 同上：100－101.
〔3〕 胡塞尔.笛卡尔式的沉思.张廷国，译.北京：中国城市出版社，2002：117.译文有改动。
〔4〕 施皮格伯格.现象学运动：215.

一文中所言，面对胡塞尔不断地求助于康德，并宣称他本人第一次真正使先验哲学趋于完善这样一个事实，“我们必须承认，胡塞尔并没有要让生活世界的‘新现象学’成为不同于先验现象学本身的什么东西，他把现象学准确无误地贯彻到底，不带偏见，不带任何‘天真的’期望”[1]。

与“生活世界”一样，胡塞尔“交互主体性”或“主体间性”的概念也经常引起人们的误解。后者也并不像人们通常所认为的那样是胡塞尔先验现象学不可缺少的概念。其实对于了解胡塞尔的“先验还原”、“纯粹意识”等的真实意义的人来说，有时会觉得难于理解胡塞尔怎么会提出这样一个似乎与“纯粹意识”或“先验自我”存在着明显矛盾的概念。正如胡塞尔本人后来在批评笛卡尔由于中止判断的不彻底性所导致的对“自我”的心理主义的曲解时所指出的：先验自我作为通过现象学的先验还原或中止判断而消去世界特征的自我是不可能作为在世界中存在的“纯粹灵魂”出现的，除非它作为被加上“括号”的“灵魂”，就像身体一样被仅仅当作现象。显而易见，“这样一个在中止判断中所发现的、自为地存在的自我，在它自身以外是不可能有其他的一个或许多同类的自我的”，原因在于，“像‘我’和‘你’、‘内在’和‘外在’那样的区分是在这种绝对自我中被构成出来的”[2]。由此可见，如果把胡塞尔的“主体间性”理论中的“主体”理解为笛卡尔哲学中具有心理学色彩的“自我”，就不可避免地要导致对这个理论的误解。在这个问题上，看得比较清楚的还是伽达默尔，他在谈到这一问题时曾经这样写道：“舒茨推断，面对主体间性问题，先验自我的界限最终会消失。芬克也赞同这种推断。但是在我看来，这种推断是完全站不住脚的。”[3]

如前所述，在胡塞尔看来，笛卡尔之所以在对“自我”的理解上陷入心理主义的误区，是由于“中止判断”的不彻底所致，只要笛卡尔的“自我”仍然停留在“心灵”、“灵魂”等心理学意义上的自我的阴影之下，它就难以避免“唯我论”的结局。胡塞尔由此认识到，“先验哲学越彻底，它就越纯真，就越多地完成它作为哲学的使命……”[4]这就是说，只有把心理学意义上的自我彻底还原为纯粹的绝对的“先验自我”，从而把本质现象学或现象学的心理学进一步上升为先验现象学或现象学的哲学，才能从根本上摆脱“唯我论”的泥潭，也才能把先验唯心论与笛卡尔式的二元论或贝克莱、休谟等人的心理学的唯心主义区别开来。

---

〔1〕 伽达默尔.哲学解释学.夏镇平，宋建平，译.上海：上海译文出版社，1994：146.
〔2〕 胡塞尔.胡塞尔选集.倪梁康，选编.上海：上海三联书店，1997：1060.
〔3〕 伽达默尔.哲学解释学.夏镇平，宋建平，译.上海：上海译文出版社，1994：163.
〔4〕 胡塞尔.胡塞尔选集.倪梁康，选编，上海：上海三联书店，1997：1081.

从对胡塞尔的现象学概念的形成和演变过程的考察中，特别是从本质现象学转变为先验现象学的内在必然性及胡塞尔对先验唯心论的基本立场反复强调中，我们不难得出这样一个结论：对于胡塞尔而言，现象学主要指的就是先验现象学或先验唯心论；换言之，先验现象学或先验唯心论是胡塞尔现象学的核心和灵魂。对此是否有足够清楚的认识，是能否正确理解胡塞尔现象学的关键所在。

第二章　《逻辑研究》第一卷对心理主义的批判

一、《逻辑研究》的基本主题——对观念之物的本质的澄清

《逻辑研究》的基本主题是对观念之物与对它们的心理体验加以区分，即对数学、几何学或逻辑学意义上的观念对象的本质进行澄清。

举例来说，对于像“4”这样的数，现象学关心的并不是它本身的数学性质，而是它与计数行为之间的区别与联系；同样，对于毕达哥拉斯定理，现象学关心的并不是这一定理的几何学内容，而是这个定理本身与对这个定理的心理体验之间的区别与联系。总之，对于任何一个一般概念或原理，现象学都首先把它们作为纯粹逻辑学意义上的观念对象确定下来；在此基础上才进而探讨这些“逻辑观念”与对它们的心理体验之间的关系。正是这样一种探讨构成了《逻辑研究》的基本课题。[1]

胡塞尔对观念之物与对它们的心理体验之间的区分很容易使我们想起弗雷格对“思想”与“表象”的区分。在弗雷格看来，与每个人的意识中本质上是不可传达的主观表象形成鲜明对比的是，思想及其构成要素是客观的、可传达的。达米特在他的《分析哲学的起源》一书中把弗雷格的这种看法称为“从心灵驱逐思想”[2]。

为了更加透彻地说明思想与表象的区别，弗雷格首先对表象的特点进行了分析。在他看来，作为存在于某个人内心中的意识内容，表象与独立自在的外界事物的不同在于，它需要一个承载者。举例来说，对于草坪、青蛙、太阳等事物来说，无论我是否看见它们，都不影响它们的存在。与此不同的是，我对上述事物所形成的感官印象仅仅通过我才存在，我是它们的承载者。推而广之，显而易见的是，“一种痛苦，一种情绪，一种愿望，没有承载者而独自

〔1〕 胡塞尔．胡塞尔选集．倪梁康，选编．上海：上海三联书店，1997：306－307．
〔2〕 达米特．分析哲学的起源．王路，译．上海：上海译文出版社，2005：22．

漂浮在世界上,这是很荒唐的。没有感觉者,就不可能有感觉”[1]。

表象的另外一个特点在于它的私人性、主观性和不可传达性。正如在《论涵义与指称》中所谈到的那样,不同的人可以对同一匹马、同一块草坪、同一颗草莓形成表象,但这并不意味着在他们的意识中会产生相同的表象。实际上,我们无法确定存在于他们各自内心中的表象是否相同。因为无法把一个人的感官印象同另一个人的感官印象进行比较。如果要进行这种比较,就必须同时拥有他们二人心中各自的印象,但我显然无法做到这一点。更常见的一个例子是,当我感到痛苦时,别人也许感同身受,但即使在这样的情况下,他也没有与我一起感受“同一个痛苦”。我的痛苦总是我的,他出于同情而感到的痛苦总是他的。他没有我的痛苦,我也没有他的“同感”。[2]

总之,表象像我的“疲劳感”一样,不能脱离我而存在。与之形成鲜明对比的是,我以毕达哥拉斯定理表达的思想并不需要一个承载者,无论是否有人认为它是真的,它都是真的。“它绝非自它被发现以来才是真的,而是像一颗行星一样,在人们发现它之前,就已经处在与其他行星的相互作用之中。”[3]

思想既不作为表象属于我的内心世界,也不作为感官上可感觉的现实事物属于外在世界。外在世界中的现实事物不仅彼此处于因果联系和相互作用之中,而且还会随着时间的变化而改变。与此不同的是,各个思想彼此之间并不存在因果联系和相互作用,而且像毕达哥拉斯定理这样的思想是永恒不变的。

看来,思想既不是外界的事物,也不是表象,而处在某个“第三种范围”中。属于这个范围的东西就它们不能被感官感觉而言是与客观事物相反的,而就它们不需要承载者这一点而言则与表象相反而与客观事物是一致的。[4]也就是说,虽然思想并不像客观事物那样是可触摸的,但它与客观事物一样是不依赖于这个人或那个人的意识而存在的,就此而言它与外在世界中的事物一样是客观的。

在弗雷格看来,如果将思想与表象混为一谈,那么将不可避免地导致相对主义的理论后果。

如果我们把毕达哥拉斯定理表达的思想看作是表象,看作是仅仅属于某个承载者的意识内容,那么就没有为大家共同拥有的毕达哥拉斯定理,而是

---

〔1〕 弗雷格.弗雷格哲学论著选集.王路,译.北京:商务印书馆,2006:141.

〔2〕 同上:142.

〔3〕 同上:144.

〔4〕 同上.

我有“我的毕达哥拉斯定理”，他有“他的毕达哥拉斯定理”。这样的话将不会有“多数人共有的，能够由多数人进行研究的科学”，也许会是我有我的科学，即一个我是其承载者的思想整体，他有他的科学。我们每个人都研究自己的意识内容。在这种情况下，关于某个思想或某种科学理论的真假的争论将是多余的。〔1〕

把思想当成表象、用表象涵盖思想的另外一个后果是使心理学成为“凌驾于所有科学之上的最高法官”，使逻辑和数学成为心理学的分支学科。但是，对弗雷格来说，“再没有比将数学附属于心理学更加错误的了”，因为“逻辑和数学的任务都不是研究以个体的人为其承载者的心灵和意识内容”。思考者是思想活动的承载者，而不是思想的承载者。虽然思考者的意识内容中的某些东西是针对思想的，是对思想的把握，然而决不能把这些东西与思想本身相混淆。〔2〕

弗雷格反对把所有的东西都归结为表象，反对把逻辑规律和数学公理看作是人的心理规律，表明他对表象以及以其作为研究对象的心理学持有所保留的态度，正是这样一种态度将他与那些当时占据统治地位的心理主义者区分开来。弗雷格坚持表象与思想的区分，坚持把心理的东西和逻辑的东西。主观的东西和客观的东西区别开来，对于当时以穆勒等人为代表的心理主义思潮，是一个致命的打击。弗雷格的这个历史功绩是不容否认的。

尽管弗雷格开始对“表象”持有所保留的态度，但是在表象、客观事物和思想三者之中，弗雷格认为最可靠的还是表象。他举例说：“我有绿色的视觉印象，对此我可以毫不怀疑，而我看见一片椴树叶，却不是那样可靠。”〔3〕不难看出，弗雷格在这里遵循的仍然是笛卡尔式的“在场形而上学”原则：表象之所以可靠，是因为它们直接呈现于我的意识中，我能够直接意识到它们的存在，即它们对我的意识来说是“在场”的，而客观事物严格来说并不在场，因为我并不能直接意识到它们的存在，我只能凭借对它们所获得的感官印象(即表象)“断定”它们的存在，这种“断定”并不完全可靠，它完全有可能是一种错误的断定。思想也是如此。虽然我们可以通过思想活动把握毕达哥拉斯定理所表达的思想，但认为这种思想可以离开人们的意识活动存在于一个所谓的“第三领域”之中，同样只是我们的一种断定。因此，在弗雷格看来，与朴素实在论的观点相反，“虽然我们在内在世界发现可靠性，而当我们漫游外在世

---

〔1〕 弗雷格. 弗雷格哲学论著选集. 王路，译. 北京：商务印书馆，2006：144.
〔2〕 同上：152.
〔3〕 同上：150.

界时，我们却绝没有完全摆脱怀疑。”[1]因此，在对外部世界的实在性做出断定时，我们就违背了我们的愿望而陷于“虚构”之中，“我为自己赢得一个客观世界而采用的措施，又使自己蒙受错误的危险”，尽管如此，“如果我们不愿意继续遭受更大的危险，我们甚至必须敢于冒着犯错误的危险而进行这样的判断”[2]。

令我们感到吃惊的是，像弗雷格这样一位以追求严格性和确实性为己任的数学家和哲学家也陷入了怀疑论的泥潭之中难以自拔。他甚至只有通过取消概率与确实性的区别才能为自己“赢得一个客观世界”，尽管明知这种做法很有可能是错误的。为了摆脱怀疑论，他不得不求助于独断论。弗雷格之所以陷入这种进退两难的困境，是因为他并没有彻底摆脱心理主义和笛卡尔主义的影响，他的理论体系非常牢固地植根于“在场形而上学”(Metaphysics of Presence)的土壤之中，尽管他本人可能并没有意识到这一点。

二、观念之物与实在之物的区分

在胡塞尔看来，心理主义的根本错误在于对观念之物与实在之物的混淆，因此，《逻辑研究》对心理主义的批判主要是通过对观念之物与实在之物(特别是心理体验或意识行为)的根本区别的反复强调来进行的。

首先，必须将(像 4 这样的数或像毕达哥拉斯定理这样的)观念之物或“真理”与存在于时间中的实在事物或事实区别开来。虽然真理能对实在的事物或事实进行表述，但真理本身却不是一个事物或事实，不是由时间决定的东西。[3] 用胡塞尔本人的话来说，“某条真理确实能把诸如某物存在、某种状态存在、某种变化正在进行之类的东西作为它的意义。然而，真理本身却超越于时间之上。也就是说，认为真理具有时间上的存在是毫无意义的，更不用说它在时间中的产生和消失了”[4]。一个定律或一个数并不是宇宙中的一个实在的事件，它不会在这里或那里以“个体的一次性形式”出现，不会处于运动或静止的过程中，也不会处于与其他事物的因果关系之中。[5]

但更加重要的是，必须把观念或真理与对它们的体验区分开来。也就是

---

[1] 弗雷格.弗雷格哲学论著选集.王路，译.北京：商务印书馆，2006：150.

[2] 同上.

[3] Moran, Dermot *Edmund Husserl*: *Founder of Phenomenology*. Cambridge: Polity Press, 2005, p. 100.

[4] 胡塞尔.逻辑研究(第一卷).倪梁康，译.上海：上海译文出版社，2006：74.译文有较大改动。

[5] 胡塞尔.胡塞尔选集.倪梁康，选编.上海：上海三联书店，1997：302.

说，必须把认识对象与认识行为区分开来。认识行为是在时间中流逝的一个有始有终的过程，但是在这个心理过程中被认识到的逻辑原则和数学真理则并非如此。[1] 当我们谈起逻辑规律或数学原理时，我们指的并不是具有时间上的持续性的主观体验，而是某种非时间的、客观的、永远有效的法则。

胡塞尔举例说，当我们问某个表达式（例如“二次幂的余数”）的意义时，我们指的显然不是在此时此地发出的声响，那个无法作为同一个东西再次出现的声音：我们指的是作为种类的表达。无论谁说出“二次幂的余数”，它都是同一个表达。[2] 同样，当我做出“三角形的三条高相交于一点”这个判断时，我心中同时存在着对于这样一个判断的心理体验。但是，这种心理体验并不构成判断的意义，“在通常情况下，人们几乎不会对判断的含义和意义问题做出这种理解，以至于他会想要回溯到作为心理体验的判断上去”[3]。毋宁说，我们每个人都会同意的是，无论谁在任何场合下说出“一个三角形的三条高相交于一点”这个判断，它断定的都是下列这样一个事实：一个三角形的三条高相交于一点。既不比这更多也不比这更少。在这种意义的自我同一中（每当我们重复这样一个判断时，我们都能意识到这种同一性），无法找到任何有关判断行为或判定者的任何痕迹。我们通过判断所断定的东西不包含任何主观性的成分，我的判断行为是转瞬即逝的体验，它不断产生又不断消失，但是我的判断所断定的东西，即“一个三角形的三条高相交于一点”这个事实既不产生也不消失，它是严格意义上的同一性，是同一个几何学真理。[4]

总而言之，尽管数学原理或逻辑原则是通过意识来把握和认识的，我们所意识的仍然是某种观念上的东西，这种东西无法还原为——并且完全不同于——实在的心理学意义上的认识行为。[5]

观念之物与实在之物的上述区别，可以通过作为种类的红与存在于个别事物之中的具体的红之间的区别得到清楚的说明。假如在我们面前有一张红色的纸条，那么存在于这张纸条中的红是“红”这个颜色种类的一个具体事例。作为这张纸条中的一个不独立成分，它像这张纸条本身一样处在产生和消失的过程中。但是，这张纸条或其中的红色因素的产生和消失，显然并不意味着“红”这个颜色种类也处在产生和消失的过程中。正如胡塞尔本人所

---

〔1〕 Michalski，krzysztof. *Logic and Time：An Essay on Husserl's Theory of Meaning*. Dordrecht：Kluwer Academic Publishers，1997，p. 3.

〔2〕 胡塞尔.逻辑研究（第二卷第一部分）.倪梁康，译.上海：上海译文出版社，2006：50－51.

〔3〕 同上：51.

〔4〕 同上：51－52.

〔5〕 Zahavi，Dan. *Husserl's Phenomenology*. Stanford，California：Stanford University Press，2003. p. 9.

指出的："不独立的红色成分，与整体一样是个体性的东西，它是一个此地和此时，它随此地和此时并在此地和此时之中存在和消失，它在各种不同的红色之物中是相同的，但不是同一的。然而作为种类的'红'却是一个观念的统一，谈论这个统一的形成和消失是悖谬的。"[1]

进一步来说，一方面，正如我们具有关于个别之物的体验一样，我们也具有关于一般之物的体验，但另一方面，"对象之间的差异有多大，一般对象与个别对象之间的差异有多大，把握这些对象的行为之间的差异便有多大"[2]。这就是说，在对具体之物的观察中，存在着两种不同的意指行为：一种是对被感知到的个别的红的意指，对这个在此时此地存在的个别特征的意指；另一种是意指红的种类（如在"红是一种色彩"这个陈述中便含有这种意指）。这两种意指是完全不同的两回事。"只要我们在观察具体个别之物时不去意指这些具体个别之物，而是意指一般之物，意指观念，多次进行这种观念直观的行为便可以使我们获得关于这些在个别行为中被意指的观念统一体所具有的同一性的自明认识。"[3]总之，"我们具有关于真理的意识，正如我们具有关于一个种类，例如关于'一般的红'的意识一样"[4]。但是，必须看到的是，这种对于一般的观念之物的意识与对个别的实在之物的意识有着根本的不同，后者是感性直观，前者则是"观念直观"或"本质直观"。

在胡塞尔看来，作为纯粹逻辑学的研究对象的观念之物的特性在于，一方面，这些观念对象具有一种特殊的存在：无论它们是否被计数或者是否被思考、被评价、被认识，它们都仍然是它们所是的东西。任何数学定理或任何数都是如此。另一方面，我们无法想象，这种观念对象如何能够离开与它们相应的心理体验被意识和被认识，甚至于我们不得不说，"也许数是在计数过程中被创造出来的，有关的定律、有关的真理是在判断的行为中被主观地构造出来的"[5]。

观念对象可以作为"在构造的体验和行为中主观被构造之物"出现在我们面前，正是这一情况导致人们倾向于认为逻辑规律和数学公理是人的心理规律，是从对心理现象的观察中归纳总结出来的。胡塞尔认为这种心理主义看法的根本错误在于混淆了心理学对象和逻辑学对象，使判断内容的客观性

〔1〕 胡塞尔.逻辑研究(第一卷).倪梁康，译.上海：上海译文出版社，2006：127.
〔2〕 同上：127.
〔3〕 同上.
〔4〕 同上：126.
〔5〕 胡塞尔.胡塞尔选集.倪梁康，选编.上海：上海三联书店，1997：306.

“消融”在判断行为的主观性之中,“真理消融在意识体验之中”[1]。

实际上,逻辑学和数学等学科并不是经验科学,它们研究的根本不是实际存在的事物,而是观念意义上的结构和法则,并且这种研究具有确定性和精确性的特征。相反,心理学是研究意识的实在性质的经验科学,与其他任何经验科学一样,它的结果具有一定的模糊性和或然性。[2] 因此,在胡塞尔看来,将逻辑学还原为心理学是一种完全忽略了逻辑规律的观念性、确定性和先天性的“范畴错误”,逻辑规律的这些特性永远不可能建立在心理事实的经验本性上,也不可能通过它们得到说明。[3]

正如我们前面所曾经提到的,胡塞尔对观念与实在的区分与弗雷格对思想与表象的区分有实质上的类似之处。实际上,胡塞尔对心理主义的批判在很大程度上是对弗雷格开创的事业的继承和发展。但是,与弗雷格相比,胡塞尔对心理主义的批判有下列这样一个重要的特点:胡塞尔认为必须通过对“我思”的意向性的分析来进行这种批判,而弗雷格则对主体性与“第一人称视角”不感兴趣。[4]

根据胡塞尔的看法,只有在观念对象的客观地位得到牢固的确立之后,心理主义才能被彻底克服。这要求我们“回到事情本身”,对观念对象本身予以关注,即将我们的考察建立在通过“经验”被实际给予的东西之中。换言之,如果以一种没有任何偏见的方式考察什么是观念之物,什么是实在之物,那么只需对它们在经验中是如何被给予的加以关注就行了。但这就要求对意识本身进行考察,因为所有一切东西都是在意识中显现出来的。以《算术哲学》和《逻辑研究》都十分关心的关于“数字”的存在论地位的问题为例,我们看到,胡塞尔一方面由于受到弗雷格的批评的激发而逐渐认识到,事实上数字的观念性独立于心理的联结;另一方面“他的基本的哲学本能在于维持……心理分析与逻辑分析的二重性”。这就是说,即使像数字这样的观念实体也必须在其面对意识的“被给予性”模式上得到追问和证明。在对这一问题的回答中所呈现的恰恰是“行为的理论”。正如感知包含被感知对象与感知行为这两个方面一样,数字一方面是一个“被集合的单位”(集合体),另一方面又是“集合行为”(集合化)。没有后者,数字将会是一个抽象的实体,

[1] 胡塞尔.逻辑研究(第一卷).倪梁康,译.上海:上海译文出版社,2006:126.

[2] 同上:176.

[3] Zahavi, Dan. *Husserl's Phenomenology*. Stanford, California: Stanford University Press, 2003, pp. 8—9.

[4] Zahavi, Dan. *Husserl's Phenomenology*. Stanford, California: Stanford University Press, 2003, p. 11.

它的被给予性模式将像柏拉图的“理念”一样晦暗不明。[1]

因此,如果我们想要对观念对象与心理对象进行区分,那么我们就必须转向体验这些观念和对象的主体性,因为只有在那里它们才能作为它们本身之所是显现出来。这意味着,我们不应只关注认识对象本身,而必须对认识行为进行反思和分析,只有通过这种方式我们才能获得对认识行为与认识对象之间的关系的正确理解。正是因为任何逻辑的和数学的观念对象都以某种方式与心理体验有不可分割的联系,因此不难理解,对胡塞尔而言,“《逻辑研究》的最大课题是关于心理体验的描述性研究”[2]。

总之,在胡塞尔看来,“只有通过一门纯粹的现象学,一门不是心理学,不是关于动物实在的心理特性和状态的经验科学的现象学,心理主义才能得到彻底克服”[3]。这样,在反对心理主义的斗争中必须作为“对观念对象的有害污染”而加以排斥的那些东西,却在另外一种意义上成为胡塞尔现象学面临的主要课题。[4] 或者说,尽管胡塞尔对心理主义进行了猛烈的批判,但他对“关于观念之物的认识何以可能”这个认识论的基本问题的强烈兴趣却迫使他回到意识中。对他来说不言而喻的是,如果我们想要理解观念性,那么我们最终不得不回到它们被给予的意识行为中。然而,这种向意识或心理体验的回归并不意味着胡塞尔又退回到心理主义立场上去了。因为,它并不意味着将观念对象还原为行为,而只是试图在与行为的关联中理解观念对象。那么,客观的观念对象(思想)是如何在主观的意识行为(表象)中呈现出来的呢?这正是胡塞尔试图通过对布伦塔诺的意向性理论的现象学改造加以回答的问题。我们将在第四章展开这一问题的讨论。在此之前,不妨先对曾引起德里达等人热烈讨论的“第一项研究”中的符号理论加以考察。

---

〔1〕 曹街京:在“构造”与“分析”之间——《逻辑研究》在胡塞尔现象学中的地位.载《中国现象学与哲学评论》胡塞尔《逻辑研究》发表一百周年国际会议特辑.上海:上海译文出版社,2003:6.

〔2〕 胡塞尔.胡塞尔选集.倪梁康,选编.上海:上海三联书店,1997:305.

〔3〕 胡塞尔.逻辑研究(第二卷第一部分).倪梁康,译.上海:上海译文出版社,2006:9.

〔4〕 胡塞尔.胡塞尔选集.倪梁康,选编.上海:上海三联书店,1997:305.

第三章　表达与意义
——“第一项研究”中的符号理论

总的来说，20 世纪西方语言哲学的意义理论的发展基本上是由前后相继的两场运动构成的。第一场运动是由弗雷格、胡塞尔、罗素、前期维特根斯坦等人发起的逻辑主义运动，这些哲学家的共同之处在于他们都从逻辑而非交流中寻找意义的标准。在他们看来，语言符号代表的是观念，而观念与交往的具体情境无关。20 世纪意义理论的第二场运动的口号则是：“只有在生活的洪流中，某个表达的意义才会呈现出来。”这场运动的主要代表人物有海德格尔、后期维特根斯坦、普特南、蒯因、罗蒂等。后来德里达也参与了这场把语言在实际交流中的作用作为语言及其意义的本质，把逻辑学作为修辞学的派生物的运动。

尽管胡塞尔与弗雷格等人的意义理论存在着多个方面的分歧，但在“思想”或“意义”的客观性问题上，他们却是完全一致的。他们都把意义看作是不变的和永恒的、与其他对象没有因果交往的东西；更重要的是，他们把意义看作是不依赖于我们对它们的表述或理解而存在的东西，即看作是先于语言表达而存在的实体。对他们来说，意义是源始的、纯粹的，而语言则是派生的、不纯粹的，意义实体与语言表达之间的这种二元对立是他们的理论的鲜明特征，也是其饱受后人非议的主要原因。

在《逻辑研究》的“第一项研究”中，胡塞尔围绕表达与意义的关系问题对他的“意义实体”的概念进行了具体的说明和论证。

一、表达是包含意义或思想的语言符号

1. 符号的含义、类型和特性

符号的定义：任何一个指示或隐含着某个在它之外的东西的存在的对象或现象都可以称为符号。

符号可分为自然符号与人工符号两大类。自然符号的出现与人类活动无关,只是在一定的条件下才被人们解释为关于某个事物的符号。例如我们把水结成冰看成是温度下降的符号,把火星上的运河看成是智慧生物存在的符号。其他例子:雄鸡一唱天下白;稻花香里说丰年,听取蛙声一片。

人工符号是人们有意识的社会活动的产物,是人们为了把它们作为某物的符号而制造出来的东西。例如烽火狼烟、红绿灯以及语言符号等。人工符号分为有含义的语言符号和无含义的人工符号两大类。

符号的特点。只有当某个对象、性质或物理事件包含在交往过程中,这个对象、性质或物理事件才成为比它们本身有更多内容的某种东西,才成为符号。例如,水结成冰是温度下降的符号。但是,就其“本身”来说,水冻结成冰是一个自然的过程,一个自然现象,而根本不是一个符号。只有在人的交往过程中,这些自然现象、对象、事件等才成为比它们本身有更多内容的某种东西,即成为被称为符号的东西。总之,只有在交往过程中,一个对象或一个现象才能是一个符号。没有任何一种自然现象,本身就是一个符号,因为它本身并不表示什么东西。但当这样一个现象发生在交往过程中时,情况就不同了。[1] 鸡鸣就是鸡鸣,只有当它处于交往过程中时,才成为天亮的符号。

2. 胡塞尔对符号的分类——表达与标志的区分

人们常常在同一个意义上使用“表达”(Ausdruck)与“符号”(Zeichen)这两个术语,但胡塞尔认为有必要对这两者加以区分。原因在于,“每个符号都是某种东西的符号,然而并不是每个符号都具有一个‘含义’〈Bedeutung〉、一个借助于符号而表达出来的‘意义’〈Sinn〉”[2]。只有表达了一定的含义,在完成指示(anzeigen)作用的同时还完成了表达意义(bedeuten)作用的符号才可以恰当地称之为“表达”;相反,那些不具有含义而仅仅作为标志(Anzeichen)而存在的符号,则不应称为“表达”。简而言之,虽然符号之为符号都指示着某种东西,但除此之外,有的符号具有含义,另外的符号不具有含义,前者称为“表达”(Ausdruck),后者则是人们常说的“标志”(Anzeichen)。

3. 标志的特性

胡塞尔认为,标志实质上是人们为了指示的目的而随意造出的符号。实

〔1〕[波兰]沙夫.语义学引论.罗兰,周易,合译.北京:商务印书馆,1979:167.
〔2〕胡塞尔.逻辑研究(第二卷第一部分).倪梁康,译.上海:上海译文出版社,2006:31.

际上，只有对于人这样的“思维着的生物”来说，一个标志才成其为标志。因为只有像人这样的智慧生物才会把某些对象或事态的存在(A)看作另一些对象或事态存在(B)的指示、迹象或标志，才会“把一些事物存在的信念”体验为信仰或推测另一些事物存在的动机或感受。[1] 具体来说，当 A 事态的存在指明了 B 事态的存在时，我们就说 A 事态是 B 事态的一个标志；但当我们这样说时，我们并不认为 A 和 B 之间有一种可以在逻辑上得到证明的“明晰的、客观的联系”，并不意味着 A 和 B“处在前提和结论的关系中”。[2] 实际的情形乃是：“如果 A 把 B 唤入到意识之中，那么这两者不只是同时地或先后地被意识到，而是有一种可感觉到的联系在这里涌现出来，这种联系表现为一物对另一物的指明关系，此物与彼物的相属关系。”[3]

4. 胡塞尔的符号分类法的思想实质

在胡塞尔那里，符号实际上可以分为自然符号、非语言的人工符号以及语言符号等三类。前两类符号只起指示它物的作用，而不表达某种意义或思想，因此属于“标志”。而语言符号总是包含着某种意义，因此属于“表达”。用他自己的话来说，“每句话语、话语的每个部分，以及每个本质上同类的符号都是表达”[4]。胡塞尔对符号的上述分析脱离了交往过程，是错误的。事实上，所有符号都具有意义，都表达思想，并且只有在它们起着这样的作用的情况下，它们才是符号。在交往过程中，所有符号都是在语言思维的伴随下出现的，因为人只能用某种形式的语言符号来进行思考，因而所有其他形式的符号都是派生的，也就是说，它们都是代替语言符号的东西。胡塞尔忽视了这个事实，因为他把符号从交往过程的社会环境中孤立出来，而把符号看作抽象的和自身就能存在的东西。所以，胡塞尔不仅把标志同表达分开，而且使后者与前者对立起来。然而，事实上，这两个范畴是紧密联系着的。各种形式的标志对于应用语言的交往来说都是派生的，就是说，理解一个标志的行为，分析到最后，总是建立在应用语言符号进行的思维之上的。因此，语言符号以外的所有符号，都是以反射的光发亮的，它们以某种方式替代了语词符号，因而每当人们解释它们的时候，它们总是被翻译为语言。其所以如此，是因为我们总是用语言来进行思维的。[5]

[1] 胡塞尔．逻辑研究(第二卷第一部分)．倪梁康，译．上海：上海译文出版社，2006：33.
[2] 同上：35.
[3] 同上：38.
[4] 同上：39.
[5] [波兰]沙夫．语义学引论．罗兰，周易，合译．北京：商务印书馆，1979：174.

5. 专名是有含义的符号，而不仅仅是标志

值得一提的是，胡塞尔对表达与标志的区分还涉及专名是否具有含义，是不是能够仅仅看作是标志的问题。在这一点上，他对穆勒认为"专名不具有含义，而仅仅起指称作用"的观点提出了批评。穆勒认为专名就像阿拉伯神话《一千零一夜》中的强盗用粉笔在门上所做的记号一样是没有含义的，当强盗看到门上的粉笔记号时，他知道这正是他打算进行抢劫的房子。同样地，如果我看到一个专名，那么我心中就会产生相应的表象，并且我知道这也正是说者心中的表象，他希望我产生与其相同的表象。[1]

胡塞尔认为穆勒的这种看法混淆了标志与表达。强盗用粉笔所做的记号仅仅是标志，而专名却是一个表达。在胡塞尔看来，只要强盗所做的粉笔记号并不是一个语词，那么它就是不具有含义的符号，因此只是标志。[2] 而专名则属于语言表达的范围，因此具有含义；但与弗雷格、罗素和塞尔等人把专名看作"缩略摹状词"，认为专名的含义就是它所代表的一个或一族摹状词不同[3]，胡塞尔认为专名的含义在于"它是某个特定对象的名称"。例如，"亚里士多德"这个专名的含义就是"它是亚里士多德这个人的名称"[4]。

二、作为他者内心体验的标志的表达

一方面，符号可以区分为标志与表达；另一方面，在人与人之间的交往过程中，表达除了表达意义之外，还能成为他人的内在的心理体验的"标志"。当两个人进行语言交流时，说者所说的话一方面表达着某种意义；另一方面，对于听者来说，它还是说者当时的内心体验，例如他的交流意图或告知意向的符号。

具体来说，说者口中发出的声音之所以能成为语言交流过程的一个组成部分，是因为说者总是带着"表达自己在某件事情上的看法"这样一种意图来说的。说者必须通过他的心灵的某种行为赋予他口中发出的声音以某种意义，他希望听他说话的人能够与他共享这种意义。但这样一种共享建立在听者对说者的意图的领会上，只有当听者把说者作为一个正在对他说话的人而

---

〔1〕 Mill, John Stuart. *A System of Logic*. *Harper Brothers, Publishers, Franklin Square*, 1882, pp. 43－44.

〔2〕 胡塞尔.逻辑研究(第二卷第一部分).倪梁康，译.上海：上海译文出版社，2006：67－68.

〔3〕 克里普克.命名与必然性.梅文，译.上海：上海译文出版社，2001：6.

〔4〕 Mohanty, J. N. *Husserl and Frege*. Bloomington: Indiana University Press, 1982. p. 57.

不是一个口中发出某种声响的怪物时,他才能获得对那个说者通过他发出的声音所想要表达的意义的理解。[1]

从对人与人之间的语言交流过程的这种简单描述中不难看出,处在语言交流中的表达一方面表达着某种意义,另一方面还起着"指示"或"标志"的作用。对于听者来说,它们是说者的内心体验的符号。与其在发挥交往功能的情形下不同的是,在每个人"孤独的心灵生活"中,表达只起表达意义的作用,而不起标志我们自己的内心体验的作用,"因为我们自己就在同一时刻经历着这些体验"[2]。

三、表达的物理方面与行为方面的区分

撇开表达作为内心体验的标志的作用不谈,就其作为"包含某种意义的表达"而言,表达现象本身可区分为表达的物理方面以及赋予表达以意义或使它得到直观充实的行为。正是在这种行为中,表达与某个被表达的对象之间的关系才得以被构造起来。正是由于这样一种行为,表达才不仅仅是一个语音。它意谓着某物并就此而言与某个对象相联系。这个对象或者由于有直观的相伴而现实地在场,或者通过再现或想象显现出来。在这种情况下,表达与对象的关系便得到实现。但是,即使表达缺乏奠基性的、给予它以对象的直观(或想象),表达也仍然作为有意义的表达起作用,而不单纯是无意义的声响。只不过表达与对象的关系将仅仅停留在含义意向中。举例来说,无论在何种情况下,一个名称都是对它所意指的对象的命名,但是如果那个对象并不作为被意指或命名的对象以被直观的方式在场,那么就将只剩下对它的意指。反之,如果当初空虚的含义意向现在得到充实,那么,表达与对象的关系就得到了实现,命名将成为名称与被命名的对象直接的现实的意向关系。这就是说,与表达的含义有关的行为可进一步区分为含义意向与含义充实行为。一方面是对于表达来说是根本性的赋予表达的物理或感性形态以含义的行为,简称"含义意向";另一方面是对含义意向起充实(说明、强化、证实)作用的行为,简称"含义充实"。

可见,语词表象与给予意义的行为存在着非对称关系。"语词表象"与"给予意义的行为",这两者都被体验到了;但"我们在体验语词表象的时候,我们完全不生活在对语词的表象中,而是仅仅生活在语词意义、语词意谓的

---

〔1〕 胡塞尔.逻辑研究(第二卷第一部分).倪梁康,译.上海:上海译文出版社,2006:41.

〔2〕 同上:45.

进行中。而正因为如此,正因为我们完全投身于含义意向的进行并且有可能也投身于含义充实的进行,我们的兴趣才完全朝向在含义意向中被意谓的并且借助于含义意向被指称的对象。……语词功能(或者毋宁说,直观的语词表象的功能)恰恰就在于,引发我们的赋予意义的行为,指出那些在此行为'中'被意谓的并且也许是通过充实的行为而被给予的东西,强迫我们的兴趣仅仅朝向这个方向"[1]。反之,如果我们的兴趣首先朝向自在的符号,仅仅朝向感性之物,仅仅朝向单纯作为声响构成物的语词,那么语词就不再是语词。

纯粹现象学地说,这无非意味着:如果物理语词现象构造于其中的直观表象的对象愿意作为一个表达而有效,那么这个直观表象便经历了一次本质的、现象学的变异。构成这个直观表象中对象现象的东西没有发生变化,而体验的意向性质却改变了。具体来说,当一个客体被我们看作是一个符号时,这个对象的感性习性并不发生变化……在这里并没有新的、独立的心理内容叠加到老的内容上去。但是,同一个内容却改变了它的心理习性,我们对它产生了新的看法,它不再作为纸上的纯粹感性的记号,物理现象成为能被我们理解的符号。在对它进行理解的过程中,我们并不把那个符号作为感性对象来表象和判断,而是进行一种完全不同的与被意谓的对象相关联的行为。因此,意义存在于这个意义给予的行为特征中,它随兴趣的不同而完全不同,这个兴趣或者朝向这个感性符号,或者朝向这个符号所呈现的对象。[2]

总之,我们必须记住的是,符号思维只不过是具有新的意向行为上的特征的思维,这个特征使有含义的符号与"单纯的"符号得以区分开来。符号本身其实并不是我们思维的对象,毋宁说,我们完全生活在对意义的理解中。这与下列情形很相似:在下棋时,棋子并不被看作是这个具有这样或那样的形态和颜色的、由象牙或木材所制成的事物。它们在现象上和物理上的构造如何,这是完全无关紧要的并且可以随意变化。它们毋宁说是通过游戏的规则才成为象棋的棋子,也就是说,成为这种游戏的筹码,这些规则赋予它们以固定的游戏含义。同样也可以说,算术符号除了它们原本的含义之外还具有它们的游戏含义,这些含义是根据算术运算的游戏及其众所周知的运算规则而制定的。

---

〔1〕 胡塞尔.逻辑研究(第二卷第一部分).倪梁康,译.上海:上海译文出版社,2006:48.
〔2〕 同上:76.

四、表达的意义与对该意义起充实作用的心理表象的区分

以上这些说的是将表达的意义与对表达的物理形象的直观区分开来的必要性。但对胡塞尔来说,更加重要的是把某个表达的意义与对该表达起充实作用的心理表象区分开来,因为在这方面存在着更加严重的混淆。

胡塞尔首先强调了表达与意义之间的联系的观念性。当我们问某个表达式(例如"二次幂的余数")的意义时,我们指的显然不是在此时此地发出的声响,那个无法作为同一个东西再次出现的声音:我们指的是作为种类的表达。无论谁说出"二次幂的余数",它都是同一个表达。对于一个表达的意义来说,也是同样的道理,它与赋予意义的行为无关。举例来说,当我做出"三角形的三条高相交于一点"这个判断时,我心中同时存在着对于这样一个判断的心理体验。当人们说那个判断是那个句子表达的意思时,人们指的正是这种观念的同一性。只是由于"判断"这个词本身的模糊性,才导致对被我们明确把握到的观念统一与实在的判断行为的混淆,即对判断所指示的东西(行为)与所断定的东西的混淆。

根据某种流行的看法,理解一个表达意味着找到那个表达所传达的心理图像。如果某个表达缺失这样一种心理图像,那么它也就缺少意义。这些心理图像本身经常被说成是表达的意义。

胡塞尔认为,语词表达确实伴随着心理图像,这些图像与语词的意义有着或远或近的联系。但是把这样一种图像作为理解语词的意义的必要条件显然是不符合事实的。某个表达的意义,不可能在于那样一种图像的存在,那种图像的不存在也不会使那个表达失去意义。语词的意义也不会随着与其相伴随的心理图像的变化而变化。总之,"表达的本质存在于含义意向之中,而不存在于那些有可能在充实过程中加入到这个含义意向之中的、或多或少完善的、或较为切近或较为遥远的图像化之中"[1]。

正如笛卡尔所举的"千角形"的例子所表明的,没有任何一个几何学概念能够得到直观图像的充分说明。"我们对千角形的想象并不比封闭的直线、相交的平行线那样的图像更合适。在这两者那里,我们所发现的都不是充足的例证,而只是对被思之物粗糙的、片面的图像化。我们说的是一条封闭的直线,而画出的却是一条封闭的曲线,因而我们所做的仅仅是对封闭性的感

---

〔1〕 胡塞尔.逻辑研究(第二卷第一部分).倪梁康,译.上海:上海译文出版社,2006:111.

性化。同样,我们思考的是一个千角形,而想象的却是一个有许多边的多角形。”[1]无论如何,图像只是为知性的思考提供一根拐杖而已,它并不提供我们所意向的图形的真实例证。感性图像仅仅作为理解的辅助手段起作用,它们本身并不是意义也不是意义的携带者。

一个表达即使没有说明性的直观相伴随也能起作用。那些从直观中寻找符号意义要素的人,会觉得符号思维充满了难解之谜。如果意义并不存在于直观中,那么没有直观相伴随的言辞并不一定是无思想的言辞。说明性的直观或想象的作用是微不足道的。符号本身其实并不是我们思维的对象……毋宁说,我们完全生活在对意义理解的意识中,它们并不会随着与它们相伴随的心理图像的消失而消失。

必须指出的是,胡塞尔并不是第一个强调表达的意义与它所引起的心理表象之间区别的人。在他之前,弗雷格已经对表达的含义或思想与有关的心理表象之间的区别进行了透彻的说明。弗雷格哲学的基本原则是:“要把心理的东西和逻辑的东西,主观的东西和客观的东西明确区别开来”[2]。在他看来,名称或句子的含义是客观的、可传达的,与此不同的是,“同一个含义即使在同一个人那里也并非总是与同一个表象结合在一起,表象是主观的;一个人的表象不是另一个人的表象”[3]。例如,对于亚历山大大帝的战马“布斯法鲁斯”(Bucephalus)这个名称,画家、骑手、动物学家可能各有极为不同的表象。总之,与每个人的意识中本质上是不可传达的主观表象形成鲜明对比的是,表达的含义或思想是客观的、可传达的。达米特在他的《分析哲学的起源》一书中把弗雷格的这种看法称为“从心灵驱逐思想”[4]。在上文中我们不难看到,胡塞尔也随即加入到了致力于“把思想从心灵中放逐出去”的阵营中。

弗雷格还认为,既然含义或思想既不是客观事物,也不是主观表象,那么它就必然处在某个“第三种范围”中。胡塞尔并不赞同弗雷格的这个具有很强的旧形而上学色彩的说法,但在含义或思想是既不同于客观事物也不同于主观表象的“第三种实体”这一点上,他与弗雷格没有任何分歧。因此,他与弗雷格一样,都是“意义实体论”的颇具代表性的人物。从后期维特根斯坦开始,这种意义理论受到越来越强烈的质疑和抨击。

---

〔1〕 胡塞尔.逻辑研究(第二卷第一部分).倪梁康,译.上海:上海译文出版社,2006:75.
〔2〕 弗雷格.算术基础.王路,译.北京:商务印书馆,1998:8.
〔3〕 弗雷格.弗雷格哲学论著选集.王路,译.北京:商务印书馆,2006:98—99.
〔4〕 达米特.分析哲学的起源.王路,译.上海:上海译文出版社,2005:22.

五、表达的含义与指称

如前所述,表达的本质特征在于它是具有含义的语言符号。由于只有语言符号才能表达某种含义,所以只有语言符号才能被称为表达。但这并不意味着所有语言符号都能被称为表达。例如"Abracadabra"这样一个具有词语外形但却不具有意义的符号,就不能称为表达。另外,那些由有意义的语言符号组成的不具有统一意义的词语组合也不能称为表达,尽管它们看起来似乎有某种意义,例如,"绿是或者"就不能称为表达,因为它是不具有一个统一意义的词语组合。[1]

每个表达都不仅有所言说,而且必定是关于某物的言说,它不仅有某种意义,而且也指称某个对象,但胡塞尔要求我们把表达的对象与意义区分开来,不要把二者混为一谈。对表达的意义与对象加以区分的必要性在于,两个或两个以上的表达可能意义相同但对象不同,或者对象相同但意义不同。对于一个名称来说,意义与对象的区别是显而易见的。两个不同的名称可能含义不同但却命名同一个对象,例如"耶拿的胜利者"与"滑铁卢的失败者"都是指拿破仑,"等边三角形"与"等角三角形"指的是同一类型的三角形。显然,这与弗雷格在他具有划时代意义的《论含义与指称》一文中所说的"'晨星'与'暮星'这两个名称虽然含义不同,但指称相同"[2],是一回事。但胡塞尔的《逻辑研究》第二卷出版于 1901 年,而弗雷格的《论含义与指称》一文则发表于 1892 年,因此最起码从发表时间上来说弗雷格是"对含义与指称(即胡塞尔所说的对象)加以区分"这一思想的首创者。

以上对含义与对象的区分是仅就名称来说的。但胡塞尔认为,对于其他类型的表达来说也可以进行类似的区分。例如"a＞b"与"b＜a"这两个表达不但在语法上而且在认知上都具有不同的意义内容,但它们表达的是相同的事态。这就是说,它们二者虽然含义不同,但对象相同。

对于一个表达来说,意义的作用才是决定性的。

首先,虽然表达的意义与对象不能混为一谈,但不可否认的是,表达指称何物,从哪个方面、哪个角度指称该物,从根本上来说还是由其意义决定的。虽然意义不同的表达可能会具有相同的对象,但就每个表达自身而言,表达指称哪个对象,以何种方式指称那个对象,还是由其意义决定的。

---

〔1〕 胡塞尔.逻辑研究(第二卷第一部分).倪梁康,译.上海:上海译文出版社,2006:62.

〔2〕 弗雷格.弗雷格哲学论著选集.王路,译.北京:商务印书馆,2006:96.

其次，就表达自身而言，一个表达因其具有某种意义而得以成为一个表达，不同的表达之所以是不同的表达也主要是因为它们表达着不同的意义。如果两个表达意义相同，并因而具有相同的真值条件，那么，一般来说，就可以把它们当作相同的表达来看待。[1]

最后，表达与其所指称的对象的关联，并不是根本性的。其突出表现是，表达是否有意义，与它所指称的对象是否真的存在无关。通过意义，表达与某个对象的关系得以被建立起来，“有意义地使用某个表达，与用表达指称某个对象，是同一回事”[2]。而这与对象是否存在以及是否是虚构的甚至根本不可能存在的对象无关。

胡塞尔认为混淆表达的意义与指称在理论上至少会产生如下两个方面的不良后果：

首先，如果我们过于严格地规定“表达”，认为它隐含着所指称的对象的存在，那么就会产生这样一个结果：当那个对象存在时，那个表达是有意义的；一旦那个对象不再存在，那个表达也就变成无意义的了。[3] 这显然是荒唐的。

其次，如果将表达的意义与它指称的对象混为一谈，人们就会认为像“金山”这样无法得到直观充实的表达是无意义的；或者人们会退一步承认“金山”这个词是有意义的，因为尽管它无法得到直观表象的充实，毕竟还能得到想象表象的充实。但人们会坚持认为像“圆的方”这样完全矛盾或明显包含不相容性的表达是无意义的，因为它们表达的对象的存在是根本无法想象的。[4] 但在胡塞尔看来，人们的上述这种看法混淆了两种不同的“无意义”：即在“诸如 Abracadabra 之类的表达无意义”这样一种意义上的“无意义”与“表达的含义得到充实的先天不可能性”这样一种意义上的“无意义”。

意义经常被当成表达意指的对象，胡塞尔认为对意义的这种用法是对意义概念的真实意义的误解，而造成表达的意义与其所指称的对象混淆的原因在于：

首先，人们经常把表达的意义与使它们得到充实的直观相联系，即使在它们无法得到直观的充实时，他们也把它与它在想象中得到的充实相联系，这自然会导致对无法得到这类直观或想象的充实并且包含矛盾的表达是否有意义产生怀疑或否定。

---

〔1〕 Mohanty, J. N. *Husserl and Frege*. Bloomington: Indiana University Press, 1982. p. 125.

〔2〕 胡塞尔. 逻辑研究(第二卷第一部分). 倪梁康，译. 上海：上海译文出版社，2006：62.

〔3〕 同上：79.

〔4〕 胡塞尔. 逻辑研究(第二卷第一部分). 倪梁康，译. 上海：上海译文出版社，2006：64.

其次，一个表达的意义通常要通过某些事例来说明。在那些具体的事例中，表达的含义意向得到直观上的充实。人们很容易会觉得，表达是在这里才第一次获得含义，表达是从充实的行为中才吸取到含义。也就是说，人们会倾向于把充实的直观看作含义，以至于认为当且仅当表达的意向确实得到充实时，表达才具有一个含义。[1]

六、"意义实体"概念的形成

胡塞尔认为，表达的意义与赋予表达以意义的行为体验之间的上述这种区别，类似于作为种类的红与存在于个别事物之中的具体的红之间的区别：假如在我们面前有一张红色的纸条，那么存在于这张纸条中的红是"红"这个颜色种类的一个具体事例。作为这张纸条中的一个不独立成分，它像这张纸条本身一样处在产生和消失的过程中。但是，这张纸条或其中的红色因素的产生和消失，显然并不意味着"红"这个颜色种类也处在产生和消失的过程中。正如胡塞尔本人所指出的："不独立的红色成分，与整体一样是个体性的东西，它是一个此地和此时，它随此地和此时并在此地和此时之中存在和消失，它在各种不同的红色之物中是相同的，但不是同一的。然而作为种类的'红'却是一个观念的统一，谈论这个统一的形成和消失是悖谬的。"不难看出，意义与对意义的体验行为的最大不同在于它的同一性和不变性。不管中国人与西方人对毕达哥拉斯定理的体验有多么大的差异，作为一个几何学定理它永远是同一个定理。

但是，如果意义确实是同一的、不变的，那么，应该如何解释包括诸如"我"、"这个"之类的人称代词或指示代词的句子的意义随说话者以及说话场合的不同而不同的事实呢？"我"这个词随说话者的不同而指称不同的人，因此具有不同的意义。（胡塞尔在这里似乎没有对人称代词的意义与指称加以严格的区分）

"我"的语义学功能是指称说话者本人，但这样一种功能并不是"我"的意义的全部。[2] 对于指示代词来说也是同样的道理。就"这里"总是指说话者所处的地点而言，它具有某种普遍的、概念上的意义。但除此之外，还有某种直接的地点表象与那个普遍性的要素相伴随，它是随具体情况的不同而变化

---

〔1〕 胡塞尔．逻辑研究(第二卷第一部分)．倪梁康，译．上海：上海译文出版社，2006：64．

〔2〕 同上：93．

的。[1] 难道这些语词及包含这些语词的语句的意义不是处在不断变化中吗?

对此,胡塞尔的回答是:在具体的使用中,语词的具体含义或指称是可变的,但这样一种含义上的变化其实是意义行为的变化。赋予表达以意义的主观行为是可变的,但意义本身并不会改变。"如果我们坚持把意义看作是一个观念统一体,那么把意义看作是可变的就无论如何都是悖谬的。"[2]

胡塞尔还进一步探讨了"意义的存在方式"的问题。在他看来,就像作为颜色的一个种类的红既不存在于这张纸条中,也不存在于世界上的任何一个角落中,更不存在于"我们的思想意识中"一样[3],作为一般对象或普遍对象的一个特殊类型,"意义"并不因为不存在于实在之物构成的世界中就存在于天国或神圣的心灵中。诸如此类的形而上学假设是荒谬的。当然,如果人们习惯于把存在仅仅理解为实在之物,把对象仅仅理解为实在对象,那么谈论普遍之物的存在看来是完全错误的;但是,"从逻辑上看,六个六面体是六个对象,六首曲子也同样是六个对象;力的平行四边形定理是一个对象,就像巴黎市是一个对象一样"[4]。可见,正如我们在上文中所看到的,胡塞尔虽然并不赞同弗雷格认为意义或思想存在于某个"第三种领域"中的说法,但在意义或思想是既不同于客观事物也不同于主观表象的"第三种实体"这一点上,他与弗雷格是完全一致的。这样,在弗雷格和胡塞尔那里,"意义实体"的概念就被"牢固地"建立起来了。

胡塞尔还认为,作为一个观念统一体,意义实体是独立于语言符号并先于它们而存在的。尽管唯有通过语言符号的表达,意义实体才得以成为人类精神生活的实在之物,但在意义实体与使它们得以被表达的语言符号之间,并没有内在的联系。[5] 数本身并不会随计数行为的产生和消失而产生和消失,意义实体也是同样的道理。有无数的意义实体仅仅停留在可能性之中,因为它们从来没有得到表达,而且可能由于人类的认知能力的局限永远无法得到表达。[6]

---

〔1〕 胡塞尔.逻辑研究(第二卷第一部分).倪梁康,译.上海:上海译文出版社,2006:96.

〔2〕 同上:102.

〔3〕 同上:113.

〔4〕 同上:114.

〔5〕 Zahavi, Dan. *Husserl's Phenomenology*. Stanford, California: Stanford University Press, 2003. p. 29.

〔6〕 胡塞尔.逻辑研究(第二卷第一部分).倪梁康,译.上海:上海译文出版社,2006:117.

七、表达与意义之间的关系向一般意识行为的扩展

对胡塞尔来说，表达行为只不过是意识行为的一个特殊类型，实际上表达与意义之间的上述关系原则上可以扩大到一切意识行为中。正如他在《观念Ⅰ》中所指出的："……'意指'(Bedeuten)和'意义'(Bedeutung)……这些词最初只与语言范围有关，即与'表达'的范围有关。但人们几乎不可避免地同时采取一个重要的认识步骤来扩大这些词的意义并适当地将其变样，以便可使它们以某种方式适用于意向作用—意向对象的整个范围：因此适用于一切行为，不论这些行为现在与表达行为结合与否。因此我们在一切意向体验方面继续谈论'意义'(Sinn)——这个词在通常的使用中相当于'意义'(Bedeutung)。"[1]

具体来看，正如表达行为可以看作是由"仅仅作为心理过程的表达行为"、表达的含义和指称三者构成的统一体一样，意向行为也可以看作是由"仅仅作为心理过程的意向行为"、这个行为的内容或意义及意向对象三者构成的统一体。其中对象既不能与行为本身相混淆，也不能与使我们对对象的理解和把握成为可能的意义相混淆。

但问题在于，即使两个意识行为的意义和对象都相同，它们也并不因此就是同一个行为。例如我对毕达哥拉斯定理的认识与别人对该定理的认识，尽管意义和对象都相同，但仍然是两个不同的行为；甚至同一个人对毕达哥拉斯定理的认识，也可能因为发生于不同时间而被看作是两个不同的行为。为了更加充分地说明这一点，胡塞尔举了一个非常典型的例子：如果我面前有一个盒子，那么无论我怎么旋转，我看到的都是同一个盒子，即我观看盒子的行为的意义和对象始终不变。但由于每次旋转都能使我看到盒子的不同侧面，因此可以说，每一次旋转都能带来一种新的意识行为，尽管在此过程中我的行为的意义和对象始终是同一的。[2]

但在这里又出现了一个新的问题：我们能在感觉印象的不断变化中始终感觉到同一个对象的原因是什么？换言之，我能把一系列从感觉内容上来说并不完全相同的感知行为作为对同一个对象的感知的原因是什么？胡塞尔认为，答案只能是：尽管被给予我们的感觉内容是不同的，但我们会在同一种

---

〔1〕 胡塞尔．纯粹现象学通论．李幼蒸，译．北京：商务印书馆，1992:302.

〔2〕 胡塞尔．逻辑研究（第二卷第一部分）．倪梁康，译．上海：上海译文出版社，2006:449.

意义上对他们进行“统觉”，正是通过这种统觉的作用，对象才得以被构建起来。[1]

不难看出，与单纯的感觉印象不同的是，在对意识行为对意向对象的指向起着决定性作用的意向内容中包含着对感觉印象起解释或赋予某种意义的作用的“统觉”，这种统觉是超出体验的描述性内容的“盈余”——它是与感觉材料完全不同的东西，是似乎能够赋予感觉印象以“灵魂”的意向内容，这种意向内容的本质在于使我们获得对这个或那个对象的意识，例如使我们看见这棵树，听到这个铃声，闻到这个花香，如此等等。在这个过程中，感觉印象，连同对它们进行解释或“统摄”的行为，都同样被体验到了，但它们并不作为对象显现出来；另一方面，对象显现出来并且被意识到了，但它们并没有被体验。[2]

可见，正是通过统觉对感觉杂多的解释和统摄，意识行为才获得一种统一的意义，进而才得以朝向某个确定的对象。因此，正如决定一个表达之为关于某物或某事的表达的是它的意义一样，决定一个意识之为关于某物或某事的意识的也是它的意义。

意识行为与表达行为的另一个共同之处在于：在正常的意识活动中，意识直接指向的是意识的对象，而不是关于对象的意识；因此，实际上我们并非生活在意向体验（关于对象的意识）中，而是生活在意向对象（意识的对象）中；就像我们不生活在语词的表象中，而仅仅生活在对语词的意义把握中一样。

为了更加具体地说明上述这个重要的思想，胡塞尔做了这样一个“思想实验”：如果我们臆造一个先于所有经验的意识，那么从可能性上来看，这个意识的感觉经验与我们的感觉经验将会是相同的。但它不直观任何事物及与其有关的任何事件，“它不感知树木和房屋，不感知鸟的飞翔或狗的吠叫”。我们倾向于认为在这种情况下对于这样一种意识来说，感觉印象不具有任何“意义”，它们不“被看作”是一个对象特性的“符号”，它们的复合也不被看作是这个对象本身的符号；它们只是被体验到了，但却没有得到从经验中引申出来的对象化的解释。[3]

这个思想实验从反面说明，对于像人这样处在实际生活经验中的意识来说，感觉始终是对某种东西的感觉，感觉体验始终是它所体验到的东西的

---

〔1〕 胡塞尔.逻辑研究（第二卷第一部分）.倪梁康，译.上海：上海译文出版社，2006：449.
〔2〕 同上：451.
〔3〕 同上：85.

“符号”。我们并非生活在感觉体验中，而是生活在我们所感觉到的东西中。由此不难看出，胡塞尔在《逻辑研究》中对一般意义上的意识行为的意向性特征的分析实际上是在关于表达与意义之间的关系的认识的指导下进行的。

关于胡塞尔的符号理论的进一步论述，请参见本书第十五章。

第四章 “第五项研究”中的意向性理论

如前所述,把握观念对象的本质,要求我们将观念对象本身与对它们的心理体验或对它们进行认识的意识行为严格区别开来,正如必须将作为颜色一个种类的“红”与我们面前的一个红色之物身上的具体的红区别开来一样。另一方面,观念之物与实在之物一样,又只有通过意识行为才能被我们所认识。如何对观念对象这种既“存在于”我们的意识行为之中又超越于其之上的特殊存在方式进行解释呢? 对胡塞尔来说,这个问题要求我们回到意识中去,把对意识现象的描述和分析作为最重要的课题。进一步来说,上述这个问题的解答必须建立在对意识行为最重要的特性——意向性的分析之上。

一、“意识”概念的含义

在说明什么是意识的意向性之前,必须首先说明什么是意识。胡塞尔认为,“意识”这个概念有以下三种不同的含义:第一,作为经验自我完整而真实的现象学存在的意识,它包括在一个统一的意识之流中相互交织在一起的所有心理体验;第二,作为对某人自身的心理体验的内感知的意识;第三,作为对各种类型的心理行为或意识体验的统称的“意识”。[1]

在“意识”的上述三种含义中,第一种意义上的“意识”的范围最广,它几乎包括一切与意识有关的东西。换言之,根据对意识的这种理解,所谓的“意向对象”也是意识之流的一个部分。这种意义上的意识不再向外“朝向”任何东西,因此也不会具有“意向性”。

第二种在“内感知”意义上的“意识”的范围则最为狭窄,它把一切关于外在事物或事实的感知、判断等都排除在了“意识”的范围之外。这种意义上的“意识”的优点是它们的“自明性”,但以对意识现象的描述和分析为己任的现

〔1〕 胡塞尔.逻辑研究(第二卷第一部分).倪梁康,译.上海:上海译文出版社,2006:406-407.

象学显然不应仅仅在这样一种过分狭窄的意义上来理解“意识”。

第三种意义上的“意识”既包括了所有各种类型的心理体验或行为，同时又将意识行为所涉及、所朝向的对象排除在了“意识体验”的范围之外。胡塞尔认为只有立足于这种意义上的意识才能使意识行为的特性得到严格的界定和澄清。

具体来说，在胡塞尔那里，以感知、想象或回忆的形式出现的表象，以概念进行的判断，以及猜测、怀疑、喜怒哀乐、恐惧、欲望、愿望等所有存在于我们意识中的东西都被称为“心理体验”或“意识内容”。〔1〕这也正是布伦塔诺称为“心理现象”的那些东西。

二、布伦塔诺——意向性理论的先驱

布伦塔诺认为，心理现象与物理现象的根本区别在于每一种心理现象都指向某个在其之外的对象：感知总是对某物的感知，想象总是对某物的想象，判断总是关于某个事物或事实的判断，爱总是对某个被爱者的爱，恨总是对某个被恨者的恨，欲望总是对某个被欲求者的欲望……如此等等。布伦塔诺认为所有这些事例的共同之处在于，“每一种心理现象都具有这样一种特性——即它们都包含着对象在意向上的‘内存在’，即都指向某个外在的或内在的对象。”〔2〕

布伦塔诺是在哲学史上第一个对意识的意向性进行了系统阐述的哲学家。胡塞尔给予布伦塔诺的工作以高度的评价，他在谈到这一点时这样写道：“在描述心理学的各种区分中，没有什么比布伦塔诺在‘心理现象’的标题下所做的对心理现象与物理现象的区分更为奇特并且更具有哲学意义的了。”〔3〕但胡塞尔同时认为布伦塔诺对意识的“意向性”的理解存在着许多有待澄清的模糊和混乱之处。

三、胡塞尔现象学的意向性理论的基本内容

现象学所说的“现象”，首先是指意识现象，但“意识”不应被理解为一个“封闭的盒子”，因为它总是指向在它之外的某个“意向相关物”（意向对象），

〔1〕胡塞尔．逻辑研究（第二卷第一部分）．倪梁康，译．上海：上海译文出版社，2006：408.
〔2〕同上：434.
〔3〕同上：431.

意识总是对某物的意识，这就是意识的意向性（或称“超越性”、“绽出性”等），现象学简单来说就是以意向经验（“活生生的体验”）及在其中显示出来的“被给予之物”作为出发点的哲学。

意向对象既不是现实中的存在，也不是内在于意识中的存在：首先，不能把意向对象等同于现实对象，因为只要有意向体验就有属于此体验的意向对象，不管现实中是否存在这样的对象；换言之，尽管意向活动永远是实在的，但这种活动的对象既可能是实在的，也可能不是实在的。其次，意向对象并不真实地存在于意识之内，意向作用（Noesis，对象的显现）与意向对象（Noema，显现的对象）的区别是“一个最基本的现象学区别”。例如，在我们的知觉体验中，真实存在的只有作为颜色的侧显的“颜色感觉”，而没有“颜色本身”，“颜色本身”作为意向对象虽然从属于知觉体验，但却不真实地存在于知觉之内，因此不能把意向对象（“颜色”）理解为现成存在于知觉之内的现实对象的图像。倘若认为由于意向对象是蓝色的，则意向活动也必须是蓝色的，这是非常荒谬的。总而言之，意向对象在意识活动中是无（非实项组成）。

四、对意向体验与意向对象之间的关系的误解

在布伦塔诺的意向性理论中，随处可见下列这一类的说法，如“被感知的对象进入意识之中”，或反过来，“意识、自我进入与它们的对象的关系之中”；又如“在意识体验中包含着某种作为它们的对象的东西”，等等。胡塞尔认为诸如此类的说法很容易引起下列两个方面的误解——第一个误解是，认为我们正在处理的是发生于意识与被意识到的事物之间的真实事件或关系；第二个误解是，认为我们正在处理的是以同样真实的方式存在于意识中的两个事物之间的关系。[1]

胡塞尔强调指出，如果我们不可避免地要谈到意向体验与意向对象之间的“关系”，那么，既不应把这种关系看作两个实体之间的实在关系，也不应把这种关系看作是意向体验的真实内容。换言之，对胡塞尔来说，意向体验与意向对象之间的关系既不是发生于意识及在它之外的事物之间的关系，也不是真实地存在于意识体验之中的两个要素之间的关系，而把意向性看作是存在于两个实体之间的关系则会引起不少问题。

一种广泛流行的看法是，意识就像一个盒子，它本身并不包含与世界的关系。但是，如果它受到在它之外的某个物体的影响，那么，它与外在世界的

〔1〕 胡塞尔．逻辑研究（第二卷第一部分）．倪梁康，译．上海：上海译文出版社，2006：438－439．

关联也就随之建立起来了。试以对玫瑰花的感知为例。根据上述这个原理，玫瑰花对我的感官的刺激在我的意识中引起对玫瑰花的表象，因此，每个感知行为都包含两个不同的实体，即外在于心灵的对象与内在于心灵的表象。

胡塞尔认为上述这种看法非但不能使意识与对象的意向关系得到澄清，反而会引起“与对象完全不同的心理表象如何能够把我们引向对象”这样一个难题。此外，对胡塞尔来说，认为“存在着处在我们的心灵之外的玫瑰花”这个预设本身就是成问题的，它并不是我们可以从“事情本身”中获得的体验——我所能获得的仅仅是对玫瑰花本身的感知，而没有也不可能获得对“玫瑰花存在于我的心灵之外”这样一个事态的体验。再有，当我感知到一朵玫瑰花时，我的感知对象正是这朵玫瑰花而不是有关它的图像，认为存在着一朵内在于心灵的玫瑰花的心理图像或表象的观点是一种无法解释任何东西的纯粹多余的假设。

概括起来说，胡塞尔认为意向关系具有如下特性：首先，与两个实在事物之间的自然联系同时预设了两个事物的存在不同，意识与其对象的意向关系的特点在于它不预设被意指对象的存在。如果 A 对 B 产生因果作用，那么 A 和 B 都必须存在；如果 A 意指 B，那么只有 A 存在，B 则既可能存在也可能不存在。如果我正骑在一匹马上，那么我和马都必须存在；但是，如果我意识到一匹马，那么那匹马却不一定存在。因此，意向性的一个重要方面是它相对于被意指者的存在的独立性。

其次，意向行为及其意向性绝不是由意向对象的存在造成的，无论这种行为是感知还是幻想。[1] 我们的心灵并不是因为受到外在的影响而成为意向的，它也并不因为它的对象不存在而失去其意向性，意向性并不是当意识受到某个对象的影响时产生的一种外在的关系，而是意识的内在性质。意识体验在意向上的开放性是意识的存在的一个内在环节，而不是必须从外面附加给它的东西。[2] 因此，意向性并不预设两个不同的实体——意识和对象——的同时存在。意向性的发生所必须具备的条件仅仅是具有“朝向某个对象”这样一种内在结构的意识体验的存在，它与存在于意识体验之外的任何对象都无关，而仅仅与它的内在本性有关。

“每一种意识行为都有与其相应的意向对象”并不意味着意向对象实际存在于意向行为中，或者构成意向行为的一个实在的部分。仍然以对玫瑰花的感知为例，我对我面前的玫瑰花或其身上的“红”的感觉不能与被感觉到的

〔1〕 Zahavi,Dan. *Husserl's Phenomenology*. Stanford, California: Stanford University Press,2003,p.21.

〔2〕 Zahavi,Dan. *Husserl's Phenomenology*. Stanford, California: Stanford University Press,2003.p.21.

玫瑰花(或其中的“红”)混为一谈。一般来说,对有色之物或其中的颜色的感觉是我的外感知行为的真实要素,是在行为中“被体验或意识到的内容”;与此不同的是,“对象本身或其身上的某种颜色虽然被感知,但却并非意识体验的一个成分”[1]。

总之,意向对象并非存在于意识体验之中的“内在的对象性”。胡塞尔在谈到这一点时这样写道:“如果我拥有朱庇特神的表象,那么这个神就是我的表象的对象,这意味着我具有某种表象体验,在我的意识中存在着关于朱庇特神的表象。但是,无论我们在描述性的分析中如何解析这个表象,我们都无法从中找到代表朱庇特神这个对象的实在成分。”[2]反过来说,那些被布伦塔诺称为“内在对象性”的东西,只不过是意向上的内容,而并非作为意向体验的真实构成要素的内在内容。意向体验是使意向对象成为可能的立足点,但它们本身并不是意向对象,它们是意向行为本身而不是在这种行为中呈现出来的东西。

因此,在意向性理论上,胡塞尔与布伦塔诺的不同在于他坚决反对把意向对象作为内在于心灵中的对象来理解,也反对把这种内在对象作为我们达到超越于心灵之外的实在对象的中介。因此,对胡塞尔来说,对意向对象与实在对象进行区分是没有意义的。这并不意味着所有意向对象都是实在的,而只是意味着,如果被意指的对象确实存在,那么,正是这个实在对象,而不是别的对象才是我们的意向对象。[3]

五、意向行为的内容

胡塞尔对意识行为的意向性分析主要是在《逻辑研究》的“第五项研究”中进行的。在此之前,胡塞尔已经在“第一项研究”中对意识行为的一种特殊类型——语言表达行为——进行了详尽的分析。胡塞尔这么做或许是出于下列这种考虑:与一般意义上的意识行为相比,语言表达这种意识行为更加具体,更容易被我们所把握,因此对它进行分析能够为我们对一般意义上的意识行为的分析提供指导性线索。

从上文中我们不难看到的是,意识行为与意向对象的关系,类似于表达行为与表达所意指的对象的关系,这种类似并不纯粹出于偶然,而是由于表

[1] 胡塞尔.逻辑研究(第二卷第一部分).倪梁康,译.上海:上海译文出版社,2006:410.
[2] 同上:410.译文有改动。
[3] Zahavi, Dan. *Husserl's Phenomenology*. Stanford, California: Stanford University Press, 2003. p.22.

达只不过是意识行为的一个特殊类型的缘故。于是，现在在我们面前出现了两种不同类型的关系：一种是我们对某座房屋、天使、金山、圆的方等等的感知或想象与它们的意向对象的关系，另一种是诸如"这座房屋"、"天使"、"金山"、"圆的方"等表达与它们的指称对象的关系；不言而喻，这前后两种类型的关系具有实质上的类似。

但是，表达不仅表达或指称某个对象（事物或事态），它还表达某种"意义"，并且表达的指称是由它的意义决定的。那么，意识行为除了具有其意向对象之外是否也有其"意义"呢？

胡塞尔对这个问题作了肯定的回答。但是，要弄清意识行为的"意义"究竟指的是什么，还得从胡塞尔对意识行为的构成要素的具体分析开始谈起。

根据胡塞尔的看法，对于每一个意向行为，我们都可以从三个不同的角度对它进行分析。我们既可以把它作为一个心理过程意义上的"意识行为"（狭义上的"意识行为"）来分析，也可以对它的意向内容进行分析，当然也还可以对它的意向对象进行分析。我们在此之前对意识行为的意向性所做的分析主要着眼于作为一种心理体验过程的意识行为与意向对象之间的关系，几乎没有涉及这里所说的"意向内容"。那么，什么是"意向内容"？它与其他二者又处在怎样的关系之中呢？

1. 意向性质与意向质料

一个显而易见的事实是，意识行为既有信念、断定、回忆、愿望、怀疑等各种不同的类型，又往往针对不同的对象。一方面，每一种意向体验都是某种特定类型的体验；另一方面，每一种意向体验都是指向某物的体验。胡塞尔把前者称为意向性质，把后者称为意向质料，而意向内容（或意向本质）则是由这两个方面的因素构成的统一体。

不言而喻的是，同一种意向性质可以与不同的意向质料相联系，而相同的意向质料也能与不同的意向性质相联系。举例来说，一方面，我们既可以怀疑"物价是否会继续上涨"，也可以怀疑"选举是否公平"，等等；另一方面，我们既可以断定"物价会继续上涨"，也可以怀疑"物价是否会继续上涨"，还可以希望"物价不会继续上涨"，等等。胡塞尔对意向质料与意向性质的区分类似于当代分析哲学对命题内容与命题态度的区分。[1]

尽管意识行为的性质和质料是两个无法独立存在的抽象因素，胡塞尔仍然更看重质料。根据他的看法，正是通过质料，行为才得以指向某个对象，而

〔1〕 Zahavi, Dan. *Husserl's Phenomenology*. Stanford, California: Stanford University Press, 2003. p. 23.

性质仅仅是对这种指向的方式加以规定,它并没有将这种指向构建起来。更加准确地来说,质料不仅决定着哪一个对象被意指,而且还决定着这个对象在何种意义上被意指。我们不仅意识到某个对象,而且总是从某个方面、某个角度获得对该对象的意识。

2. 作为意向行为的意义的意向内容

从以上所述中可以看出,意向内容不仅决定着意识行为指向哪个对象,而且还决定着从哪个方面意指那个对象以及对那个对象采取何种意向态度或行为。总而言之,意向内容不仅决定着意向行为的对象是什么,而且还决定着它是从何种意义上去把握其意向对象的,因此,它也可以被看作是意向行为的"意义"。

可见,正如表达行为可以看作是由"仅仅作为心理过程的表达行为"、表达的含义和指称三者构成的统一体一样,意向行为也可以看作是由"仅仅作为心理过程的意向行为"、这个行为的内容或意义及意向对象三者构成的统一体。其中对象既不能与行为本身相混淆,也不能与使我们对对象的理解和把握成为可能的意义相混淆。

正如不同的表达行为可能具有不同的意义,但却具有相同的指称一样,不同的意识行为可能具有不同的意义,但却具有相同的对象。但问题在于,即使两个意识行为的意义和对象都相同,它们也并不因此就是同一个行为。例如我对毕达哥拉斯定理的认识与别人对该定理的认识,尽管意义和对象都相同,但仍然是两个不同的行为;甚至同一个人对毕达哥拉斯定理的认识,也可能因为发生于不同时间中而被看作是两个不同的行为。下面是一个胡塞尔本人谈到的关于"意义和对象相同的不同行为"特别典型的例子:如果我面前有一个盒子,那么无论我怎么旋转,我看到的都是同一个盒子,即我观看盒子的行为的意义和对象始终不变。但由于每次旋转都能使我看到盒子的不同侧面,因此可以说,每一次旋转都能带来一种新的意识行为,尽管在此过程中我的行为的意义和对象始终是同一的。[1]

3. 统觉

但在这里又出现了一个新的问题:我们能在感觉印象的不断变化中始终感觉到同一个对象的原因是什么?换言之,我能把一系列从感觉内容上来说并不完全相同的感知行为作为对同一个对象的感知的原因是什么?胡塞尔

〔1〕 胡塞尔.逻辑研究(第二卷第一部分).倪梁康,译.上海:上海译文出版社,2006:449.

认为,答案只能是:尽管被给予我们的感觉内容是不同的,但我们会在同一种意义上对他们进行“统觉”(解释),正是通过这种统觉的作用,对象才得以被构建起来。[1] 可见,在感觉印象与经过统觉的对象化解释的意向内容之间有着明显的区别,前者被看作是“仅仅作为心理过程的意识”,后者则是意识行为的“意向内容”或“意义”。

不难看出,与单纯的感觉印象不同的是,在指向某个意向对象的意向内容中包含着对感觉印象起解释或赋予某种意义的作用的“统觉”,这种统觉是超出体验的描述性内容的“盈余”:它是与感觉材料完全不同的东西,它是似乎能够赋予感觉印象以“灵魂”的意向内容,这种意向内容的本质在于使我们获得对这个或那个对象的意识,例如使我们看见这棵树,听到这个铃声,闻到这个花香,如此等等。在这个过程中,感觉印象,连同对它们进行解释或“统摄”的行为,都同样被体验到了,但它们并不作为对象显现出来;另一方面,对象显现出来并且被意识到了,但它们并没有被体验。[2]

可见,意识行为的意向性的核心在于统觉对感觉杂多的解释和统摄,因为正是通过这种解释和统摄,意识行为才获得一种统一的意义,进而才得以朝向某个确定的对象。因此,正如决定一个表达之为关于某物或某事的表达的是它的意义一样,决定一个意识之为关于某物或某事的意识的也是它的意义。

关于胡塞尔意向性理论的进一步论述,请参见本书第十一章。

〔1〕 胡塞尔.逻辑研究(第二卷第一部分).倪梁康,译.上海:上海译文出版社,2006:449.
〔2〕 同上:451.

第五章　知识论和范畴直观理论

一、符号、想象与直观——意向的充实

1. 意向本质与意向对象的被给予方式的区分

根据胡塞尔的看法，没有任何一种意向体验能够缺少性质和质料，因此，他把性质和质料的统一体称为行为的“意向本质”。意向本质不仅决定着某个行为朝向的是哪个对象，而且还决定着这个对象在该行为中作为何物被理解，以及该行为以何种方式（如判断、怀疑还是愿望）朝向这个对象。然而，尽管如此，“意向本质”仍然没有穷尽我们意指某个对象的行为的所有特征。举例来说，我可以在我的笔记本不在我眼前的情况下说“它是蓝的”；也可以在它出现在我眼前时说“它是蓝的”。这前后两种不同的行为从性质和质料上来说都是相同的，但它们二者之间仍然存在着明显的不同，这种不同不再能够用它们的“意向本质”上的差异来说明。在这两种情况下，我的判断行为的对象都是同一个——那本笔记本的颜色——但是，在第一种情况下，我只拥有空虚的、纯粹符号意向，而在第二种情况下，我除了拥有符号意向之外，还拥有感知意向，因为那本笔记本实实在在地出现在我面前。可见，我们不仅可以从行为的意向本质（性质和质料）上来对行为朝向对象的方式进行区分，还可以从意向对象“被给予方式”上进行这种区分。[1]

2. 符号、想象（或图像）与感知构成一个意向的充实程度逐步上升的系列

在《逻辑研究》中，胡塞尔主要区分了对象的以下三种被给予方式：符号、想象（图像）与感知。我可以谈论一棵我只是听说过但从来没有见过的榉树，我也可以上网搜索一下榉树的图片，我还能在路旁看到一棵实实在在的枝繁

〔1〕 Zahavi, Dan. *Husserl's Phenomenology*. Stanford, California: Stanford University Press, 2003, p. 28.

叶茂的榉树。在胡塞尔看来，这些朝向某个对象的不同方式并不是毫无关联的，相反，在它们之间存在着一种等级关系——从符号到想象（或图像）再到感知，是一个对象以越来越生动和丰满的方式被给予我们的过程。胡塞尔把这个过程称为对行为的意向的“充实”：符号意向就其自身而言是空洞的，它们处在对充实的需要中——直观表象（指想象、图像或感知）随后对它进行充实。因此，充实是存在于行为中并且与行为的性质和质料并列的一个要素，是“在直观表象中具有而在符号意向中缺乏的成分”。在直观表象中，表象与被表象特征的类似程度越高，其充实程度就越高。充实的理想状态是，“一个表象将它的对象完整无缺地呈现出来”[1]。不难看出，在胡塞尔那里，符号、想象（或图像）与感知构成了一个意向的充实程度逐步上升的系列。

在符号行为中，对象以最低级和最空虚的方式被给予。符号一般来说与被符号所表示的事物并没有相似之处。它既可以用来代表与它相似的东西，也可以用来表示与它完全不同的东西。与其不同的是，图像是通过相似性与它所代表的事物发生关系的。在没有相似性的地方，就谈不上图像。

想象或图像行为与符号行为的不同在于它们具有一定的直观内容，但是，像符号行为一样，它们也只是间接地朝向被给予的对象。与其不同的是，在对实在之物的感知中，对象被直接给予我们，这是唯一能将对象作为现实在场者给予我们的意向行为。[2]

然而，即使在外感知中，对象也并没有被实际地给予，它并没有完全地作为其实际之所是被给予。它仅仅从正面，或从某个视角、某个侧面以省略或投射的方式被给予。尽管它的许多特性在感知的核心内容中得到了说明，但仍然有很多别的特性并没有以那样一种方式被感知，例如那些无法看见的处于背面或内部的方面或部分。尽管它们也以或多或少的明确程度被意指，或者被明确显现出来的部分所暗示，但它们本身并不是直观（即感知和想象中的内容）的一个部分。就此而言，对于同一个对象，有无限多的在内容上各不相同的感知。[3]

然而，我们必须注意的是，对象自身并不与它在感知中得到实现的部分完全不同，不管这种实现是如何不完善。在某个感知中对象从这个方面显示出来，在另外一个感知中对象则从另外一个方面来显示；有时它从近处显示，有时则从远处显示，如此等等。尽管存在着这些区别，在每个各不相同的感

〔1〕 胡塞尔.逻辑研究.（第二卷第二部分）.倪梁康，译.上海：上海译文出版社，2006：81.
〔2〕 同上：61.
〔3〕 同上.

知中，都是同一个对象在“那儿”。可见，每一个感知都是充实与非充实意向的混合，“与前者相对应的是对象在这个感知中以投射的方式被给予的部分，与后者相对应的则是对象未被给予的部分。后者将在新的感知行为中得到充实”[1]。

必须加以指出的是，虽然感知能对符号行为的意向或意义起充实作用，但在胡塞尔看来，意义不存在于感知中，感知并不是意义的承载者，原因在于：

首先，基于同一感知能做出具有不同意义的判断。例如当我看到一只黑鸟在花园中飞起来时，我们能基于这一感知做出好几个具有不同意义的判断，例如，我们可以说，“那是一只黑鸟”；“有一只黑鸟在飞”；“一只黑鸟飞到高空去了”；等等。[2]

反过来说，当我的感知发生变化时，我用于表达它们的语句及其意义可能保持不变。感知者所处的位置的变化必然引起他的感觉的变化，不同的人即使同时对同一对象进行感知也不会产生完全相同的感觉。但感知上的这种差异与感知判断的意义无关。

再有，即使感知完全消失，一个关于它的表达也不会失去意义。某个听到我所说的话的人即使没有看到花园里的那只黑鸟也能明白我所说的话的意思。另外，在我们对某个统一的整体的感知中，时而是这个部分，时而是那个部分，为我们的某个判断提供基础，但它们并不因此就成为判断的意义承载者，因为即使当它们消失之后，判断的意义也并不随之消失。

以上所述表明，一方面，如果没有直观的协助，意义就无法获得与对象的确定关系；另一方面我们又不应把直观行为本身看作是意义的承载者，或者认为它能够作为整个意义的一个要素对意义做出贡献。如果现在我说的“这个”意味着我们面前的这张纸，那么感知会将我说的语词与这个对象联系起来，但是我说的语词的意义并不存在于这种感知中。当我说“这个”时，我不仅仅在感知，而且在感知的基础上建立起了一种新的意指行为，但它不同于对被意指对象本身的感知。我们所说的语词的意义就存在于这种意指行为中。如果没有对被意指对象的感知，意指将是空洞的，没有确定的差别，无法加以具体化。因此，感知确实能够将我“意指这个”的行为与它的对象联系起来的可能性得到实现，但它并不构成这种意义或其中的一个部分。总之，“我们必须对感知判断中的感知因素与意义因素进行区分，我们不应在感知中寻找构成意义的成分。将对象呈现出来的感知与对它们进行思考和表达的判

[1] 胡塞尔.逻辑研究.(第二卷第二部分).倪梁康，译.上海：上海译文出版社，2006:62.

[2] 同上:23.

断必须严格区分开来。”[1]

以上对符号意向与对它起充实作用的直观关系的分析还主要是从静态的角度来进行的。但胡塞尔特别强调要把直观对符号意向的充实看作是一个统一的“动态相合”过程——“起初只是作为符号起作用的表达随后又附加了相应的直观。一旦这种附加发生，我们便能体验到一个在描述上极具特色的充实意识：纯粹意指的行为以一种瞄向对象的方式在直观化行为中得到充实。我们体验到，同一个对象起初在符号行为中只是被意指，尔后在直观中则被当下化，而且，这个起初只是被意指的对象恰恰是作为这样或那样被规定的东西而被直观到”[2]。胡塞尔认为符号表达的意义意向与直观的这种动态相合关系相当于传统哲学中谈论的“概念（或思维）与直观的关系”，即康德所说的“无感性则不会有对象被给予我们，无知性则没有对象被思维。思维无内容则空，直观无概念则盲”[3]。在这样一种关系中，我们第一步所具有的是作为完全未得到满足之含义意向的“单纯思维”（单纯概念、单纯符号行为）；这些含义意向在第二步中获得或多或少相应的充实——“思想可以说是满足地栖身于对被思之物的直观中，而被思之物恰恰是借助于这种统一意识才表明自己是这个思想的被思之物，是在其中被意指者，是或多或少完善地被达到的思维目的。”[4]

从现象学上来说，不仅符号行为和直观行为可以看作是意向行为，而且动态的充实过程本身也可以看作是“行为”。但从行为方面来看被描述为“充实”的东西，从两方面的对象（即被直观到的对象这一方面和被意指的对象这一方面）来看则可以被表达为同一性体验、同一性意识、认同行为；而程度不等的“同一性”则可以看作与充实行为（或认同行为）相符合并在它之中显现出来的意向对象。在胡塞尔看来，我们之所以不仅可以将符号行为与直观行为，而且也可以将动态相合（或充实统一）标识为一个行为，正是因为相合性具有一个它所特有的意向相关项，一个它所“指向”的对象之物。[5]

以上主要是从符号行为与直观行为的关系上来谈论充实的。但直观行为自身也往往需要从另外一个角度来进行充实。客观地说，对象从各个方面展示着自身；从某方面看只是图像暗示的东西，在另一个方面却得到了证实性的和完全充分的感知；或者，在那个方面只是由于相邻而间接地一同被意

[1] 胡塞尔.逻辑研究（第二卷第二部分）.倪梁康，译.上海：上海译文出版社，2006:24.

[2] 同上：37.

[3] 康德.康德著作全集（第3卷）.李秋零，主编.北京：中国人民大学出版社，2004:69—70.

[4] 胡塞尔.逻辑研究（第二卷第二部分）.倪梁康，译.上海：上海译文出版社，2006:39.

[5] 同上：39—40.

指的东西，只是先天地被暗示的东西，在这个方面则至少成为通过图像进行的指示；它起初是从某个角度进行的投射或侧显，然后才从一个新的方面“完全如其所是”地显现出来。按照胡塞尔的观点，每一个感知和想象都是一个由局部意向组成的交织物，这些局部意向融合为一个总体意向的统一。这个总体意向的相关项就是对象，而那些局部意向的相关项则是对象的部分和因素。只有这样才能够理解，意识如何能够超出真实被体验的东西之外，即意识如何能够超越地意指，而意指如何可以得到充实。〔1〕

在这里，胡塞尔反复强调的是“直观”的这样一个特点：无论是在以感知还是以图像方式进行的直观中，我们都要进行下列这样一种区分，即对对象真实地向我们显现出来的方面与在直观表象中未得到显现的方面进行区分。对胡塞尔来说，这就意味着，即使在直观表象中未显现出来的方面也以附属的方式被意指，因而必须把后者归到符号成分中去，必须将其与纯粹直观的内容区分开来。这将使直观呈现的内容与相应的对象中的因素发生直接的关系；对象中的其余因素则与符号意向成分相对应。

现在如果我们把直观（或符号）内容的比重界定为以直观（或符号）的方式呈现出来的对象因素在对象特性的总和中所占的比例，那么，在这两种表象中的对象因素的相加将构成对象的特性的总和。因此我们便得到这样一个公式：$i+s=1$。i 与 s 各自所占的比重显然可以发生多种变化：同一个意向对象的特性能以或多或少可变的方式被直观地给予。符号内容相应地也发生变化，它处于增加或减少中。这种变化存在下面这样两种极端的可能性：$i=0$, $s=1$；或 $i=1$, $s=0$。在前一种情况下，表象将仅仅只有符号内容，没有意向对象的任何特性得到直观表象内容的呈现。这样，纯粹符号表象，就成为直观的一种极端情形。在第二种情况下，表象没有任何符号内容，在其中，所有一切都是充实的：没有任何部分、方面或特性是没有得到直观呈现的，没有任何因素是以间接或附带的方式被意指的。不仅每一个被直观呈现的东西都被意指——而且所有被意指的东西都以直观的方式呈现出来。表象的这种类型可以被称为“纯粹直观”。〔2〕

但即使在那些不包含任何符号成分的“纯粹直观”中，感知成分与想象成分各自所占的比重也各不相同。如果我们分别用 Pp 和 Ip 表示感知直观和想象直观所占的比重，那么，我们便得到以下公式：$Pp+Ip=1$。当 $Ip=0$ 时，这意味着纯粹直观不包含任何想象的成分，这时它应被称为纯粹感知；但是，如

〔1〕 胡塞尔．逻辑研究（第二卷第二部分）．倪梁康，译．上海：上海译文出版社，2006：46．
〔2〕 同上：85－86．

果 Pp=0,那么,纯粹直观就被称为纯粹想象。因此,纯感知的纯粹性,不仅与符号成分有关,而且也与作为其补充物的想象成分有关。当对象的每个部分都在内容中得到直观的呈现,并且没有任何东西是以想象或符号的方式来呈现的时候,这样一种完全通过感知来进行的呈现是"纯粹的"。在胡塞尔看来,这样一种"纯粹的感知"代表着一种理想,它具有最高程度的生动性和实在性,它是对象完全而充分的自我呈现。[1]

二、认识、自明性与真理

从以上所述可以看出,胡塞尔是根据不同意识行为之间的关系来解释"充实"这个概念的。我们经常能够直接体验到对某个对象的非本真的符号表象在对该对象的直观中得到充实。举个简单的例子,我认为正在找的那支笔放在抽屉里,我随后打开抽屉发现它果然在那儿。(或有人对我说,墙上像挂歪了,我转身去看,发现果然如此。)在这里,我们看到的并不仅仅是朝向同一对象的两个互不相关的意识行为,而是这样一种具有认识论上的意义的现象:我意识到其中一种行为(即认为"那支笔在抽屉中"这样一种有待证实的想法)在另一种完全不同的行为(即看到我正在找的那支笔确实在抽屉里)中得到充实,后一种行为使前一种行为(的意向)得到满足或证实。这个充实过程在使"直观"成为对"概念"的充实的同时,也使"概念"成为处在充实过程的某个阶段上的"概念"。[2]

胡塞尔之所以要对符号意向在直观中得到充实的过程进行不厌其烦的阐述,原因在于,意向行为得到逐步充实的过程,同时也就是认识不断前进直至获得真理的过程。实际上,在他看来,充实("符号的含义意向在直观中的充实")与认识("关于对象的认识"),这两种说法表达的是同一个事态,即符号意向与直观对象的动态相合过程。二者的区别仅仅在于立足点的不同——前者的立足点在于符号行为与直观行为之间的关系,后者的立足点则在于先后在符号行为和直观行为中被意指的对象。这样一来,从行为方面看,作为对符号意向的充实而发生的过程,从对象方面看则是对象得到认识的过程。

这样看来,知识说到底不过是思想或概念与对它起充实作用的直观之间

---

〔1〕 胡塞尔.逻辑研究(第二卷第二部分).倪梁康,译.上海:上海译文出版社,2006:87.

〔2〕 Smith, Barry & Smith, David Woodraff. *The Cambridge Companion to Husserl*. Cambridge:Cambridge University Press, 1995,p.146.

的关系。但对胡塞尔而言,知识不仅仅是这样一种关系,它同时还是另外一种“具有其自身权利”的额外行为。[1] 作为将思想与直观加以联结的行为,认识行为是伴随着概念和直观行为的发生而发生的行为;作为直观对概念的充实过程,认识行为也就是将概念和直观这两种行为的对象加以认同的过程,在这个过程中显现出来的程度不等的“同一性”则是这个充实或认识行为的意向相关物。换言之,将意义(符号、思想、概念)与直观在一个额外的行为中联系在一起的充实过程之所以也能被看作一个行为(即认识行为),正是因为它也有其自身特定的意向相关物,一个它所指向的对象——即概念与直观这两种行为所指向的对象的某种程度上的同一性。[2] 简而言之,知识实际上就是对概念对象与感知对象的同一性的意识。

把认识看作通过直观进行充实的过程的直接结果是,知识或真理不再被规定为“主体与客体的一致”,而被规定为在符号行为中的被意指者与在直观行为中的被给予者的认同或综合。只要我们做出的仅仅是符号性的断言,那么我们就只是与假设打交道;然而,一旦我们的符号意向得到直观的充实,那么,这些假设也就得到确认,从而成为我们的知识。例如,我可能记不太清我正在寻找的那本笔记本的颜色了,但我可以凭借我心中的印象猜测“它是蓝的”。我找到它之后发现它果然是蓝的。这时我才认识到我原来的猜测是对的,这时我对笔记本的颜色的猜测才成为知识。[3] 一般来说,当原先被意指的对象以直观的方式被给予时,我原先具有的某种信念便得到了证明,我就拥有了知识。

胡塞尔的这个看法的重要意义在于,它为解决“主体对客体的认识何以可能”这样一个长期以来一直困扰哲学家们的问题提供了一种崭新的思路。[4] 认识仍然被看作是某种“一致性”,但这种一致性不再被看作是封闭于自身之内的主体或自我与在它之外独立存在的客体或对象之间的一致性,而被理解为主体关于同一对象的两种不同认识行为之间的一致性,即关于同一对象的符号行为与直观行为二者之间的一致性。一旦我们对某个对象的“判断”行为得到相应的直观行为的支持或证实,我们便获得了关于这个对象的知识或真理。

如果像以前的哲学家们那样把认识看成是主体与客体这两个相互独立

---

〔1〕 Smith, Barry & Smith, David Woodraff. *The Cambridge Companion to Husserl*. Cambridge:Cambridge University Press, 1995,p.150.

〔2〕 同上,p.151.

〔3〕 Zahavi, Dan. *Husserl's Phenomenology*. Stanford, California: Stanford University Press,2003,p.31.

〔4〕 胡塞尔.胡塞尔选集.倪梁康,选编.上海:上海三联书店,1997:41.

的实体之间的关系，那么就必然导致主体如何能够认识处在它之外的客体这样一个困难的问题，事实上这个问题是无法解决的。原因在于，这个问题立足于"主体与客体的完全割裂"的基础上，而这样一个立足点本身就已经取消了使这个问题得到解决(即将主体与客体统一起来)的先天可能性。胡塞尔的崭新尝试的意义就在于它试图消除主体对客体的这种人为割裂。他实际上抛弃了在主体之外独立存在的"客体"的概念，相应地，他也不再把主体理解为自我封闭的实体。他一方面强调主体或意识的意向性或超越性，另一方面又把客体看作是始终处于与主体的意向行为的关联中的东西。在他看来，康德所说的那种脱离与人的一切意向行为的关联的"自在之物"是不存在的，人为设定它的存在是毫无意义的。只有从这种根深蒂固、似是而非的人为设定中摆脱出来，认识之谜才能够得到化解。

现在让我们回到胡塞尔对知识或真理的规定上来。从以上所述中我们得知，对胡塞尔来说，获得知识或真理就是使一个判断得到证明(justified)，即获得证据或自明性(evidence)。[1] 我认为我的笔记本是蓝的，并且看见它确实是蓝的，这样我便有了足够的证据或自明性认识到我原来的想法是正确的。

这也就是说，一旦我们的符号意向行为在直观行为中得到充实，我们也就获得了相应的自明性。但自明性不应被理解为我们在认识过程中获得的"确定无疑"的心理感觉，因为即使对于无法得到证明的东西，我们也有可能认为它是"确定无疑的"，因此，把"确定无疑的感觉"作为真理标准是毫无意义的。[2] 胡塞尔把严格意义上的自明性规定为充实完全得到实现的理想状态，在这种状态中，"符号性的存在设定意向"在相应的感知中得到完全充实，因而使我们产生"对象自我给予"的感觉。[3] 这样，当对象不但以符号的方式被意指，而且还以直观的方式被意指时，它也就以"自明的"方式被给予。

但是，值得注意的是，在胡塞尔那里，无论是知识、真理还是自明性都是一个有着程度上的大小之分的概念，而不是一个非此即彼的概念，就像"意向的充实"是一个具有程度大小之分的概念一样。尽管只要有了与已有的意向相应的直观我们也就有了一定的知识，但是，随着直观对我们的符号意向的进一步充实，随着对象被直观地给予的侧面的数量的增多，我们关于对象的知识也在增加。知识并非存在于某个符号意向与相应的直观之间的一种静态关系，而是一个动态的过程；这个过程的顶点是对象的所有各个侧面都以

〔1〕 Moran, Dermot. *Edmund Husserl*: *Founder of Phenomenology*. Cambridge: Polity Press, 2005, p. 97.

〔2〕 Moran, Dermet *Edmund Husserl*: *Founder of Phenomenology*. Cambridge Polity Press, 2005, p. 99.

〔3〕 Zahavi, Dan. *Husserl's Phenomenology*. Stanford, California: Stanford University Press, 2003, p. 32.

直观的方式被给予。[1] 这时我们便拥有关于这个对象的最完备的知识、真理或自明性。

总而言之，当符号意向在直观意向中得到一定程度的充实，或被意指之物与被给予之物达到或多或少的一致性时，我们也就获得了或多或少的知识、真理或自明性。知识、真理或自明性说到底不过是上述这种一致性体验的“意向相关物”罢了。

三、直观概念的扩展——范畴直观

1. 感性直观的局限性

从以上所述可以看出，是否能够获得对某个意向对象的直观，是决定我们是否能够拥有关于这个对象的知识的关键。但是，如果仅仅在“感性直观”的意义上来理解这里所说的直观，那么，就连像“那本书放在桌子上”这样简单的事实也无法被我们所认识。因为我们所能感知的只有“书”或者“桌子”这些具体的对象，至于“那本书放在桌子上”这样一个事实或事态严格来说并不能被我们所感知。那么，这是否意味着我们只能获得对具体的个别之物的认识，而无法获得与它们有关的事态的认识呢？这样一种看法显然是胡塞尔无法接受的。

实际上，如果仅仅在“感性直观”的意义上来理解直观，那么，它的作用将是非常有限的，甚至连像“白纸”这样一个简单的词语的意义都无法通过它得到完全的说明。“白纸”这个词中“白”的意义是通过对这张纸的白的方面进行感知实现的，但我们不会因此认为这里显现出来的白就是白纸本身。“白纸”这个词的意向在显现出来的对象的颜色方面只得到部分的满足，此外还有某种剩余的意义或形式没有在现象中得到证实，也就是说，“白纸”这个词中隐含着的“白纸是一张白的纸”这样一个命题的形式并没有在感性直观中得到充实。感知只是对这个概念表达的性质方面的含义进行了充实。但问题在于，在对作为一个整体的“白纸”的认识中，还存在着对它的“存在”形式的认识，尽管“存在”并不是它特有的形式。通过直接感知实现的充实显然不触及这样一种形式。[2] 当我们谈起我们眼前的白纸时，我们都认为它是存在

〔1〕 Moran, Dermot. Edmund Husserl: Founder of Phenomenology. Cambridge: Polity Press, 2005, p. 98.

〔2〕 胡塞尔.逻辑研究(第二卷第二部分).倪梁康，译.上海：上海译文出版社，2006：142.

的。但我们只能看到白纸的白、光滑等特性,而无法看到它的存在。

一般来说,对于诸如“这个A是S”,“某个S是P”,“这个S是P”,“所有S都是P”之类的判断,只有判断的某些特定的部分能在直观中找到相应的成分,对于判断的其余部分没有任何直观中的成分与其相对应。换言之,在以上各种类型的判断中,只有处在由字母代表的变项的位置上的词语的含义才能在感知中得到充实,而对于那些判断形式本身的含义,则无法通过感知来充实。在每一个感知判断中,我们都能找到能在直观中得到直接充实的质料,而对其中起联结作用的形式,即所谓的系词“是(存在)”,则无法在感知中找到与它们相对应的成分。[1] 例如“天是蓝的”、“草是绿的”等之中的“是”。

进一步来说,“存在”这个词的具体应用形式,无论是在定语表述中还是在谓词表示中,都无法在任何感知中得到充实。实际上正是基于这一点,康德才得出“存在不是一个真实的谓词”的结论。虽然这句话所说的“存在”是实在意义上的、“绝对设定”意义上的存在,但胡塞尔认为它对于谓词或定语意义上的存在同样适用。从以下事实中我们可以明显看到这一点:“我能看见颜色,但无法看见颜色的存在,我能感觉到光滑,但无法感觉到光滑的存在;我能听见声音,但无法听见声音的存在。”[2]一方面,存在不是处在对象中的任何东西,不是其中的一个部分,不是寓居于其中的一个因素,既不是它的性质或强度,也不是它的外形或任何一种内在的形式,也不是任何一种建构性的特征。它既不是对象的内在性质,也不是对象的外在性质,因此,在“实在”的意义上,根本就不是对象的性质。另一方面,“存在”也与将不同事物结合在一起的“实在形式”无关,这种形式将不同的对象贯穿在一起成为一个整体,例如将音调转变为和声,将各个事物转变为贯穿在一起的事物或事物的排列组合(花园、街道、外在的现象与世界)。左与右,高和矮,高音与低音,正是在事物的外在特性的实在形式的基础上建立起来的。在这些形式中,显然无法找到任何像“存在”这样的东西。所有这些形式都是可用感知的,而且它们穷尽了可能感知的一切范围。因此,我们便可以得出这样一个结论:“存在是决然无法感知的东西。”[3]

总之,像“存在”这样的词无法在感性直观中找到对象相关物,因此无法在感知行为中得到充实。胡塞尔认为,这里针对“存在”所说的话,对其余范畴形式也是成立的,不管这些范畴形式是对命题的构成要素进行联结,还是

---

〔1〕 胡塞尔.逻辑研究(第二卷第二部分).倪梁康,译.上海:上海译文出版社,2006:146.

〔2〕 同上:148.

〔3〕 同上.

把较简单命题作为一个更复杂的命题的成分进行联结。像“某个”、“这个”、“与”、“或”、“如果……那么……”、“因为……所以……”、“所有”、“没有任何一个”……所有这些都是有意义的命题联结形式,但我们在实在事物的领域中只是徒劳地寻找它们的对象相关物。实际上,在实在事物的领域中,我们只能找到感性直观的对象。例如,在“(因为)春暖(所以)花开”这样一个短语中,“春暖”、“花开”都能被我们所感知,但它们二者之间与隐蔽的“因为……所以……”这个范畴形式相对应的因果联系则显然是无法被感知的。

如果“存在”及其他范畴无法在外感知中得到充实,那么它们是否能在内感知中得到充实呢?有一种自洛克以来的错误学说认为,像存在与非存在、统一性、多样性、总体性、数、实体、因果之类的逻辑范畴的意义产生于对某些心理行为的反思中,因此属于内感知的范围。胡塞尔反对这种看法。在他看来,前面提到的那一系列概念并不是通过内感知产生的,因为它们并不能被看成心理行为的概念或心理行为的实在成分。“判断”的概念可以在关于一个实际的判断的内感知中得到充实,但每个判断中的“是”却无法以这种方式得到充实。“存在(是)”既不是一个判断也不是其中的一个成分,正如它不是外在对象的一个实在成分一样,“存在(是)”也不是内在对象的一个成分,因此并不是判断行为的一个成分。〔1〕

2. 范畴直观及其类型

以上所述充分表明,感性直观的作用确实是非常有限的,存在着很多像“存在”、“因为……所以……”之类的根本无法通过感性直观得到充实的范畴形式。更一般地说,我们不仅能把像一棵苹果树、帝国大厦这样的个别具体之物作为认识对象,而且还能对“正义”、“3”、“矛盾律”之类的抽象观念进行认识。此外,我们不仅能对“那本书在桌子上”这样一个包含“是”或“存在”这样一个范畴形式的简单事态进行认识,而且还能对用“因为……所以……”、“如果……那么……”之类的连接词联结起来的复杂命题表达的事态进行认识。在这种情势下,胡塞尔如果要坚持他的“认识是含义意向在直观中的充实”的说法,就务必对“直观”这个概念的外延加以扩展。如果一个命题的范畴形式无法在感知中得到充实,那么它们从何处得到充实呢?——“必须有一种为命题的范畴形式服务的行为,就像存在着为质料因素服务的感知一样。”〔2〕

---

〔1〕 胡塞尔.逻辑研究(第二卷第二部分).倪梁康,译.上海:上海译文出版社,2006:150.
〔2〕 同上:153.

试以“那本放在桌子之上的绿皮书(是)被那些纸盖住了”这个句子表达的命题和事态为例。其中桌子、绿皮书、纸等或许能被我们所感知,但其中隐含的“是”、“在……之上”等形式或范畴显然并没有感知上的相关物。我们既无法看到“是”,也无法看到“在……之上”。尽管如此,根据胡塞尔的看法,我们不仅有可能以符号的方式意指某个事态,而且这个事态也能以直观的方式被给予,因此能够作为真实之物被理解和体验。更加明确地说,对“那本放在桌子之上的绿皮书(是)被那些纸盖住了”这样一个事态进行直观是可能,但只有通过一个更高阶的行为,这些行为虽然奠基在对绿皮书、纸张、桌子等的感性直观的基础上,但是却能意指超越于这些对象之上的东西,即“它们之间的关系和统一性”。[1] 对事态的这种直观离不开对其中隐含的范畴形式的理解,因此胡塞尔把它看作是与感性直观相并列的“范畴直观。”[2]

如前面所提到的,不仅命题的范畴形式无法被感知,而且像“正义”、“4 的平方根”、“万有引力定律”之类的观念对象同样无法通过感知来体验。这些对象中的任何一个都无法被看到、听到或闻到。对于这些对象的认识,胡塞尔同样只有诉诸范畴直观。胡塞尔也把这种范畴直观称为质料范畴直观或本质直观,而上文提到的对命题的范畴形式的直观则称之为“形式范畴直观”。

关于胡塞尔范畴直观理论的进一步论述,请参见本书第十二章及第十三章。

---

〔1〕 Zahavi,Dan. *Husserl's Phenomenology*. Stanford, California: Stanford University Press,2003,p. 36.

〔2〕 胡塞尔.逻辑研究(第二卷第二部分).倪梁康,译.上海:上海译文出版社,2006:155.

第六章　现象学还原与先验现象学

一、《逻辑研究》与经验唯心主义的存在论困境

如前所述，对胡塞尔来说，心理主义的根本错误在于将逻辑学对象与心理学对象混为一谈。逻辑学并不是关于心理现象这样一种特殊的实在之物或个别之物的科学，而是关于永恒不变的观念之物或种类对象的科学。观念之物与相应的实在之物的关系，种类对象与它们的具体例证的关系，类似于柏拉图所说的“理念”与具体事物的关系。从这个意义上来说，《逻辑研究》对心理主义的批判，是从“柏拉图式的唯心论”这样一种存在论立场出发的。

另一方面，不可否认的是，《逻辑研究》确实通过对笛卡尔式的心物二元论的克服在某种意义上超越唯心论与实在论的对立。这主要体现在它对意识的意向性的强调上。意识总是关于某物的意识，也就是说，任何一种意识体验都有它的意向相关物或意向对象。意向对象既不存在于内在的意识体验中，也不处于外在的现实世界中，而是处在它们二者之外的“第三种存在”中。一方面，不能把意向对象等同于现实对象，因为只要有意向体验就有属于此体验的意向对象，不管现实中是否存在这样的对象；另一方面，意向对象并不真实地存在于意识之内，意向作用（对象的显现）与意向对象（显现的对象）的区别是一个基本的现象学区别。胡塞尔的这种看法使他超越了那种认为一个事物的存在或者是自在的、超越于意识之外的实在存在，或者是意识之内的存在，除此之外不可能有第三种存在的心物二元论。相应地，他也超越了在这个问题上各执一端的唯心论与实在论的对立。

胡塞尔没有像叔本华那样把世界看成我的表象，而是把世界看成我的表象的“意向相关物”。世界不是由我的表象组成的，而是基于我的表象通过意识的统摄或投射作用“构造”出来的。“感觉到的绿”并不作为一个实在的成分存在于对绿的感觉体验中，尽管如此，前者仍然是基于后者被“构造出来的”，即使前者并不是由后者组成的。就胡塞尔把意向对象看成是“主观的—内在的”和“客观的—外在的”之外的“第三种存在”而言，他确实超越了传统

的唯心论与实在论的对立，然而，就他仍然把物或世界的存在看成是主体的意识活动的“成就”而言，他与康德、费希特等人的唯心论如出一辙。如果我们把唯心主义在严格的意义上规定为“认为物理世界不过是心灵中的一系列现象或印象、表象……”的学说，那么，胡塞尔的意向性概念以及它对感知行为的内在内容与它的超越的意向对象的区分，就已经排除了唯心主义。〔1〕然而，尽管意向对象既不是外在的现实对象，也不是内在的意识体验的组成部分，胡塞尔仍然强调它是意识的“对象化统觉”或“投射性解释”的产物，就此而言，他仍然是一个不折不扣的唯心主义者或现象主义者。从他对物自体概念的解释中，我们可以更清楚地看到这一点。

与休谟一样，胡塞尔拒绝一切不能追溯到它们的经验根源的概念。这意味着传统的“物自体”概念的破灭。在《逻辑研究》“第六研究”中，胡塞尔区分了对象的三种被给予方式：符号、想象（图像）与感知，它们构成一个意向的充实程度逐步上升的系列。然而，即使在外感知中，空间对象也并没有“完全地”作为其实际之所是被给予，它仅仅从正面或某个视角、某个侧面以“侧显”的方式被给予。就拿我们面前的桌子来说，我所能看到的只是它的这些个侧面或那些个侧面，而永远无法同时看到它的所有侧面，也就是说，我们无法看到“桌子本身”，或者说，“桌子本身”只能被理解为我们对它的各个侧面的越来越全面的感知在理念上的极限。对其他“物自身”来说也同样如此。这种物自体概念与康德意义上的物自体概念有很大的区别。在康德那里，物自体根本不同于现象之物，它是意识中的感觉印象的根源，而后者则为现象世界提供材料。而胡塞尔则把物自身看作现象之物在理念上的极限，它并不存在于现象之物的背后，而只是它的一种理念化的扩展。〔2〕胡塞尔的这种看法实际上与费希特一样取消了在意识之外独立存在的自在之物的存在。推而广之，整个世界都不过是向自我显现出来的现象世界或经验范围中的世界的一种理念化的扩展或极限。这就是说，即使所谓的“世界本身”从存在论上来说也奠基于“感知着的主体”之上。从根本上来说，它不过是由意识构造的一种“意义”。

如果这个世界上并不存在什么自在之物，如果所谓的自在世界不过是我们所经验到的世界的理念上的极限，如果整个世界都不过是意识活动的构造，那么，世界从存在论上来说就奠基于意识行为之上。但是，另一方面，《逻

〔1〕 Philipse, Herman. Transcendental idealism. In Smith, Barry and Smith, David Woodraff (eds), *The Cambridge Companion to Husserl*. Cambridge: Cambridge University Press, 1995, pp. 239—322.

〔2〕 Philipse, Herman. Transcendental idealism. In Smith Barry and Smith, David Woodraff (eds), *The Cambridge Companion to Husserl*. Cambridge: Cambridge University Press, 1995, pp. 239—322.

辑研究》又把意识理解为存在于它所构造的世界中的经验意识。问题在于，对整个世界起构造作用的意识如何能够既是这个世界的前提条件同时又是这个世界的一个部分？“人们尤其感到不可理解的是我们的存在方式本身，为我们而现存存在着的实体世界在我们(单个的和团体的)意识生活中获得其意义和有效性。我们作为人本身却属于这个世界。从我们的世界意义上来说，当这个世界意义在我们的意识生活中为我们形成时，我们重又依赖于我们和我们的意识生活。”[1]一方面，对于在《逻辑研究》的感知理论中所隐含着的现象主义或唯心主义主张来说，作为世界的先决条件，作为对世界起构造作用者，意识是存在于世界之前或之外的；另一方面，《逻辑研究》对意识现象的自然主义立场又使它把意识看成是存在于世界之中的一个部分。这等于说意识既是这个世界的一个部分又不是这个世界的一部分……这就是所谓的“主体性悖论”。[2] 这个悖论从根本上来说是由于把起构造作用的“先验意识”与作为被构造的世界的一个部分的“经验意识”混为一谈造成的。为了消除这个悖论，胡塞尔不得不对他的唯心论进行先验论的澄清和改造——他强调对世界起构造作用的先验意识不同于作为被构造的世界的一个部分的经验意识。先验意识是笛卡尔意义上的实体，它是即使整个世界不存在也仍然能够独立存在的，包括心理学意义上的意识在内的整个世界都是由它构造出来的。可见，《逻辑研究》所隐含的经验唯心主义所陷入的理论困境，是促使胡塞尔转向先验唯心论的内在缘由之所在。

二、“观念 I”中的先验唯心论

1. 作为自然态度之悬置的“现象学剩余”的先验意识

胡塞尔《纯粹现象学和现象学哲学》第一卷(通常简称为“观念 I”)[3]的副标题是“纯粹现象学通论”。该书对先验唯心论的基本立场的阐述主要集中在题为“现象学的基本考察”的第二编中。对于胡塞尔来说，“现象学的基

〔1〕 胡塞尔．现象学——不列颠大百科全书条目．胡塞尔选集．倪梁康，选编．上海：上海三联书店，1997：341－367.

〔2〕 Philipse, Herman. Transcendental idealism, In Smith, Barry and Smith, David Woodraff (eds), *The Cambridge Companion to Husserl*. Cambridge: Cambridge University Press, 1995, pp. 239－322.

〔3〕 Husserl, Edmund. *Ideen zu einer reinen Phänomenologie und Phänomenologischen Philosophie, Erst Buch: Allgemeine Einführung in die reine Phänomenologie*. The Hague, Netherlands: Martinus Nijhoff, 1950. 参见：胡塞尔．纯粹现象学通论．李幼蒸，译．北京：商务印书馆，1992.

本考察”的首要任务是确立现象学作为一门不同于心理学的独立学科的合法地位。它们二者都以意识体验作为研究对象，其区别仅仅在于是把意识体验作为独立自存的“实体”还是把它看成以人的身体乃至整个自然世界为条件的现象。心理学对意识体验的态度与人们在日常生活中所持的“自然态度”并没有什么不同，而现象学把意识体验作为独立自存的实体的态度，则是与自然态度截然相反的态度。这意味着，纯粹现象学研究的前提条件是悬置自然态度，以意识体验本身作为唯一的出发点。从这个意义上来说，对自然态度的悬置，是通向现象学殿堂的必由之路。只有通过对自然态度的悬置，现象学才能作为一门不同于心理学的独立科学确立起来。这也正是胡塞尔把对自然太多的悬置称为“现象学悬置”或“现象学还原”的原因。

对自然态度的悬置的关键，是不再把意识现象看作物理现象的派生物，而是把它看作独立自存的东西。现象学的悬置或还原意味着把关于客观现实世界自在存在的“总设定”以“置入括号”的方式加以排除。——“我们使属于自然态度本质的总设定失去作用，我们将该设定的一切存在性方面都置入括号：因此将这整个自然世界置入括号中……”〔1〕更加具体地说，在自然态度中，世界对我们存在着，“我们素朴地生存于知觉和经验活动中，生存于那些设定行为中，在其中物的统一体对我们显现着，而且不只是显现着，还以‘在身边的’、‘现实的’等特性被给予”。而在现象学的态度中，我们将关于现实世界的设定“置入括号”，我们“不介入这些设定”。〔2〕

另一方面，尽管现象学的态度将整个现实世界都放进了括号，但仍给我们留下了某种东西，即“绝对意识的整个领域”。——我们把目光指向“在其自身绝对独特存在中的纯粹意识”。只有这个在其自身内“包含着”、“构成着”一切世界的超越存在的绝对意识才是纯粹现象学的出发点，它作为对自然态度的关于客观世界总设定的悬置所余留下来的东西而被称为“现象学剩余”。〔3〕

胡塞尔“现象学的基本考察”的核心问题是，当包括人本身在内的整个自然世界被悬置或放进括号之后所余留下来的是什么？胡塞尔认为所留下的是先验意识及作为其意向相关物的自然世界。这样一种先验唯心论的立场是对人们在日常生活中以不自觉的方式所持有的“自然存在论”的颠覆。根据自然存在论，心灵从存在论上来说建立在物理自然的基础之上，而在先验

〔1〕 胡塞尔．纯粹现象学通论．李幼蒸，译．北京：商务印书馆，1992：97.
〔2〕 同上：136.
〔3〕 同上.

唯心论看来，自然不过是意识的意向相关物，它将其存在建立在意识的基础上。先验唯心论并不否定心理学意义上的意识体验对物理现象的依赖性，它所主张的不过是包括存在于肉体中灵魂在内的整个自然世界都不过是先验意识的意向相关物。总之，胡塞尔的先验唯心论意在表明，意识是绝对的存在者，包括心理意识在内的整个世界都建立在它的基础之上。〔1〕

2. 作为世界消除之剩余的绝对意识

对于胡塞尔来说，他的上述先验唯心论立场与其他任何一种哲学理论的一个很大不同在于它并不是基于哲学家个人的主观信念或偏见提出来的，而是基于“面向事情本身”的原则，通过对意识现象的描述性分析就能自然而然地达到的。严格来说，它甚至不是一种哲学理论，而只是对我们必须加以接受的事实的“描述”。因此，不难理解，胡塞尔在“观念 I”中并没有使用“先验唯心论”这个名称来标榜他当时实际所持的上述这种哲学立场。

纯粹意识与自然世界占据着截然不同的存在论地位的根本原因在于它们二者是以完全不同的方式被给予的。意识总是关于某物的意识，但在意识与意识相关物之间存在着不可逾越的鸿沟。正如胡塞尔所反复强调的，对象的显现与显现的对象的区别是一个基本的现象学区别。绿的感觉不能与感觉到的绿混为一谈。——“直观与被直观者，知觉与被知觉者，虽然在其本质上相互关联，但又必然不是真实地和在本质上结合在一起的同一物。”〔2〕如前所述，就三维空间中的实在之物而言，在任何可能的知觉中，在任何可能的意识中，它们都不可能绝对无条件地作为真实内在的东西被给予。处在空间中的物体只能在某一方向上显现，这个方向必然预设了由诸可能方向组成的一个系统，其中每一个方向又都依次对应于某种“显现方式”，我们可将此显现方式表示为某一“侧面”上的所与性，如此等等。空间物本身只不过是一种意向统一体，它必然只能作为这些显现方式的统一体而被给予。〔3〕举例来说，无论我站在哪个角度观看我面前的这张桌子，我看到的都仅仅是它的这个侧面或那个侧面，尽管我会认为我看到的始终是同一张桌子，但实际上我并没有看到作为我从各个侧面获得的体验的统一体的“那个桌子本身”。这就是说，空间中的物体总是通过“侧显”(Abschattungen, adumbrations)的方式被给予我们的。或者说，我们通过物在任何情况下“实际上”和真正地“落入”知

〔1〕 Philipse, Herman. Transcendental idealism. In Smith, Barry and Smith, David Woodraff(eds), *The Cambridge Companion to Husserl*. Cambridge: Cambridge University Press, 1995. pp. 239—322.
〔2〕 胡塞尔.纯粹现象学通论.李幼蒸，译.北京：商务印书馆，1992：115.
〔3〕 同上：119.

觉的一切规定性来“侧显”自己的方式去知觉物。[1]

“我们的”知觉只有通过对物的纯侧显作用本身才能达到物本身，这既非由于物的一个偶然的特殊意义，也非由于“我们人的构成”所具有的某种偶然性。相反，从空间物的本质中可得出的是，“那样一种存在必然只能通过侧显在知觉中被给予”[2]。然而，“体验并不侧显自身”[3]，侧显本身不再侧显。对于像“牙疼”、“对这片树叶上的绿的感觉”这一类的我思行为或意识体验本身来说，像“显现”，像通过侧显呈现自身等等，不具有任何意义。“在不存在空间物之处，从不同观点，沿不同的变化方向，因此按不同的呈现自身的侧面，按不同的视角、显现、侧显去谈论看，这是无意义的。”[4]总之，体验作为内在之物是作为绝对所与物而在知觉中被给予的，而不是像空间物（亦即所谓的“超越之物”）那样是作为在侧显系列中的同一物被给予的。

上述分析表明，“在意识和现实之间存在着真正的意义沟壑。对一方来说是一个侧显的、非绝对所与的、仅只是偶然的和相对的存在，对另一方来说是一个必然的和绝对的存在，本质上不可能由于侧显和显现而被给予”[5]。与作为一“偶然”设定的世界设定相对的是关于我的纯自我和自我生命的设定，它是“必然的”，绝对无疑的。“一切活生生的被给予的物质物都可能是非存在的，但没有任何活生生的被给予的体验可能是非存在的……”[6]如果反思性把握是指向我的体验，我就把握住了某种其事实存在在本质上不可否定的绝对物本身，也就是这样一种洞见，即它不存在一事本质上是不可能的；认为以该方式被给予的体验实际上有可能不存在的看法是荒谬的。[7] 与此相反，物质世界之本质在于，没有任何不论多么完善的知觉能在其领域内给予任何绝对物，而且本质上与此相联系的是这样的事实，任何不论多么广泛的经验都存留有这样的可能性，即给予物不存在，尽管有关于它活生生的自身显现的连续意识。[8] 超越物的世界是完全依存于意识的，它仅仅作为依赖于意识的现象存在，它的存在从本质上来说是可疑的。相反的是，作为内在的存在，意识本身是不需要任何“物”的绝对的存在。即使物质世界消失了，它

〔1〕 胡塞尔.纯粹现象学通论.李幼蒸，译.北京：商务印书馆，1992：118.
〔2〕 同上：119.
〔3〕 同上.
〔4〕 同上.
〔5〕 同上：134－135.
〔6〕 同上：128.
〔7〕 同上：126－127.
〔8〕 同上：127.

也仍然可以“作为世界消除之剩余的绝对意识”存在。[1]

三、现象学—心理学还原、本质还原与先验还原

在观念Ⅰ(1913年)中,胡塞尔所说的“现象学还原”主要是指作为对自然态度的悬置的先验还原,它又被称为(对客观世界的有效性实行)“中止判断”、(把关于客观世界的总设定)“放进括号”等等。在《现象学——不列颠大百科全书条目》及在此之后的著作中,胡塞尔则认为,无论是本质还原还是先验还原都是在现象学的心理学还原的基础上进行的,后者有时被简称为“现象学还原”或“心理学还原”。因此,“现象学还原”这个概念的用法在胡塞尔那里并不一致。后期著作中的“现象学还原”主要是指现象学的心理学还原。

对于纯粹心理学或现象学的心理学来说,现象学还原是通向现象学领域的必不可少的方法。与通常意义上的心理学不同的是,只有“纯粹心理之物的封闭领域”、“真正的内在经验”才是现象学的心理学的研究对象。作为纯粹心理学或现象学的心理学的基本方法,现象学还原指的是向纯粹“现象”、纯粹心理之物的还原。这里的困难之处在于,由于意识总是朝向某物的意识,因此我们往往很难对真正的内在经验与这种经验的“外在之物”加以区分。一方面,对这座房子、这个躯体、这个世界的经验从其自身的本质内涵来看是并且始终是关于这座房子、这个躯体、这个世界的经验,就是说经验与被经验之物是不可分割的;另一方面,被经验的“外在之物”不属于意向经验的内在性,尽管经验本身作为关于外在之物的经验属于这内在性。因此,如果现象学家想获得作为纯粹现象学的研究对象的意识,他便需要一种彻底的“悬置”。就是说,他在进行现象学的反思的过程中必须制止那种随此反思一同进行的,在非反思活动中活动的客观设定,并且制止任何将对他来说“在此存在”的世界扯入判断之中的做法。简而言之,现象学还原的关键在于“对无论是个别现象上,还是在整个心灵存在方面出现在心灵领域的客观设定进行方法上的、严格彻底的悬置。”[2]

“如果现象学还原已打开了通向现实的以及可能的内在经验的‘现实’的通道,那么奠基在这经验之上的‘本质还原’的方法便打开了通向纯粹心灵的

〔1〕 胡塞尔.纯粹现象学通论.李幼蒸,译.北京:商务印书馆,1992:133.

〔2〕 胡塞尔.现象学——不列颠大百科全书条目.胡塞尔选集.倪梁康,选编.上海:上海三联书店,1997:341—367.

总领域的不变本质形态的通道。”[1]对于胡塞尔来说，在上述现象学还原的基础上进一步进行从事实的一般性向本质的一般性的还原对现象学的心理学同样是必不可少的，因为后者是本质科学而非事实科学。

然而，如果我们把“先验的而非自然世界的兴趣”作为我们的理论原则，那么，现象学的心理学就与其他任何实证科学一样成为在先验的意义上成问题的。即使作为本质科学，现象学的心理学也仍然是“实证科学”，即“在自然态度中”的科学，而在自然态度中，始终现存的世界是研究的基础。作为心理学还原，现象学还原的作用仅仅在于获得动物实体的心理之物，“这些心理之物即使在本质研究中也仍然保留着世界的现存之物的存在意义，它仅与可能的实在世界相联系”。心理学家即使作为本质现象学家也仍然保持着“经验的而非先验的”态度，这是指他始终把“心灵”（自我、主体）当作一个在空间世界中现存的人和动物。更加直截了当地说，现象学还原的局限性在于：它始终是为作为实证科学的心理学服务的，对后者（心理学）而言，世界始终是被预先设定的，而作为它的研究对象的心灵则作为某种特殊的实在之物存在于那个世界中。换言之，即使作为本质现象学家，心理学家在先验的意义上也仍然是幼稚的，就算他或她已经尽其所能地将一切心理—物理意义上的东西排除在外，并将兴趣集中于纯粹心灵的东西，他们所说的心灵仍然是实际或可能的，处于空间世界中存在着的某人的身体中的心灵。[2]

进一步来说，现象学的心理学在先验问题上的“朴素性”或“幼稚性”集中表现为它对下列这一点的忽略——先验问题所依据的那种主体性和意识根本不可能是心理学所涉及的那种主体性和意识，“先验主体性毋宁是指这样一种意识生活的主体，在这种意识生活之中，这些现存性和其他所有现存性——对‘我们’而言——通过某种统觉而‘创造’自身”[3]。这个我们一直谈论的世界及作为我们直观的现实或可能的对象的一切事物，不过是那个无所不包的意识主体性的意向相关物。也就是说，现象学的心理学根本不懂得下列这一点，即作为人类，我们一方面是现实世界中的精神生活的心理—物理

〔1〕 胡塞尔. 现象学——不列颠大百科全书条目. 胡塞尔选集. 倪梁康，选编. 上海：上海三联书店，1997：341—367.

〔2〕 Huseerl, Edmund. The Amsterdam Lectures on Phenomenological Psychology. Translated by Richard E. Palmer. In Edmund Husserl. *Psychological and Transcendental Phenomenology and the Confrontation with Heidegger* (1927—1931). Edited and translated by Thomas Sheehan and Richard E. Palmer. Dordrecht, Boston, London: Kluwer Academic Publishers, 1997, pp. 213—253.

〔3〕 胡塞尔. 现象学——不列颠大百科全书条目. 胡塞尔选集. 倪梁康，选编. 上海：上海三联书店，1997：341—367.

主体,同时作为先验主体,我们又是“对世界起构造作用的生命过程”[1]。这就是说,“我们”是双重的,在心理学上,我们是在世界中现存的人,是心灵生活的主体,同时,先验地看,“我们”又是一个先验的、构造着世界的存在的主体。现存的(被统摄的)我和我们以一个(统摄着的)“我”和“我们”为前提,“前者对于后者来说是现存的,但后者并不在同样的意义上现存”[2]。

正如达到现象学的心理学的主体需要现象学还原一样,只有通过先验的还原我们才能达到先验的主体。先验还原是比心理学还原高一层次的还原,心理学还原借助对意向体验的“外在之物”的悬搁进行纯化,“先验还原是在此纯化之后进一步的纯化”[3]。因此,心理学家是在把对他来说自然有效的世界之内将出现的主体性还原为纯粹心灵的主体性——世界之中的主体性——而先验现象学则通过他的绝对普遍的悬搁把心理学的纯粹的主体性还原成为先验纯粹的主体性,还原为这样一种主体性,“这种主体性进行世界统觉并且在其中进行对动物实体的心灵的客观化统觉,并且它使这些统觉在他自身中有效”[4]。这就是说,先验现象学家把包括人的心灵在内的整个世界都理解为先验主体的构造和成就,其结果便是一门完全不同于现象学的心理学或本质现象学的先验现象学的建立。对于先验现象学来说,那个建构一切客观性的主体性不可能是心理学或现象学的心理学意义上的主体,而是通过先验还原的清洗和纯化之后的“先验主体”、纯粹意识或绝对自我。

---

〔1〕 Huseerl,Edmund. The Amsterdam Lectures on Phenomenological Psychology. Translated by Richard E. Palmer. In Edmund Husserl. *Psychological and Transcendental Phenomenology and the Confrontation with Heidegger* (1927—1931) . Edited and translated by Thomas Sheehan and Richard E. Palmer. Dordrecht, Boston, London: Kluwer Academic Publishers, 1997, pp. 213—253.

〔2〕 胡塞尔.现象学——不列颠大百科全书条目.胡塞尔选集.倪梁康,选编.上海:上海三联书店,1997:341—367.

〔3〕 同上.

〔4〕 同上.

第七章　交互主体性现象学

众所周知，就胡塞尔生前已公开出版的著作而言，他对交互主体性问题的系统论述主要出现在《笛卡尔式的沉思》[1]特别是其中的"第五个沉思"中。就此来看，只是在胡塞尔进入晚年之后(1930 年前后)，交互主体性问题才成为他的哲学思考的"重头戏"。但这决不意味着胡塞尔到了晚年之后才意识到这个问题的存在。实际上，早在"观念Ⅰ"[2]时期(1913 年)，交互主体性对胡塞尔来说就已成为难以回避的问题。原因在于，"观念Ⅰ"通过先验还原所确立的被称为"一切原则之原则"的立足点——先验自我、纯粹意识或"我思"[3]——始终伴随着唯我论的幽灵。交互主体性理论则是胡塞尔为了驱赶那个幽灵所不得不反复念叨的咒语。关于这一点，胡塞尔本人在《形式的与先验的逻辑》(1929)一书中的如下叙述或许是最好的注解："早在 1910—1911 年冬季和夏季学期的哥廷根讲座中，我就已经将关于如何基于交互主体性克服先验唯我论的要点提出来了。然而，如果要真正弄清上述问题，那么，尚需对其中包含的诸多难题逐个加以研究。在多年之后我才着手进行这项工作。我即将在《笛卡尔式的沉思》一书中对这个理论进行简要的说明。我希望在接下来的这一年将对这个问题研究所获得的明确结果付梓。"[4]《笛卡尔式的沉思》(法文版)在胡塞尔生前得以如期出版，不过，胡塞尔上面提到的出版一部关于交互主体性问题研究的明确结果的计划，却没有付诸实施。原因在于，胡塞尔在接下来的那一年忙于进行另外一项研究计划。[5] 不管怎样，胡塞尔的上述这段话对于我们了解他提出交互主体性理论的内在缘由以及《笛

[1] Husserl, Edmund. *Cartesianische Meditationen und Pariser Vorträge*. The Hague, Netherlands: Martinus Nijhoff, 1973.

[2] Husserl, Edmund. *Ideen zu einer reinen Phänomenologie und Phänomenologischen Philosophie, Erst Buch: Allgemeine Einführung in die reine Phänomenologie*. The Hague, Netherlands: Martinus Nijhoff, 1950.

[3] 胡塞尔. 纯粹现象学通论. 李幼蒸，译. 北京：商务印书馆，1992：84.

[4] Husserl, Edmund. *Formale und transzendentale Logik*. Halle: Max Niemeyer, 1929, p. 215.

[5] Husserl, Edmund. *Zur Phänomenologie der Intersubjektivität*. Erster Teil: 1905—1920. The Hague, Netherlands: Martinus Nijhoff, 1973, XVII.

卡尔式的沉思》在其中举足轻重的地位是一个不可多得的提示。

一、《逻辑研究》中的交互主体性问题

从上面引述的那段话中我们可以看到，对胡塞尔来说，交互主体性问题从根本上来说是由先验还原所导致的唯我论困境所引发的。从时间上来看，胡塞尔对在这个问题上的基本观点的公开阐述出现在1910—1911年哥廷根大学的讲座中，也就是“观念Ⅰ”出版前两三年。当然，胡塞尔对这个问题的思考和研究应该在此之前就已经进行。胡塞尔《交互主体性现象学》(1－3卷)[1]的编者耿宁(Iso Kern)认为，胡塞尔对交互主体性问题的具体研究始于1905年。然而，即使在更早出现的《逻辑研究》中，也并非完全看不到“交互主体性”的踪影。固然，如果把先验还原所导致的“唯我论”困境看作交互主体性理论的内在缘由，那么，由于《逻辑研究》并没有像“观念Ⅰ”那样把先验自我或纯粹意识作为根本的立足点，因此也就不存在通过交互主体性摆脱唯我论的问题，但这并不意味着前者没有以任何哪怕是“外在的”方式触及交互主体性问题。实际上，《逻辑研究》“第一项研究”关于语言表达在人与人之间的相互交流与孤独的内心独白中的不同功能的论述中，“对他者的体验”这个在胡塞尔中后期才得到充分发挥的交互主体性现象学的核心概念，至少已经是有迹可循。

在语言表达的特性和功能问题上，胡塞尔的思想显得很复杂。他一方面强调语言表达因其表达某种含义而与仅仅对它物起指示作用的标志(如面部表情、肢体语言等)的不同，另一方面又认为，只有在某个人孤独的内心独白中，语言表达才是纯粹的“表达”，而在人与人之间的语言交流中，语言表达不仅仅是表达，同时还是“标志”，即对于听者来说，说者口中发出的声音不仅仅具有需要他加以理解的意义，同时还是说者试图向他表达的那种“意义”或“内心体验”的标志，就像说者的面部表情或“肢体语言”对听者来说是前者的内心活动的标志一样。

只要听者听得懂说者所说的话，他也就能够知道说者试图向他表达的“意义”或内心体验是什么，这是显而易见的。问题在于，在胡塞尔看来，在此之前，听者首先必须把说者作为一个向他说话的人来“感知”，即必须把说者口中发出的声音看作是他的内心体验的标志。另一方面，对胡塞尔来说不容

[1] Husserl, Edmund. *Zur Phähomenologie der Intersubjektivität*. 1－3. The Hague, Netherlands: Martinus Nijhoff, 1973.

置疑的是，听者绝不可能在原初的意义上拥有说者的内心体验，即听者并不拥有对说者的内心体验的“直观”。既然听者并没有对说者的内心体验的“直观”或“感知”，那么，他把说者口中发出的声音看作其内心体验的标志，即把说者看成一个向他说话并借此向他传达某种内心体验的人来感知，又何从谈起呢？《逻辑研究》时期的胡塞尔没有也不可能对这样一个困难的问题做出回答，甚至没有明确地将这个问题摆到桌面上来。

综上所述，虽然从某种意义上来说《逻辑研究》已经触及了“对他者的体验”这样一个对交互主体性现象学来说至关重要的问题，然而，这种触及从深度上来说是很有限的，具体表现为：

首先，它不是基于先验还原所导致的唯我论困境提出来的。就“对他者的体验”或“交互主体性现象学”的重要性首先在于它决定着先验现象学能否摆脱唯我论困境而言，由于《逻辑研究》并没有实行先验还原，因此，它对“对他者的体验”这个问题的触及仅仅是一种“外在的”触及。

其次，正如前面所提到的，《逻辑研究》没有对下列这个困难的问题做出回答——在听者不可能拥有对说者的内心体验的直观的情况下，何以能够把说者作为通过向他说话来传达某种内心体验的“他者”来感知？一方面，听者绝不可能具有对说者的内心体验的直观；另一方面，人与人之间的语言交流之所以可能，就在于听者把说者作为“他者”来体验，那么，在听者不拥有对说者的内心体验的直观或感知的情况下，他如何能够把说者看作一个具有一定的内心体验的他者来感知或体验呢？《逻辑研究》时期的胡塞尔显然尚不具备解决这样一个迫在眉睫而又非常棘手的问题的思想资源和手段，因此只好满足于对其保持一种鸵鸟心态。

二、先验还原的唯我论困境

与《逻辑研究》形成鲜明对比的是，交互主体性或他者的建构问题却是《笛卡尔式的沉思》的核心问题。实际上，《笛卡尔式的沉思》的“第五个沉思”的篇幅几乎是前四个沉思的总和，这绝非出于偶然或随意，而是与他者问题在胡塞尔哲学中的极端重要性有关。正如保罗·利科(Paul Ricoeur)所指出的，从某种意义上来说，他者问题是“先验现象学的试金石”[1]。先验现象学把“我思故我在”中的“我思”作为“一切原则之原则”，但随之而来的问题便是：

---

〔1〕 Ricoeur, Paul. *Husserl: An Analysis of His Phenomenology*. Evanston: Northwestern University Press, 1967, p.115.

(1)“他”与“我”的区别何在?(2)建立在主体的复数性基础上的世界的客观性何在?就“他者”这个概念对超出自我反思之外的真理和实在性起着奠基作用而言,它在胡塞尔哲学中扮演着与笛卡尔哲学中的“上帝”类似的角色。[1]

胡塞尔《笛卡尔式的沉思》的“第五个沉思”突然转向对他者问题的长篇大论的探讨的基本动机在于消除人们对在“第四个沉思”中得到详细阐述的“先验还原”的唯我论后果的顾虑和质疑。先验还原把一切存在者的存在归结为它们对于自我的意义,归结为自我的意向活动的结果和成就;所有一切差异和所谓的“他者”都从自我的活动中所产生,又被自我所吞没。胡塞尔的下述这段话可以看作是先验还原的上述这种结果和意义的自我供认:“先验还原把我与我的纯粹的活生生的意识体验以及建立在它的现实性和可能性基础上的统一体联系在一起。显而易见的是,那样一种统一体与自我不可分割,因此属于自我这个有机整体的一个内在环节。”[2]受莱布尼茨的“单子论”的启发,胡塞尔把将它自身建构的对象包括在内的“先验自我”称为“单子”,以先验自我为立足点的先验现象学因此有了“单子论”(Monadism)这样一个新的名称。然而,这样一种单子论却不仅仅是一种“一元论”(Monism),而且似乎与“唯我论”(Solipsism)如影随形。胡塞尔的先验现象学如果想要摆脱唯我论的幽灵的纠缠,就必须对“他我”是如何从自我中产生的问题做出令人信服的说明。胡塞尔的“第五个沉思”无异于一场“刀尖上的舞蹈”——一方面,胡塞尔必须在对他者的产生过程的说明中贯彻先验还原的基本原则,坚持把“自我”作为立足点;另一方面,他又必须说明自我所体验到的他者是真正的原始意义上的他者,而不仅仅是自我的“复本”。简而言之,胡塞尔必须说明那个既离不开自我又完全不同于自我的他者究竟是如何产生的。

三、“第二种还原”与自我的肉身性的确立

胡塞尔所面临的也就是“他者在‘自我的本己领域’中的产生是否可能、又如何可能”的问题。所谓“自我的本己领域”(die Eingenheitssph? re),即排除了对他者的任何预先设定的自我所拥有的一切体验。[3]

---

[1] Ricoeur, Paul. *Husserl: An Analysis of His Phenomenology*. Evanston: Northwestern University Press, 1967, p. 115.

[2] Husserl, Edmund. *Cartesianische Meditationen und Pariser Vorträge*. The Hague, Netherlands: Martinus Nijhoff, 1973, p. 121.

[3] Husserl, Edmund. *Cartesianische Meditationen und Pariser Vorträge*. The Hague, Netherlands: Martinus Nijhoff, 1973, p. 124.

自我的本己领域是“纯粹的”，因为它排除了一切直接或间接与他者的存在有关的体验。例如，像“客观性”这样的概念或体验，因为它隐含着他者的存在，因此便被排除或悬置起来了。这样一种排除或悬置是在已有的对“自然态度”的悬置，即在所谓的“先验还原”的基础上进行的，因此它是一种新的悬置或还原，不妨称之为“第二种悬置”或“第二种还原”。[1]

就自我的本己领域排除了对他者的任何预先设定而言，它是纯粹的、抽象的，然而它却并不空洞，反而是一个“具体的统一”。原因在于，“即使在消除一切外在于我的东西的设定之后，某种类型的世界仍然被保留下来，自然被还原为‘为我之物’——而‘我’则是心理—生理学意义上的、既有身体又有灵魂的自我，自我凭借他的身体而与自然融为一体”[2]。这就是说，即使在排除了对他者的设定之后，我仍然拥有我的身体，我仍然能够感受到我的身体与别的物体的不同，我借助我的身体仍然能获得对“自然”的各种感知和体验，我甚至还能拥有对我自身的身体的体验。简而言之，在肯定的意义上，第二种还原与第一种还原（即先验还原）的最大不同在于它将“自我”拥有身体这样一个以前曾被忽略但却确定无疑的事实凸显出来，而这个事实的丰富性和具体性，它的前反思性质——它是“我在”而非“我思”——却使它得以成为胡塞尔解决他者问题、摆脱唯我论困境的突破口和立足点。

作为对“关于他者的预先设定”的消除，第二种还原是一种“抽象”，是减法；但就这种还原第一次将自我理解为活生生的、有血有肉的人，而非与身体无关的、幽灵般的精神实体而言，它又是一种“充实”，是加法。在实施第二种还原之前，胡塞尔已经对康德“伴随我的一切表象”的“我思”意义上的“自我”概念（第一种意义上的自我）进行了两次扩展：(1) 在《笛卡尔式的沉思》第 32 节，胡塞尔将作为活生生的体验之流的空洞统一体的自我扩展成为具有一定的养成、信念、价值取向和欲望的自我（第二种意义上的自我）[3]；(2) 在接下来的第 33 节，胡塞尔将上述第二种意义上的自我进一步扩展成为将由其意向对象构成的世界包括在内的自我（第三种意义上的自我），并将这种意义上的自我称为“单子”[4]。单子之所以为单子的一个重要特性在于它是不占有

---

[1] Husserl, Edmund. *Cartesianische Meditationen und Pariser Vorträge*. The Hague, Netherlands: Martinus Nijhoff, 1973, S126.

[2] Husserl, Edmund. *Cartesianische Meditationen und Pariser Vorträge*. The Hague, Netherlands: Martinus Nijhoff, 1973, S129.

[3] Husserl, Edmund. *Cartesianische Meditationen und Pariser Vorträge*. The Hague, Netherlands: Martinus Nijhoff, 1973, S101.

[4] Husserl, Edmund. *Cartesianische Meditationen und Pariser Vorträge*. The Hague, Netherlands: Martinus Nijhoff, 1973, S102.

空间的精神实体。然而,第二种还原却第一次使身体作为自我的一个不可或缺的因素凸显出来。自我第一次成为总是寓居于某个身体之中有血有肉的"自我",这可以看作是对"自我"概念的第三次扩展,而这次扩展的意义,实际上远远超出前两次之上。

第二种还原或自我概念的第三次扩展的直接意义在于:自然不再仅仅是直观的对象,而成为我的肉身生活于其中的环境。自我入乎自然之中又出乎自然之外,自然入乎自我之中又出乎自我之外,正是这种以身体为基础的内与外的辩证法使既入乎自我之中又出乎自我之外的他者的建构成为可能。

四、他者的建构之一:意识的肉身性与"结对"的可能性

我对他者的体验的吊诡之处在于,一方面,他者往往活灵活现地出现在我面前;另一方面,我却无论如何也无法直接拥有他者的内心体验。他者的内心生活对我来说是"不可见的",否则的话,"他"就将成为"我"的一部分,"我"与"他"就将合而为一了。[1]

在我无法直接拥有他者的内心体验的情况下,我是如何得知他者的存在的呢?现在假设某个他者突然闯入我的视野中,这时,我做出"在我面前出现了一个他者"的断定的直接原因是,我看见了他的身体。那么,我通过他可见的身体断定他不可见的内心生活的存在的根据何在呢?

当我看见一块石头或一棵树时,我不会认为在它们那里存在着"他者";当我看见一匹马或一个人时,我却不由自主地认为在我面前出现了这样或那样的他者,原因在于,人或其他有意识动物的身体在我看来具有不同于无机物或无意识的低级生物的特点,这个特点,一言以蔽之,就是"它们直接受到某个意识的支配"。

然而,实际上,我并没有"看见"他者的意识对他的身体进行支配的过程;我能够直接体验的,是我的意识对我的身体的支配。在我看来,我的身体不同于任何别的物体的特点恰恰在于,它直接受我的意识的支配。我不凭借任何别的物体就能移动我的身体或其中的一部分,例如抬起我的手臂,我的意识本身就构成我的身体运动的原因;与此不同的是,只有以我的身体为中介,我才能移动别的物体。也就是说,我的身体总是踩着我的意识活动的"节拍"起舞,它随着我的意识活动的变化而呈现出不同的姿态,它与我的

〔1〕 Husserl, Edmund. *Cartesianische Meditationen und Pariser Vorträge*. The Hague, Netherlands: Martinus Nijhoff, 1973, S139.

意识活动的关系是如此紧密，以至于它可以说是我的意识活动最主要的“外在表现”，它甚至可以说是我的意识活动的存在方式。简而言之，它是我的意识的“肉身化”或我的“肉身化意识”。正是通过我的身体，我的意识才得以成为现实世界的一部分，才得以成为有血有肉的个体，而不再是虚无缥缈的“幽灵”。

一方面，自我之为自我，在于我是我的身体的主宰者；另一方面，我的身体因直接受我的意识的支配而呈现出与无机物或植物及其他无意识的低等生物不同的特性。如果他者的身体也呈现出与我的身体相同的特性，那么我们就可以断定它同样受到某个与我的意识类似的意识的支配，那个意识就是“他我”或“他者”。他者之为他者，在于他是他的可见的身体的不可见的主宰者，正像自我之为自我，在于我是我的身体的主宰者一样。可见，他者身体与我的身体的类似性，是我断定他者的存在的最终根据。这也正是胡塞尔下述这段话所试图加以阐明的核心观点之所在：“让我们假设另外一个人进入我的感知领域中。在实行了向本己领域还原的情况下，这意味着，在由我的源始自然构成的感知领域中，出现了一个物体；就其属于我的本己领域而言，它只能作为我自身的一个决定性因素（即一个内在的超越性）来看待。由于在这个自然或世界中，我自己的身体是唯一能够作为有机体（起作用的生命）以源始的方式被构建起来的物体，因此，尽管在那儿存在着的另外一个物体也被看作是有机体，然而，它作为有机体的特性并不能在严格的意义上被我亲身感受到，因此是派生的。基于此，显而易见的是，仅仅是基于存在于我的本己领域中的他者的身体与我的身体的类似性，他者的身体才具备了以类比的方式作为另外一个有机体来看待的动机和基础。”[1]胡塞尔这里所说的“有机体”或“生命体”(Leiblichkeit)与生物学上所说的有机体的不同之处在于，它不包括植物以及一切尚不具备意识的低等生物。正如我们在上文所提到的，对于胡塞尔来说，有机体的特点在于它受到某个意识的直接支配，尽管这种支配也有可能是以不自觉、“下意识”的方式进行的。保罗·利科认为胡塞尔的这段话是在整个“第五个沉思”中最为重要的一段，因为它对“我如何得知他者的存在”这样一个关键性的问题做出了明确的回答。[2]

从以上所述中不难看出，对“我对他者的体验”起关键作用的是以下两

〔1〕 Husserl, Edmund. *Cartesianische Meditationen und Pariser Vorträge*. The Hague, Netherlands: Martinus Nijhoff, 1973, S140.

〔2〕 Ricoeur, Paul. *Husser: An Analysis of His Phenomenology*. *evanston*: Northwestern University Press, 1967, p.125.

点：第一，我的身体与我的意识的内在统一性——如前所述，我的身体不同于任何别的物体，它因直接受我的意识的支配而成为其外在表现和存在方式，这样看来，在我的意识与我的身体之间并不存在不可逾越的鸿沟，笛卡尔式的“心身平行论”由此在某种程度上得到了克服；第二，他者的身体与我的身体的类似性。具体来说，我体验他者的存在的过程，就是下列这样一个过程：基于他者的身体与我的身体的类似性，我将我的身体所具有的“意识性”，以“类比”的方式转移到他者的身体中，从而把他者的身体看成他的意识的外化——这同时也就意味着把他者的意识与我的意识一样都看成肉身化意识。这个过程的关键之处在于把他者的身体与我的身体看成两个具有同等意义的物体，从而使它们两个成为“一对”，这也正是胡塞尔把这个过程称为“结对”(Paarung)〔1〕的原因。在下面这段话中，胡塞尔对此作了集中的阐述：“特别值得注意的是，我的身体一直在那儿存在着，并且从感觉上来说是显而易见的；但是，除此之外，同样能被我以源始的方式亲身感受到的是，我的身体还拥有‘有机体’这样一种特别的意义。现在，如果在由我的源始体验构成的领域中，出现了一个与我的身体类似的物体——这个物体因其所拥有的各种规定性而从现象上与我的身体结为一对，那么，看来不言而喻的是，那个物体将通过‘意义推移’(Sinnesüberschiebung)而同样获得‘有机体’这样一种意义。”〔2〕这就是说，尽管我只能以源始的方式拥有我自身的体验，但我将把他者的身体作为我的肉身化意识的相似物，并且把它看成另一个“自我”的表现。这个把我的身体作为肉身化意识所具有的特性“转移”或“投射”到他者的身体之上的过程也就是所谓的“结对”。〔3〕

结对的局限性是显而易见的——通过结对，我并没有以源始的方式拥有他者的活生生的内心体验。但这并不能从根本上取消结对的意义，因为正是通过他者的身体与我的身体的结对，才使得处在我的本己领域中的他者的身体呈现为他者的内心体验的“标志”，从而才使得另外一种意义上的“结对”——他者可见的身体与他不可见的内心体验的结对——成为可能。

〔1〕 Husserl, Edmund. *Cartesianische Meditationen und Pariser Vorträge*. The Hague, Netherlands: Martinus Nijhoff, 1973, S141.

〔2〕 Husserl, Edmund. *Cartesianische Meditationen und Pariser Vorträge*. The Hague, Netherlands: Martinus Nijhoff, 1973, S143.

〔3〕 Husserl, Edmund. *phänomenologie der Intersubjektivität*. *Erster Teil*: 1905—1920. The Hague, Netherlands: Martinus Nijhoff, 1973, S8.

五、他者的建构之二：作为被动综合的“统觉”或“共现”

最后提到的这种意义上的结对实际上不过是“能指”与“所指”这种更为普遍意义上的结对的一种特殊形式，胡塞尔本人不称之为“结对”，而称之为“共现”(Appräsentation)或“统觉”(Apperzeption)——虽然拥有一定的内心体验的他者对于我来说是不可见的，但我可以基于他可见的、向我直接呈现的身体间接“把握”到他的存在，这样一种基于直接呈现的间接把握就是胡塞尔所说的“统觉”或“共现”。这两个术语的主要作用在于将通过“感性直观”(即 Perzeption 或 Präsentation)向我们直接呈现出来的东西与建立在此基础上我们通过“共现”或“统觉”间接把握到的东西区别开来。[1] 胡塞尔强调的是，只有通过共现或统觉，我才能超越我的直接的本己领域“设定”或“断定”他者与我同在。

就对他者的存在的设定或体验而言，统觉或共现是必不可少的，但后者并非是对他者的体验所特有的，因为在我对外界物体的感知这种司空见惯的现象中就已经包含统觉或共现。正如胡塞尔在《逻辑研究》“第六项研究”中所指出的，即使在外感知中，对象也并没有“完全地”作为其实际之所是呈现出来，它仅仅从正面或从某个视角以省略或“部分显现部分遮蔽”的方式被给予。[2] 因此，每一个感知都是“直接呈现”与“非直接呈现”(即共现)的混合，“与前者相对应的是对象在这个感知中作为完全程度不等的投影被给予的部分，与后者相对应的是对象未被给予的部分”[3]。对于一座房屋，我能直接看到的，只是它的处在前面的部分(这些部分可以看作那座房屋本身的投影)，但通过这些部分，那些我不能直接看到的背面也被我设定为与直接向我呈现出来的前面“同在”。如果我站在不同的角度观看那座房屋，那我将得到各不相同的感知体验，尽管如此，我还是“认为”我看到的是同一座房屋，即把我从不同角度得到的各不相同的感知体验都“理解”为对同一座房屋的感知。这样一种“认为”或“理解”也就是所谓的“统觉”或“共现”。

---

〔1〕 Elliston, Frederick A. Husserl's Phenomenology of Empathy. In Elliston, Frederick A. & Cormick, Peter MC (eds.), *Husserl: Expositions and Appraisals*. London: University of Nortre Dame Press, 1977, pp. 213—233.

〔2〕 Husserl, Edmund. *Logiche Untersuchungen*. *Zweiter Band*. Ⅱ. Teil. Tübingen: Max Niemeyer Verlag, 1968, S56.

〔3〕 Husserl, Edmund. *Logiche Untersuchungen*. *Zweiter Band*. Ⅱ. Teil. Tübingen: Max Niemeyer Verlag, 1968, S58.

作为一条认识途径，统觉或共现的特性在于它既非直接的感性直观，亦非逻辑推论。它是一种联结、综合或统一，但这种联结不是康德所说的知性通过范畴进行的主动的联结，而是感性的、被动的、不自觉或下意识的联结。一个小孩经过一段时间的耳濡目染，终于知道了剃须刀的用途，但他并不是通过自觉的比较和推理得知这一点的。一般来说，对于在这个世界上我们第一次遇见的事物，我们都是根据它们所属的类型来认识的，尽管在我们眼前出现的是一个(从最严格的意义上来说)我从来没见过的事物，但我毕竟见过类似的事物，因此，几乎一切日常经验都包含着某种“类比推移”——即将我们对某类事物原来就已经获得的认识转移到新的对象上，并对这个对象的性质和意义获得预知性的把握。[1] 所有这一切都在没有自我的自觉参与的情况下以下意识的方式发生在被动性领域中。虽然这种“被动综合”似乎处于较低的层次，但对胡塞尔来说，这不应成为怀疑其可靠性的理由，因为它不仅是我们的日常生活经验的不可或缺的成分，而且是一切更高层次的综合统一的前提和基础。

但问题在于，与一般意义上的特别是在外感知中发生的统觉或共现相比，对他者的共现或统觉似乎存在下列这样一个明显的缺陷——它无法像我们对房屋的背面的统觉或共现那样通过视角的转移得到证实。正如胡塞尔本人所指出的：“共现总是包含着通过相应的起充实作用的呈现(例如当物体的背面变成前面时)加以证实的可能性；然而，在对他者的共现中，对他者的源始体验的类似证实却从先天上来说就是不可能的。”[2]

但在胡塞尔看来，如果仅仅基于这一点就怀疑对他者的统觉或共现的可靠性，那未免过于草率了。实际上，“我对他者的共现或统觉”有其不同于外感知中的统觉或共现的证实方式——它是通过他者不断变动着的行为的“和谐一致”得到证实的。[3]

根据胡塞尔的看法，就“我通过统觉或共现所把握到的他者”是“我的源始的本己领域”的意向相关物而言，前者是对后者的超越。与之相似的是，我当下通过回忆所把握到的“过去”也是对我的当下即时体验的超越。换言之，“过去”在某种意义上也是我的当下体验的“他者”，而回忆在某种意义上也是

[1] Husserl, Edmund. *Cartesianische Meditationen und Pariser Vorträge*. The Hague, Netherlands: Martinus Nijhoff, 1973, S141.

[2] Husserl, Edmund. *Cartesianische Meditationen und Pariser Vorträge*. The Hague, Netherlands: Martinus Nijhoff, 1973, S139.

[3] Husserl, Edmund. *Cartesianische Meditationen und Pariser Vorträge*. The Hague, Netherlands: Martinus Nijhoff, 1973, S144.

一种统觉或共现，即将已经过去的事情“当下化”。

那么，我如何才能使这种“当下化”得到证实呢？显然，在我无法将我的现时体验（即我现在对过去某件事情的回忆）与已经消逝的过时体验（即过去某个时候对那件事情的“即时体验”）进行对比的情况下，我只有求助于我对那件事情的各个彼此有别的回忆之间的“和谐一致”。与这种情况相似的是，我对他者的体验的证实正是通过我所观察到的他者的身体运动的“和谐一致”实现的。胡塞尔把“我对他者的体验”与“我对过去的回忆”进行对比，指出它们二者实际上具有类似的证实方式，其目的在于进一步消除我对他者的体验的“玄想性”。如果我们并不怀疑对过去的回忆是可能的，那么我们为什么要怀疑对他者的体验的可能性？它们二者都无法在我们的源始的本己体验中得到证实，而只有通过我们的各个即时体验之间的“和谐一致”得到证实。——既然如此，它们二者或者同样不靠谱，或者同样靠谱。

六、他者的建构之三：“我在这里，他在那里”——对他者的超越性的进一步论证

他者与自我的不同首先在于我的身体是以“在这里”的方式被给予的，他者的身体则是以“在那里”的方式被给予的。其次，他者之为他者，在于他并不是“自我的复本”[1]，在于他具有与我不同的体验，原因在于他的身体与我的身体处在两个不同的位置上，因而二者具有不同的空间视角；尽管二者可以通过身体的移动相互交换其位置，但严格来说，二者不可能同时具有相同的视角。再者，作为另一个自我，“他者”或“他我”是同样拥有其本己领域的“单子”，在这个单子中，对我来说“在那里”存在着的他者的身体以源始的方式作为“绝对的这里”，即他的一切意向作用的核心被体验。[2]

然而，问题在于，即使通过结对、统觉或共现将他者建立起来之后，他者的身体也仍然与我自己的身体一样被体验为处在我的本己领域中的物体，换言之，就我是一个单子而言，我的源始的本己领域中的一切都以“在这里”的方式存在着，而不具有任何“在那里”的异己成分。本己与异己不可能同时存

〔1〕 Husserl, Edmund. *Cartesianische Meditationen und Pariser Vorträge*. The Hague, Netherlands: Martinus Nijhoff, 1973, S146.

〔2〕 Husserl, Edmund. *Cartesianische Meditationen und Pariser Vorträge*. The Hague, Netherlands: Martinus Nijhoff, 1973, S146.

在于我的本己领域中。[1] 既然如此，我基于我的本己领域通过结对、共现或统觉建构起来的他者何以见得是真正的“异己”意义上的而不只是“自我的复本”意义上的他者呢？这个问题实际上也就是：我为什么能够基于我的本己领域中的某个物体与我的身体的类似性“设定”另一个超越于我的本己领域之外的另一个“自我”(即他者)的存在？在下面这段话中，胡塞尔试图对这个困难的问题做出使人信服的回答：“既然‘在那里’存在着的他者的身体与‘在这里’存在着的身体进入了结对联系之中，并且作为通过感知被给予的东西成为共现即我对与我同在的‘另一个自我’的体验的核心，那么，根据‘结对联结’应有的全部意义，‘另一个自我’必须被共现为一个现在以‘在那里’的方式存在着的‘自我’，即它以‘当我处在那里的时候……’的方式存在着，而我自身的自我，以连续不断的自我感知的方式存在着的自我，则是一个以‘在这里’的方式存在着的自我，因此，另一个不同于自我的‘自我’就被共现了，那原本不相容、无法同时共存的两个自我就变成可以共存了：原因在于我的源始自我通过起共现作用的统觉将一个不同于他自身的‘自我’建构起来了。这个被建构的‘自我’从其本性上来说就不要求也永远不可能通过‘直观的呈现’得到充实。”[2]结合胡塞尔在别处所做的有关论述，我们认为上述这段话还包含下列意思：在我的本己领域中，某个“在那里”存在着的物体(即随后被看作他者的身体的那个物体)是与“在这里”存在着的我的身体类似的物体。既然以“在这里”的方式被给予的我的身体受我的意识的支配，那么，顺理成章的是，那个类似的物体也受某个意识的支配，即那个物体是某个“他我”的身体；并且对我而言“在那里”存在着的物体，对他而言却是以“在这里”的方式被给予的，即“他我”与“自我”一样都是拥有其本己领域的“单子”，而他的身体则是处在他的本己领域中以源始的方式被体验为“在这里”存在着的物体，就像我的身体以“在这里”的方式被给予。总之，他者虽然是基于我的本己领域通过结对或共现建构起来的，但作为我的本己领域的意向相关物，他者同时又超越于我的本己领域之外。因此，正如胡塞尔所反复强调的，由“我”建构起来的他者并不仅仅是一个符号、象征或摹本，相反，它就是他者本身，而我所实际观看到的，也正是他者的身体本身，只不过这种观看是基于我

---

〔1〕 Husserl, Edmund. *Cartesianische Meditationen und Pariser Vorträge*. The Hague, Netherlands: Martinus Nijhoff, 1973, S148.

〔2〕 Husserl, Edmund. *Cartesianische Meditationen und Pariser Vorträge*. The Hague, Netherlands: Martinus Nijhoff, 1973, S148.

的视角进行的。[1]

在笔者看来，胡塞尔关于“他者的建构”的结对理论的问题不在于那样的他者是不是真正意义上的他者，而在于：他者是否真的像胡塞尔所倾向于认为的那样通过结对才第一次出现，还是结对本身就已经预设了他者的存在？实际上，结对之所以可能的前提条件是能把处在我的本己领域中的某个物体与其他物体区别开来并把它看成是他者的身体。但“把某个物体看成他者的身体”这件事本身不就已经预设了他者的存在吗？通过已经预设了他者的存在的事实来证明他者的存在，显然是一种循环论证。可见，在他者的建构的问题上，胡塞尔需要加以进一步澄清的毋宁说是这样一个问题：究竟是结对使他者的建构成为可能，还是结对本身就已经包含了对他者的存在的预设？

七、他者的建构之四："认同性综合"——唯我论的摆脱与客观性的建立

但对《笛卡尔式的沉思》的作者来说，他者究竟是如何建构起来的问题或许远不如下列这个问题重要："他者的存在"（更确切地说，"我对他者的体验"）如何使我得以超出我的本己领域之外，或把处在我的本己领域中的对象看成同时也被他者所体验的客观对象？对胡塞尔来说，只有在最后提到的这个问题得到圆满解决之后，以笛卡尔式的"我思"或"先验自我"为立足点的先验现象学才有望彻底摆脱"唯我论"幽灵的纠缠，而这也正是他的《笛卡尔式的沉思》特别是其中"第五个沉思"的初衷和目的之所在。

根据胡塞尔的看法，在排除了对他者的设定的情况下，我对包括他者的身体在内的一切对象，都只拥有最低层次的体验。而通过结对或共现所实现的他者的建构的意义首先在于，它使我能够把处在我的本己领域中的对象同时也看成是为他者的内心生活所体验的对象。就拿"他者的身体"这个对象来说，作为处在我的本己领域中的物体，它以"在那里"的方式被给予（我）；然而，在将他者建构起来之后，他者的身体就成为超出我的本己领域之外，以"在这里"的方式被给予（他者）的物体。[2] 这就是说，由于对他者的设定，对于同一个对象，我会先后获得两种不同层次的体验，即：首先把它作为处在我的本己领域中的对象来体验；然后再把它作为超出我的本己领域之外同时被

---

〔1〕 Husserl, Edmund. *Cartesianische Meditationen und Pariser Vorträge*. The Hague, Netherlands: Martinus Nijhoff, 1973, S152－153.

〔2〕 Husserl, Edmund. *Cartesianische Meditationen und Pariser Vorträge*. The Hague, Netherlands: Martinus Nijhoff, 1973, S152.

某个或多个他者所体验的对象来体验。特别重要的是，在这个过程中，由于“认同性综合”(die identifizierende Synthesis)[1]的作用，我会进一步获得这前后两种体验的对象是同一个对象的“体验”或认识。这样一来，原来仅仅处在我的本己领域中的对象，无论是他者的身体也好，还是任何别的物体也罢，就成为同时也(能够)被某个或多个他者所体验的对象。这也正是以“我思”或“自我”为立足点的先验现象学摆脱唯我论困境的出路之所在。

不难看出，在上述过程中，所谓的“认同性综合”起着举足轻重的作用。具体来说，尽管前后发生的两种体验是从不同角度进行的，并且从时间进程上来说是相互独立的，但是由于它们具有相同的意向对象，因此在这个过程中我会获得“它们是同一个对象的体验”的体验——进一步来说，当新的体验产生时，我仍然保留了对此前发生的体验的记忆，在这种情况下，我会“被动地”、不自觉地“觉察”到前后二者之间的“统一性”，即“觉察”到它们二者具有相同的意向对象。

在胡塞尔看来，作为“认同性综合”的结果，通过他者的建构所实现的“世界的客观化”并没有任何神秘之处，因为前者是我们的意识生活的基本环节之一。我能够对某件已经过去的事情进行回忆(即把我通过回忆再现出来的某件事与过去发生的某件事看作同一件事)，能够把不同时间进行的证明看成是对同一个定理或公式的证明，也正是由于“认同性综合”的作用。因此不难理解，所谓观念对象的永恒性或“超时间性”，实质上是它们的“无时不在性”。例如，毕达哥拉斯定理的永恒性就是指我们能以某种方式意识到在不同时间不同场合下对这个定理的证明或运用是对同一个定理的证明或运用。

上述这样一种交互主体性理论是否无懈可击？它是否真的能够达到使先验现象学摆脱唯我论的目的？恐怕胡塞尔本人对此也没有绝对的把握。尽管如此，后人对这个理论仍然倾注了很大的热情，这在很大程度上是因为它在意识的本质与心身关系等问题上取得了一系列影响深远的突破。

[1] Husserl, Edmund. *Cartesianische Meditationen und Pariser Vorträge*. The Hague, Netherlands: Martinus Nijhoff, 1973, S156.

下篇　海德格尔此在现象学

第八章　对亚里士多德的现象学解释

一、进入现象学之路

马丁·海德格尔(Martin Heidegger,1889—1976)于 1889 年出生于德国西南部巴登州梅斯基希小镇的一个天主教家庭,父亲是当地教堂的司事。他于 1906 年从康斯坦茨转入弗莱堡的一所中学就读,由教会免费提供食宿,其职业规划是牧师或神学家。1909—1910 年冬季学期,海德格尔进入弗莱堡大学神学系。除了神学的学习外,还有充裕的时间钻研哲学。值得一提的是,早在进入大学之前的 1907 年,布伦塔诺的博士论文《论亚里士多德学说中"存在"的多重含义》(1862 年),就已经引发了他对下列这个哲学问题的兴趣——如果"存在"有多重含义,那么哪一种是占据主导地位的基本含义呢?什么叫存在?从进入大学的第一学期开始,胡塞尔两卷本《逻辑研究》便一直摆在他在神学院宿舍的写字桌上。他希望通过胡塞尔的著作进一步加深对存在问题的研究,尽管这种研究并没有马上取得他所预期的成效。[1]

在他的老师李凯尔特(Heinrich John Rickert,1863－1936)和英年早逝的师兄埃米尔·拉斯克(Emil Lask,1875—1915)的推动下,海德格尔进一步对胡塞尔的著作进行了深入的钻研。[2] 在他的博士论文《心理主义的判断学说》(1913;1914 年出版)和大学执教资格论文《邓·司各脱的范畴和意义学说》(1915;1916 出版)中,胡塞尔的决定性影响是显而易见的。但与此同时人们也不难从中听到海德格尔自己的声音。在关于邓·司各脱的范畴和意义学说的那篇论文的结尾部分,作为对他的研究结论的概括和总结,海德格尔认为范畴从本质上来说是"对某个对象就其对象性所做的普遍规定",然而,

---

[1] Heidegger,M. *Zur Sache des Denkens* (*Gesamtausgabe Abt. I*: *Band* 14). Frankfurt am Main: Vittorio Klostermann ,2007,S93.

[2] Heidegger,M. *Zur Sache des Denkens* (*Gesamtausgabe Abt. I*: *Band* 14). Frankfurt am Main: Vittorio Klostermann,2007, S94－95.

对象性是通过主体的判断行为建立起来的[1]，归根结底，范畴不过是通过判断来进行的思维或认识的形式，而思维或认识又总是关于某个对象的思维或认识。因此，范畴既是认识主体的思维形式，同时又是认识对象的普遍规定。海德格尔的这些看法显然是在胡塞尔《逻辑研究》关于意识行为的意向性结构理论的影响下形成的。但与胡塞尔不同的是，海德格尔反对把意向行为的主体主要作为认识主体来理解，亦即反对把主体与其对象的关系归结为单纯的"我思"与"所思"的关系。相反，对海德格尔而言，主体总是把对象作为承载着各种不同价值和意义的东西来把握，这种把握是在不能被还原为生理行为的活生生的"生命行为"中进行的。[2] 也就是说，把何物作为对象以及把该物作为什么样的对象来体验，从根本上来说是由认识主体的"生活形式"决定的。[3] 从这类看法中，人们或许已经可以看到后来的"实际生命"乃至"此在"概念的萌芽。

但是，只有在第一次世界大战结束之后，海德格尔本人的独特哲学的轮廓才逐渐呈现出来。这也正是海德格尔自 1918 年成为胡塞尔的助手之后在他身边教和学的同时练习"现象学的看"[4]的时期。而在"现象学的看"的启发下对亚里士多德的重新关注，则直接促成了海德格尔本人别具一格的思想道路的形成。他后来在谈到这一点时指出："我日益熟悉的现象学的看在对亚里士多德作品的解释上取得的成效越明显，我就越不能把我与亚里士多德及其他希腊思想家分开。尽管我还不能立即看出对亚里士多德的重新关注会带来何种决定性的后果。"[5]

二、存在、真理与此在

海德格尔对亚里士多德的批判性阐释是从 1921—1922 冬季学期及随后的夏季学期的有关讲座课程开始的。那么，对于学会了"现象学的看"的海德格尔来说，亚里士多德究竟意味着什么呢？海德格尔于 1922 年秋撰写的一篇

---

〔1〕 Heidegger, M. *Frühe Schriften* (*Gesamtausgabe Abt. I*: *Band* 1). Frankfurt am Main: Vittorio Klostermann, 1978, S403.

〔2〕 Heidegger, M. *Frühe Schriften* (*Gesamtausgabe Abt. I*: *Band* 1). Frankfurt am Main: Vittorio Klostermann, 1978, S406.

〔3〕 Figal, Günter. *Martin Heidegger zur Einführung. Hamburg*: Junius Verlag, 2003, S13.

〔4〕 Heidegger, M. *Zur Sache des Denkens* (*Gesamtausgabe Abt. I*: *Band* 14). Frankfurt am Main: Vittorio Klostermann, 2007, S97.

〔5〕 Heidegger, M. *Zur Sache des Denkens* (*Gesamtausgabe Abt. I*: *Band* 14). Frankfurt am Main: Vittorio Klostermann, 2007, S97—98.

题为“对亚里士多德的现象学解释”的手稿可以看作是对这一问题的集中阐述。该手稿是作者出于谋职的需要向当时马堡大学哲学系负责人纳托普(Paul Natorp, 1854—1924)提交的,因此又被称为“纳托普手稿”。它实际上是海德格尔准备撰写的一部关于亚里士多德的专著的导论及纲要,但那样一部专著后来并未按原初的设想完稿,取而代之的是 1927 年问世的《存在与时间》。从某种意义上来说,“纳托普手稿”是海德格尔哲学的“秘密和诞生地”。

作为 20 世纪西方哲学的扛鼎之作,《存在与时间》有着复杂、丰富而深刻的内容。但从根本上来说,它的主要意义在于对“存在是否具有某种统一意义”这个萦绕作者脑际多年的问题做出了明确的回答。就此而言,基础存在论毫无疑问是该书的核心内容,古恩特·费盖尔(Güntel Figal)在为《海德格尔读本》所做的导言中对基础存在论的主旨做了精炼的概括:“对于一切事物来说,它们的存在是指它们通过此在将其自身显现出来。然而,如果我们把此在理解为‘明察’(Umsicht, circumspection,通常译为“寻视”。——引者注),那么,它是向一切显示其自身的事物的开放。因此,此在在它的存在中理解其自身的存在,并据此理解和规定其他一切存在者的存在。因此,此在存在论亦即……基础存在论……。”[1]这就是说,如果“存在”有某种统一意义的话,那么这种意义就在于“存在者的存在在此在中并通过此在的明察显现”,换言之,不同存在者的存在意义的统一性在于它们都是在此在的生存着的理解中显示它们的存在的。

关于存在的意义问题的这样一种见解是《存在与时间》(1927 年)的基本主题,但实际上在我们前面提到的“纳托普手稿”(1923 年)中它已经得到明确表述。换言之,上述这样一种见解归根到底来自对亚里士多德的现象学解读。那么,这又何从谈起呢?

对于海德格尔来说,他对亚里士多德的现象学解读的主要成效在于获得了这样一种洞见:即真理就是去蔽,就是存在者之存在在此在的“操心”(Besorgen)、“明察”(Umsicht)中的显现。在《致理查森》中,他这样写道:“对亚里士多德的著作(特别是他的《形而上学》第 9 卷和《尼各马可伦理学》第 6 卷)的重新研究,使我洞见到,αληθενειν 就是去蔽,作为真理的标志,无蔽是存在者的自我显现。”[2]在《我进入现象学之路》中他再次强调说:“意识行为的现象学作为现象的自我显现所加以贯彻的东西,在亚里士多德和整个希腊思想和

〔1〕 *Heidegger Lesebuch*. Frankfurt am Main: Vittorio Klostermann ,2007. S17

〔2〕 Richardson, William J . *Heidegger : Through phenomenology to thought*. New York: Fordham University Press, 2003, XI-XII.

此在那里，以更为源始的方式被思为解蔽（Αληθενειν），即在场者的无蔽状态，它的去蔽或自我显示。作为承担着思的行为的现象学研究所重新发现的东西，即使不能被看作哲学本身，也至少能证明它自身是希腊思想的基本特征。"[1]

在《存在与时间》发表前长达将近二十年的时间内，海德格尔哲学探索的主导动机是要寻找能够将存在的多重意义统一起来的基本含义。"存在"在亚里士多德那里主要有下列四种不同的含义，即：偶性意义上的存在；"是真的"意义上的存在（是）；范畴表中各个范畴所代表的存在，即"范畴的种类有多少种，'存在（是）'的意义也就有多少种"；潜能和现实意义上的存在。[2]

在试图将这四种含义统一起来的过程中，海德格尔起初试图追随布伦塔诺把"范畴意义上的存在"作为"存在"的基本含义，但不久之后就无功而返。在胡塞尔《逻辑研究》特别是"第六研究"的范畴直观理论及对存在和真理概念的重新界定的启发下，海德格尔逐渐认识到，或许只有"真理"（"S是真的"）意义上的存在（是）才是"存在（是）"的基本含义。而这也正是在对亚里士多德的现象学解读中，海德格尔对真理问题给予了特别关注的原因。这种关注使真理、"实际生命"（此在）、存在者自身的显现（即存在者之存在）三者之间密不可分的关系逐渐显现出来。这对海德格尔来说具有非同寻常的、决定性的意义。这意味着困扰他多年的存在的基本含义的问题终于取得了突破性的进展——他可以说是找到了把真理与存在相提并论的源头活水。

三、"真理"概念的源始意义及其历史演变

真理与存在之所以能够相提并论，原因在于它们都只有通过此在才能得到呈现。但要真正弄清这一点，恐怕还得从真理概念的源始意义及其历史演变开始谈起。

在古希腊语中，真理被称为"αληθενειν"，其字面意思是"无蔽"、"去蔽"或"解蔽"。它首先是指事物的被揭示状态。从它是以α这个表示否定的字母开头的词来看，它是一个具有"褫夺"性质的语词。这表明对古希腊人来说，真理并非是现成的、唾手可得的东西，而是要费力争取才能得到的东西。获得真理的过程就是要将事物从它的被遮蔽状态带入无蔽状态的过程。这也就

---

[1] Heidegger, M. *Zur Sache des Denkens*（*Gesamtausgabe Abt. I*：*Band* 14）. Frankfurt am Main：Vittorio Klostermann，2007，S99.

[2] Aristotle. *The Complete Works of Aristotle*. *Vol* 2. Edited by Jonathan Barnes. Princeton，New Jersey：Princeton University Press，1984，p.1606.

是说,世界上的事物虽然能以这种或那种方式被揭示,但它们起初总是处于被遮蔽状态。茫茫宇宙中,芸芸众生所能揭示的,通常只是处在他们周围的、与他们的生存有着直接关系的那些事物。另一方面,即使已经得到揭示的东西也面临着再次堕入晦暗的危险,因为被揭示出来的东西有可能在人们的谈论中被歪曲。一旦被揭示的东西被付诸言辞,它就面临着以讹传讹的危险,这是它自身所无法左右的,是由语言的本性决定的。语言是一把双刃剑,它既能传播真理,也能歪曲真相。除非人们愿意退回到结绳记事的时代,否则人们就不得不为得到语言带来的便利付出代价。总之,对古希腊人来说,真理之可贵与难得,在于人们通常生活在双重的蒙蔽中——一重是无知带来的,另一重则是由对已被揭示者随时有可能走样的“谈论”(海德格尔称之为“闲言”即 Gerede)造成的。[1]

但人毕竟并非冥顽不灵的石头,人生活在这个世界上,免不了要以这种或那种方式与各种事物打交道,而正是在这个过程中,事物对人呈现出这样或那样的意义。这就是说,只有作为人的生存活动所关注的对象,事物才会处于被揭示状态。就此而言,“揭示”、“去蔽”首先是人类此在的存在方式,而非事物或世界本身的存在方式。[2]

但人不仅要将事物揭示出来,而且还要将其通过“言谈”(λoγoξ,逻各斯)表达出来。人以外的其他生灵也有程度不等的灵性,在某些方面其灵敏性甚至超过人类,但它们很难将所发现的东西表达出来,就此而言,只有人才是会说话的动物。

正如亚里士多德所看到的,逻各斯的基本功能是“显示(某物)”、“使人看见(某物)”;它是通过肯定或否定的方式进行的。否定与肯定一样都是“使人看见某物”的揭示方式——严格说来,是将已经得到揭示的东西呈现或表达出来、使“他者”也能看见的方式。关于某物的肯定或否定一经道出,就成为肯定判断或否定判断,成为命题。判断或命题也就成了知识与真理的处所。

从命题的产生过程来看,它是对人在与事物打交道的过程中产生的对事物起揭示作用的体验的表达,一旦与那种体验相分离,命题就成为漂泊不定的东西。然而,这却不影响人们对命题的意义的“理解”。我完全可以在没有对命题表达的事态亲身体验的情况下“理解”它所表达的事态是什么。命题往往就在这种“无根”状态下以人云亦云的方式被谈论和“理解”——它们沦

〔1〕 Heidegger,M. *Platon: Sophistes* (*Gesamtausgabe Abt. II: Band* 19). Frankfurt am Main: Vittorio Klostermann ,1992, S16.

〔2〕 Heidegger, M. *Platon: Sophistes* (*Gesamtausgabe Abt. II: Band* 19). Frankfurt am Main: Vittorio Klostermann ,1992,S17.

为“空谈”或“闲言”。[1]

对处于无根基状态的命题,人们不仅能“理解”它的意义,而且还将其判定为真的或假的。随之而来的问题是:命题在何种意义上是真的?如果命题的“真”指的是它与对象符合或一致,那么,作为人的灵魂对对象所作的规定,命题与对象的一致性从何而来?如果我们把灵魂作为主体,把逻各斯作为主体内在的活生生的体验的表达,那么问题就转变为:主体的内心体验与客体或对象的一致性何在?[2]

尽管上述这个问题从来没有得到明确合理的回答,然而,把真理看作主体与客体的一致性,却成了最为流行的哲学见解之一。在海德格尔看来,这种真理观其实是不堪一击的。为了确定主体关于某个客体的判断或命题是否与该客体一致,我必须预先拥有对该客体的认识。[3] 也就是说,只有在我获得了“关于某物的正确认识”的情况下,我才能据以判断我对该物的某种认识或某个判断是否为真。但问题恰恰在于我如何判定我是否获得了“关于某物的正确认识”。而符合论的真理观提出的解决办法是:如果我拥有“关于某物的正确认识”,那么我就能凭借它断定我关于该物的某种认识、或某个判断或命题是不是与其相一致、是不是真理,这显然是一种循环论证。

在海德格尔看来,上述这种符合论的真理观之所以长期以来大行其道,并非出于偶然,而是植根于此在“沉沦于世”的存在方式中[4]——此在在日常生活中倾向于把包括它自身在内的一切存在者都理解为现成事物,把它们之间的关系理解为外在的相互并列的关系。对于海德格尔来说,此在及其逻各斯具有不同于世界上的现成之物的存在方式,它是在与存在者打交道的过程中对所遇到的存在者的存在起显示或揭示作用的存在者。如果把此在及其逻各斯看作与客体相对立但与客体具有相同的存在方式的存在者,即把它们都看成现成事物,那么就会把它们之间的认识与被认识关系看成两个现成事物之间的关系,随之也就会产生拥有一定的内心体验及作为其表达的判断或命题的主体对客体的认识何以可能、亦即主体与客体的一致性从何而来之类的问题。在海德格尔看来,这个问题是由对此在及其逻各斯的存在方式的误

---

[1] Heidegger, M. *Platon: Sophistes* (*Gesamtausgabe Abt. II: Band* 19). Frankfurt am Main: Vittorio Klostermann, 1992, S25.

[2] Heidegger, M. *Platon: Sophistes* (*Gesamtausgabe Abt. II: Band* 19). Frankfurt am Main: Vittorio Klostermann, 1992, S26.

[3] Heidegger, M. *Platon: Sophistes* (*Gesamtausgabe Abt. II: Band* 19). Frankfurt am Main: Vittorio Klostermann, 1992, S26.

[4] Heidegger, M. *Platon: Sophistes* (*Gesamtausgabe Abt. II: Band* 19). Frankfurt am Main: Vittorio Klostermann, 1992, S27.

解造成的,它只能被消解而无法得到任何合理的解答。

四、灵魂取得真理的五种方式

现在让我们回到真理的源始意义的问题上来吧。如前所述,根据海德格尔的分析,对古希腊人来说,作为对存在者的揭示和解蔽,真理首先是人类此在的存在方式。在这个问题上,海德格尔认为具有特别重要的意义的是亚里士多德在《尼各马可伦理学》第6卷对人的灵魂取得真理的五种方式——技艺(techne,art)、知识(episteme, knowledge)、实践智慧(phronesis, practical wisdom)、智慧(sophia)、理性(nous)[1]——的分析。

亚里士多德认为,灵魂有两个部分:一部分是具有理性的,另一部分是无理性的。而有理性的部分又可以一分为二,一部分考察"那些具有不变本原的存在物",另一部分考察"那些具有可变本原的存在物"。"相应于那些种上不同的对象,每一个都自然要在灵魂上有不同种的部分。因为只有凭借某种相似性,人们才能获得知识。"[2]这就是说,我们可以根据其考察对象的不同将存在于人的灵魂中的理性区分为对不变之物进行认识的理性和对可变之物进行谋划的理性。换言之,人的理性活动可以区分为对不变之物的认识与对可变之物的谋划两大类。前者又可区分为数学、几何学、天文学等具体科学意义上的认识(episteme)与哲学智慧意义上的认识(sophia),但这两种认识都属于纯粹为了满足人类求知欲而进行的理论认识活动的范围(theoria);后者则可以根据活动的目的是活动的结果还是活动本身进一步区分为制作活动(poiesis)与实践活动(praxis)。

众所周知,亚里士多德把对哲学智慧的追求看作人生最大的幸福。在他看来,人达到不朽的途径就在于过上以对哲学智慧的追求本身作为目的的理性思辨的生活:"这是一种高于人的生活,我们不是作为人而过这种生活,而是作为我们之中的神。"[3]换言之,这种生活对大多数普通人来说是可望不可

---

〔1〕 Aristotle. *The Complete Works of Aristotle*. *Vol* 2. Edited by Jonathan Barnes. Princeton, New Jersey: Princeton University Press, 1984, p. 1799. 参见:亚里士多德. 尼各马可伦理学[M]. 苗力田,译. 北京:中国人民大学出版社,2003:121.

〔2〕 Aristotle. *The Complete Works of Aristotle*. *Vol* 2. Edited by Jonathan Barnes. Princeton, New Jersey: Princeton University Press, 1984, p. 1798. 参见:亚里士多德. 尼各马可伦理学[M]. 苗力田,译. 北京:中国人民大学出版社,2003:121.

〔3〕 Aristotle. *The Complete Works of Aristotle*. *Vol* 2. Edited by Jonathan Barnes. Princeton, New Jersey: Princeton University Press, 1984, p. 1861. 参见:亚里士多德. 尼各马可伦理学[M]. 苗力田,译. 北京:中国人民大学出版社,2003:225.

即的。抛开这种“曲高和寡”的生活不论，普通人的理性活动主要有以下三种不同的类型：(1) 理论认识活动(theoria)；(2) 制作活动(poiesis)；(3) 实践活动(praxis)。这三种不同类型的活动一方面具有不同的对象，另一方面又都是与对各自相应的对象的揭示同时进行的，即每种活动都包含着对相应对象的“知”：理论活动的“知”是科学知识(episteme)；制作活动的“知”是技艺(techne)；实践活动的“知”则是实践智慧(phronesis)。显然，这三个方面的“知”与亚里士多德所说的灵魂取得真理的五种方式中的前三种相对应(不论顺序)。不言而喻，智慧(sophia)作为理性思辨活动即哲学沉思的“知”与“第四种方式”相对应。至于作为“第五种方式”的“理性”(nous)，则并非某种独立存在的“知”，而是存在于上述各种活动及相应的“知”中，因为它们全都是“理性”活动。[1]

综上所述，我们可以将人类理性活动的三种主要类型及相应的“知”简要列举如下：

(1) 理论认识(theoria)——科学知识(episteme)；

(2) 制作(poiesis)——技术(techne)；

(3) 实践(praxis)——实践智慧(phronesis)。

五、对“实践”与“实践智慧”概念的存在论解释

在《尼各马可伦理学》第 6 卷中，亚里士多德对以上三种活动及相应的“知”特别是实践活动及实践智慧的特点进行了详细而深入的分析。对海德格尔来说，隐藏于这些分析中有待进一步加以挖掘和提炼的真知灼见对我们理解人类此在在何种意义上是源始的真理具有特别重要的意义。

亚里士多德关于实践智慧的正面阐述主要集中在下面这句话中：“有实践智慧的人善于考虑对自己是好的、有益的事情，不是对生活的某个具体方面有益的，如对健康、强壮有益的，而是对整个生活有益的。”[2]在进一步的讨论中，他更多的是通过与知识、特别是技艺的比较来揭示实践智慧的特点的。

首先，与科学知识是对不变之物的揭示不同的是，实践智慧所考虑的并不是那些不可改变的事物，因为对不变的、必然的东西，人们只能认识它而不

---

〔1〕 Heidegger, M. *Platon: Sophistes* (*Gesamtausgabe Abt. II: Band* 19). Frankfurt am Main: Vittorio Klostermann, 1992, S28—29.

〔2〕 Aristotle. *The Complete Works of Aristotle*. *Vol* 2. Edited by Jonathan Barnes. Princeton, New Jersey: Princeton University Press, 1984, p. 1800. 参见：亚里士多德. 尼各马可伦理学[M]. 苗力田，译. 北京：中国人民大学出版社，2003：122.

能对它有所作为,所以有实践智慧的人不对它们进行谋划。[1]

但技艺与实践智慧一样以可变之物而非不变之物为对象,它们二者之间的区别又何在呢?这就不得不从技艺及与此相关的制作活动的特点开始谈起。

技艺总是关于制作的技艺,而制作总是关于某物的制作。制作并非纯粹的从无到有,因为在制作开始之前,不仅需要先备好材料,而且工匠必须预先在心中拥有关于他所要制作的东西的形象或"蓝图",亦即所谓的"爱多斯"(eidos, 即决定某物之为某物的"相"或"形式")。工匠制作某物的过程就是把他心中关于某物的"形象"作为制成品(ergon)实现出来的过程。但与自然物产生的根源始终存在于它的形成过程中不同的是,作为人工物的根源的"爱多斯"始终处在制作过程之外,因为它起初只存在于工匠的"灵魂"中,而一旦它在制成品中得到实现,则意味着制作过程的结束。制成品一旦制成,它就不再是制作活动的对象,而成为使用的对象。总之,制作活动以该活动之外的它物而非它自身为目的。

实践智慧与技艺一样都以可变之物为对象,"但一开始它就与行为者有着特殊的关联"[2]。与技艺关乎制作活动不同,实践智慧关乎实践活动,而实践活动与制作活动最大的不同在于,实践活动以其本身为目的,而制作活动则以该活动之外的制成品为目的。"制作活动的目的是在它之外的某物,与之不同的是,行为正确本身就是实践行为的目的。"[3]这就是说,虽然实践智慧与技艺一样都以能够变为他物的东西为对象,但与技艺考虑的是对人的"身外之物"(例如房屋)的生产不同的是,实践智慧关注的是人的行为或人的生活本身。

亚里士多德本人所说的实践主要是就道德或政治实践而言的,而海德格尔对亚里士多德的实践哲学的存在论和现象学解读的一个重要特点,就是极力淡化"实践"概念的伦理学和政治学内涵,而突出它的生存论和存在论意蕴,实际上将它等同于人的实际生命活动或人的生存本身。

不过,我们甚至很难说海德格尔的这种做法是对亚里士多德的曲解。至

---

〔1〕 Aristotle. *The Complete Works of Aristotle*. *Vol* 2. Edited by Jonathan Barnes. Princeton, New Jersey: Princeton University Press, 1984, p. 1800. 参见:亚里士多德. 尼各马可伦理学[M]. 苗力田,译. 北京:中国人民大学出版社,2003:123.

〔2〕 Heidegger, M. *Platon: Sophistes* (*Gesamtausgabe Abt. II: Band* 19). Frankfurt am Main: Vittorio Klostermann, 1992, S48.

〔3〕 Aristotle. *The Complete Works of Aristotle*. *Vol* 2. Edited by Jonathan Barnes. Princeton, New Jersey: Princeton University Press, 1984, p. 1800. 参见:亚里士多德. 尼各马可伦理学[M]. 苗力田,译. 北京:中国人民大学出版社,2003:123.

少从亚里士多德本人强调实践智慧考虑的是对人的整个生活有益而不是对生活的某个方面有益这一点来看，他也没有仅仅从道德和政治的角度来理解实践，而是把实践当成“人的生活本身”，把实践智慧当成“生活智慧”。就此而言，即使是生活优裕、行为良好的人也不能说就有了足够的实践智慧，他告诫我们说：“不要相信这样的话，作为人就要想人的事情，作为有死的东西就想有死的事情，而是要竭尽全力争取不朽。”[1]这就是说，有实践智慧的人不应该仅仅考虑如何达到生活优裕，行为良好，而且还应懂得如何适时从“公共事务”中抽身，去过与我们之中的神性相适应的生活——即进行哲学沉思，追求不朽的哲学智慧，那样才算达到了“最高的幸福”。

如果说达到对人的整个生活有益需要实践智慧，那么，这是因为人的生活的本真意义通常处于遮蔽状态中。人很容易在感官享受带来的快乐和不快中迷失自己，很容易把认识和制作活动当作人的生活的终极内容，很容易把对财富、名誉和权力本身当成生活的最终目的。只有实践智慧才能将人从其沉沦状态中“拯救”出来[2]，从而认识到只有哲学沉思才是人之为人“最高的幸福”。

实践智慧从根本上来说是对人的生命活动的本真意义的解蔽和揭示，对于海德格尔来说，这是亚里士多德的“实践智慧”概念所带给我们的最大启示。但也正是在对人的生命活动或人的生存的理解上，亚里士多德的看法有着根本的缺陷。他依据不变之物与可变之物的区分来理解人的存在，而可变之物主要是指处于制作过程中的有待完成的产品。[3] 而在海德格尔看来，人的存在与别的存在者的存在的根本区别在于，它在其自身中就包含着对它自身及其他存在者的揭示和解蔽。此外，对于海德格尔来说，用实践和实践智慧这对具有很强的伦理学和政治学色彩的概念来对人的生命活动及其自我理解进行生存论和存在论上的规定也难免使人产生“削足适履”之感。正是基于这种考虑，海德格尔在《纳托普手稿》中第一次明确提出把人的实际生命的存在规定为“操心”(Sorgen, Besorgen, 英译为 care, concern)，以代替“实践”；把人的生存对其自身及其他存在者之存在的揭示和解蔽规定为“明察”

---

〔1〕 Aristotle. *The Complete Works of Aristotle*. *Vol* 2. Edited by Jonathan Barnes. Princeton, New Jersey: Princeton University Press, 1984, p. 1861. 参见：亚里士多德. 尼各马可伦理学[M]. 苗力田，译. 北京：中国人民大学出版社，2003：225.

〔2〕 Heidegger, M. *Platon*: *Sophistes* (*Gesamtausgabe Abt. II*: *Band* 19). Frankfurt am Main: Vittorio Klostermann, 1992, S52.

〔3〕 Heidegger, M. *Phänomenologische Interpretationen zu Aristoteles Anzeige der hermeneutischen Situation* (*Gesamtausgabe Abt. II*: *Band* 63). Frankfurt am Main: Vittorio Klostermann, 2005, S385.

(Umsicht),以代替“实践智慧”。[1] 换言之,海德格尔用以对人的存在即所谓的“此在”进行规定的“操心”、明察等概念实际上来自对亚里士多德的实践和实践智慧概念的扩展和深化,即将后者转变为现象学的生存论和存在论概念。正是从这个意义上来说,对亚里士多德的现象学解读,对于澄清真理和存在的意义,对于《存在与时间》中基础存在论主题的确立,起着决定性的作用。

〔1〕 Heidegger, M. *Phänomenologische Interpretationen zu Aristoteles Anzeige der hermeneutischen Situation* (*Gesamtausgabe Abt. II: Band* 63). Frankfurt am Main: Vittorio Klostermann, 2005, S352—353.

第九章　从先验现象学到存在论现象学

一、海德格尔对“现象学”概念的存在论改造

胡塞尔与海德格尔的现象学的不同首先表现为他们两人对现象学概念本身的理解不同，这种不同可以简单概括为：从胡塞尔到海德格尔，现象学概念经历了一个从先验现象学到存在论的现象学的转变。

与胡塞尔曾经提出过多个不同的现象学概念不同，海德格尔对现象学概念的规定基本保持了前后一致。海德格尔与胡塞尔的另外一个不同在于，他对现象学概念的规定是从对“现象学”一词的词义辨析开始的。

从词形上看，现象学这个名称与神学、生物学、社会学等学科名称具有类似的结构，因此，现象学似乎可以界定为关于现象的科学。但海德格尔认为：对现象学概念的这种规定过于抽象。为了获得对“现象学”概念的更加具体、更加准确的理解，需要我们“把这个名称的两个组成部分即‘现象’与‘逻各斯’所意指的东西描述出来，把由它们合成的名称的意义确定下来”[1]。

现象这个术语来自希腊词(αιυομενον)，它的意思是“就其自身显示自身者”，即显现者、公开者。[2] 海德格尔认为：“如果根本不管显现者究竟是某种存在者还是这种存在者的某种存在性质，那么我们所获得的还仅仅是形式上的现象概念。”[3]这就是说，现象的这种用法只是具备了流俗的现象概念的含义，但还不是现象学上的现象概念。康德哲学中的通过经验直观获得的现象就是这种意义上的现象。但是，海德格尔认为，在这种“流俗理解”的现象中，向来已经有一种东西先行显现出来，并始终显现着；并且它虽然不是以专题的方式显现，却是能够以专题的方式加以显现的；这种如此这般就其本身显示自身的东西(相当于康德哲学中的内在于现象之中的“感性直观形式”——

〔1〕 海德格尔.存在与时间.陈嘉映，王庆节，合译.北京：生活·读书·新知三联书店，2006：33.
〔2〕 同上：34.
〔3〕 同上：37.

时间和空间)就是“现象学的现象”。[1]

“逻各斯”(λογοξ)的基本含义是话语,而话语的本真含义是把言谈之时“话题”所及的东西公开出来,因此,简单来说,逻各斯就是“有所展示的话语”。[2]

从以上对“现象”和“逻各斯”这两个术语的分别解释中不难看出,这两个名称所意指的东西有一种内在的关联,这种内在的关联导致现象学具有“让人从显现的东西本身那里如它从其本身所显现的那样来看它”[3]这样一种含义,海德格尔由此得出结论说:“凡是如存在者就其本身所显现的那样展示存在者,我们都称之为现象学。”[4]

但在海德格尔看来,对现象学的上述这种规定只是形式上的规定,如果我们不准备仅仅停留在形式上,就必须进一步追问:“如何区别现象学的现象概念与流俗的现象概念呢?现象学要‘让人来看’的东西是什么?必须在与众不同的意义上称为‘现象’的是什么?什么东西依其本质就必然是突出的展示活动的课题?”[5]对此,海德格尔的回答是:“显然是这样一种东西:它首先与通常恰恰不显现,同首先与通常显现着的东西相对,它隐藏不露;但同时它又从本质上包含在首先与通常显现着的东西中,其情况是:它构成这些东西的意义与根据。”[6]海德格尔进一步明确指出,这个在不同寻常的意义上隐藏不露的东西,并不是这种或那种存在者,而是存在者的存在。一方面,存在虽然是决定存在者的意义和根据的东西,但却不能被看成是躲藏在该存在者背后的另外一个存在者;另一方面,存在虽然总是通过存在者来显现自身,但人们在与存在者打交道的过程中,常常只着眼于存在者本身,被存在者所迷惑,而看不到作为这种存在者的意义和根据的存在,用海德格尔自己的话来说,“存在可以被遮蔽得如此之深远,乃至存在被遗忘了,存在及其意义的问题也无人问津。”[7]现象学的任务就是把我们从对存在者的痴迷和对存在的遗忘中唤醒,转向对显现于存在者中的存在的追寻和关注。

总之,对海德格尔而言,现象学的现象指的就是存在者的存在,虽然在这种现象背后并没有什么别的东西,但这种现象本身仍可能隐藏不露,现象学

〔1〕 海德格尔.存在与时间.陈嘉映,王庆节,合译.北京:生活·读书·新知三联书店,2006:37.
〔2〕 同上:40.
〔3〕 同上:41.
〔4〕 同上.
〔5〕 同上:41—42.
〔6〕 同上:42.
〔7〕 同上.

就是使存在者的存在得以显现的科学，就是存在论；反之，“存在论只有作为现象学才是可能的”[1]。这就是现象学的存在论或存在论的现象学。

至此我们可以看到，在海德格尔那里，现象学已从先验现象学转变为存在论的现象学。

那么，海德格尔拒绝全盘接受胡塞尔的现象学概念，煞费苦心地对它进行重新界定的原因是什么呢？施皮格伯格在谈到海德格尔与胡塞尔的分歧时指出，与胡塞尔把“纯粹自我和纯粹意识”看作是“奇迹中的奇迹”不同，海德格尔认为存在者的存在才是真正的奇迹。[2] 但是，指出这样一个事实与其说是对海德格尔对胡塞尔现象学进行存在论改造的原因的揭示，不如说只是对他们二人的思想旨趣的异同的一种有趣的耐人寻味的比较。看来只有从海德格尔对胡塞尔现象学的具体内容的评价中，我们才能找到问题的答案。

二、从意识现象学到此在现象学

针对笛卡尔以来的主体性哲学特别是胡塞尔的先验现象学或“意识现象学”把一切都归结为“主体”或“意识”(Bewusstsein)，却遗忘了“主体”或“意识”本身的存在方式问题的缺陷，海德格尔提出了对“主体”或“意识”的存在本身(Dasein)进行追问的要求。这意味着被包括胡塞尔现象学在内的主体性哲学所忽略的“主体”或“意识”的存在问题对于海德格尔来说却是现象学面临的迫切问题，现象学的出发点不再是“主体”或“意识”本身，而是“主体”或“意识”的存在，即“此在”。这就是现象学从“意识现象学”向“此在现象学”的转变，这个转变构成了现象学的存在论转向的第一个维度。

从笛卡尔、康德到胡塞尔，哲学的基本问题一直都是“认识如何能够切中自在之物”这个“一切迷中最大的谜”[3]，但海德格尔却通过他的“此在现象学”证明这个问题是在错误的立足点上提出的一个错误的问题。对于海德格尔来说，“一切谜中最大的谜”是存在之谜，而不是认识之谜，现象学应该以“存在者的存在”而不是“对存在者的认识”作为研究的主题和对象，即现象学应该是存在论而不是认识论。这就意味着在海德格尔那里现象学在从意识现象学转变为此在现象学的同时，也从认识论转变成了存在论。这是现象学的存在论转向的第二个维度。

---

〔1〕 海德格尔．存在与时间．陈嘉映，王庆节，合译．北京：生活·读书·新知三联书店，2006：42．

〔2〕 [美]赫伯特·施皮格伯格．现象学运动．王炳文，张金言，译．北京：商务印书馆，1995：488．

〔3〕 胡塞尔．胡塞尔选集．倪梁康，选编．上海：上海三联书店，1997：37—40．

主体性哲学自它产生之日起，就一直被诸如“外部世界是否真的存在”、“人对外部世界的认识何以可能”、“人是否能够获得真理”之类的问题所困扰。在海德格尔看来，主体性哲学陷于对这些极其困难的问题的无休止的争论而不能自拔的一个重要原因就在于“主体”本身的存在方式问题没有得到应有的澄清。换言之，只要“主体”的存在方式问题得到了必要的澄清，所有这些问题都可以迎刃而解。对于海德格尔来说，这也正是他本人的此在现象学代替意识现象学的重要意义之所在。我们的讨论不妨就从海德格尔对此在的存在论结构的诠释和对主体性哲学的“主体”概念的批判开始。

对于海德格尔来说，主体性哲学的问题主要不在于它把主体作为立足点，而在于这个被当作立足点的“主体”本身的存在方式没有得到应有的规定。在海德格尔看来，这也正是主体性哲学最后免不了都要走向二元论、相对主义和怀疑论，甚至陷入自我矛盾和自我否定困境的主要原因之一。那么，怎样才能使“主体”的存在方式得到恰当的规定呢？

海德格尔认为，人们在使用“主体”、“意识”等名称时“总仿佛无须乎询问如此这般标明的存在者的存在”[1]，或者不自觉地从存在论上把这种存在者理解为现成存在的实体。因此，海德格尔主张尽量避免使用“主体”、“意识”、“自我”、“精神”、“人格”等概念，而用“此在”代替上述名称作为我们自己所是的这种存在者的称号。

因此，不太准确地说，“此在”就是海德格尔的“主体”，海德格尔对此在的存在论结构的解释就是对“主体”的存在方式的说明，针对的就是在主体性哲学中“主体”处于存在论上的无所规定的状态的缺陷。换言之，海德格尔试图通过对此在的存在论结构的解释和规定来达到克服和弥补在主体性哲学中“主体”的存在方式没有得到应有规定的缺陷的目的。这也正是海德格尔在以《存在与时间》为代表的著作中要竭尽全力地对此在的存在论结构进行说明和解释的原因所在。

三、此在的存在论结构

在海德格尔看来，不懂得此在与其他存在者在存在方式上的区别，把此在与其他存在者的存在论规定混为一谈，是造成此在的存在论结构一直未能得到正确把握与规定的重要原因。因此，对此在的存在论结构的解释和规定，必须从考察此在与其他存在者的在存在方式上的区别开始。

〔1〕 海德格尔.存在与时间.陈嘉映，王庆节，合译.北京：生活·读书·新知三联书店，2006：54.

1. 生存与在世

海德格尔认为，如果要用一个词来标示此在与其他存在者在存在方式上的区别，那么这个词就是“生存”。生存(Existenz, existentia)原本是与性质(essentia)相对而言的，表示具有这种或那种性质(essentia)的事物的存在(existentia)。用海德格尔的话来说，“按照流传下来的含义，existentia 在存在论上差不多等于说现成存在”[1]。但对于海德格尔而言，“现成存在这种存在方式本质上和具有此在性质的存在者的存在方式了不相干”，因此他主张：“为了避免混乱起见，我们将始终用现成状态这个具有解释作用的表达式来代替 existentia 这个名称，而把生存专用于此在，用来规定此在的存在。”[2]从海德格尔的有关论述来看，把此在的存在规定为“生存”主要包括以下几层意思：第一，此在这个存在者的本质规定不能靠列举关乎实事的“什么”来进行，它的本质毋宁在于，它的存在是随着它的存在并通过它的存在而对它本身开展出来的，它所包含的存在向来就是它有待去是的那个存在。可见，此在这种存在者的“本质”在于它去存在[Zu-sein]，因此，“如果竟谈得上这种存在者是什么，那么它‘是什么’[essentia]也必须从它怎样去是、从它的存在[existentia]来理解”[3]。第二，此在这个存在者在它的存在中与这个存在本身发生交涉，即此在以对存在有所理解的方式存在着，对存在的理解本身就是此在的存在的规定，虽然这并不意味着此在对它的存在本身进行了明确的理论追问。就此在是这种包含对存在的理解的存在而言它可以说是存在论层次上的存在。[4] 第三，此在在其存在中必然对那些本身不是此在的存在者有所交涉，即此在的存在总是“在世界之中存在”，因而那种属于此在的对存在的理解就同样源始地关涉到对世界及世内存在者的存在的理解。

可见，此在有以下两个显著的特点：首先，它具有“生存”这样一种特殊的存在方式，此在总是从它的生存来理解自身，总是从它本身的可能性来理解自己本身。“这个存在者身上所能清理出来的各种性质都不是现成存在者的现成属性，而是它去存在的种种可能方式。”[5]作为生存着的存在者，此在“已被交托给它自己的存在了”，即此在是什么依赖于它怎样去是。此在将来之所是由它所已经是和现在如何是所决定，同时，此在对其将来之所是的筹划

〔1〕 海德格尔.存在与时间.陈嘉映，王庆节，合译.北京：生活·读书·新知三联书店，2006:49.
〔2〕 同上.
〔3〕 同上.
〔4〕 同上:14.
〔5〕 同上:49—50.

决定着它现在之所是。

其次,此在在它的存在中包含着对它自身以及别的存在者的存在的理解。此在与存在问题有着特殊的关联。任何存在者都存在着,但只有我们自己所是的这种存在者才不仅存在,而且能够意识到("理解"、"领会")自己的存在,即在它的存在中包含着对其自身的存在的理解。不仅如此,它同时还包含着对在它之外的存在者的存在的理解。这就是说,包括此在本身在内的一切存在者的存在都是通过此在才得以显现出来的。只有在对存在的理解的基础上,生存才是可能的。因此,生存对于海德格尔来说意味着处于与存在的关系中,即对存在有着某种理解。这正是"生存"的意义之所在。[1]

从以上所述还可以看出,"生存"就意味着"在世界之中存在"。但对于海德格尔来说,与"生存"相比,"在世界之中存在"(简称"在世")能够更加充分、明确而又具体地反映此在的存在论结构的特点,因此在《存在与时间》等著作中,海德格尔对此在的存在论结构的解释是把"在世界之中存在"作为基本线索来进行的。

海德格尔认为,"在世界之中存在"必然是此在的先天结构,但这还远远不足以充分规定此在的存在。换言之,尽管不可把"在世界之中存在"分解为一些可加以拼凑的内容,但这并不排除这一结构具有多重构成环节——"世界"、"向来总在世界之中的存在者"、"在之中本身"等。如果想要对此在的存在加以充分规定,就必须"在先行把握了现象整体的前提下"对这三个结构环节分别加以研究。

2. 世界

首先来看一下海德格尔对"世界"这个环节的分析。在日常生活中,"世界"一般指的是世界之内的现成存在者的总和。但海德格尔强调,作为一个存在论概念,作为此在"在世界之中存在"的生存论结构的一个环节,"世界"指的不是此在日常与之打交道的现成存在者或它们的总和,而是此在能与这种或那种现成存在者打交道的前提条件,是世界之内的现成存在者能依其本身之所是向此在显现的先天条件。换言之,此在之所以能够与世界之内的这种或那种现成存在者打交道,根本原因在于它本来就是有世界的。海德格尔因此这样写道:"只有当世界这样的东西由于这个存在者的'在此'已经对它揭示出来了,这个存在者才可能接触现成存在在世界之内的东西。因为存在

〔1〕 Richardson, William J. *Heidegger: Through Phenomenology to Thought*. New York: Fordham University Press, 2003, p. 35.

者只能从世界方面才可能以接触方式公开出来，进而在它的现成存在中成为可通达的。如果两个存在者在世界之内现成存在，而且就它们本身来说是无世界的，那么它们永不可能‘接触’，它们没有一个能‘依’另一个而‘存’。”[1]可见，“并非人‘存在’而且此外还有一种对‘世界’的存在关系，仿佛这个‘世界’是人碰巧附加给自己的”[2]。这就是说，此在绝非“首先”是一个仿佛无需乎“在世界之中”的存在者，仿佛它有时心血来潮才接受某种对世界的关系；相反，“只因为此在如其所在地就在世界之中，所以它才能接受对世界的‘关系’”[3]。总之，“在世这种存在不是这样建构起来的：仿佛在具有此在性质的存在者之外还有另一种存在者现成存在，并同具有此在性质的存在者聚会在一起。相反，这另一种存在者之所以能‘同’此在‘聚会’，只因为它能够在一个世界之内从它本身方面显现出来”[4]。基于世界或世界性在此在的在世结构中的上述这种重要地位，海德格尔在《存在与时间》中对世界现象进行了详尽的分析。

3. 在世者

对于海德格尔来说，与对世界性的剖析一样，对此在（向来以在世界之中的方式存在着的存在者）为谁的问题的解答是对此在的存在论结构的生存论诠释的题中应有之义。

此在为谁？似乎不言自明的是：这个谁可以用我自己、用“主体”、用“自我”来回答，这个谁就是那个在变居不定的行为体验中保持其为同一的东西。但海德格尔认为我们切不可因“此在向来所是者就是我”这一命题在存在者层次上的自明性而误认为从存在论上阐释此在的道路就可靠无误地先行描绘出来了。“甚至就连上述命题的存在者层次上的内容是否适合于重现日常此在的现象实情也还颇成问题呢。也可能日常此在的这个‘谁’恰恰不向来是我自己。”[5]

海德格尔认为，如果我们意在从现象上充分回答谁的问题，那么前此提供的正面的此在阐释就已经禁止我们从我的形式给定性出发了。前面对世界现象的分析曾显示出：首先“存在”的或一直给定的从不是无世界的单纯主体；同样，可以肯定的是，无他人的绝缘的自我归根到底也并不首先给定，但

〔1〕 海德格尔．存在与时间．陈嘉映，王庆节，合译．北京：生活·读书·新知三联书店，2006：65.
〔2〕 同上：67.
〔3〕 同上.
〔4〕 同上.
〔5〕 同上：133.

后面这一点还需要具体的论证。[1]

海德格尔强调,面对长期流行的把他人“解释”为现成存在的理论虚构,必须坚持已指出来的现象实情,即“他人并不首先作为飘飘荡荡的主体现成摆在其他物件之侧,而是以他们操劳于周围世界的存在方式从在世界中上手的东西方面显现出来”[2]。推而广之,凡此在都首先而基本地从世界方面来照面,甚至包括自己的此在在内,即“此在首先在它所经营、所需用、所期待、所防备的东西中在切近操劳着的从周围世界上到手头的东西中发现‘自己本身’”[3]。

海德格尔由此得出结论:此在的在世本质上是由共在构造的,而此在作为共在本质上是为他人之故而存在。即使实际上某个此在不肯趋就他人,即使他以为无须乎他人,或者当真离群索居,它也是以共在的方式存在。换言之,即使他人实际上不现成摆在那里,不被感知,共在也在生存论上规定着此在。此在之独在也是在世界中共在。他人只能在一种共在中而且只能为一种共在而存在。独在是共在的一种残缺样式,独在的可能性恰是共在的证明。只有当自己的此在具有共在的本质结构,自己的此在才作为为他人照面的共同此在而存在。[4]

总之,共同存在是在世的生存论的构成要素之一,即只要此在存在,它就有共处的存在方式。同时还必须看到的是,实际的此在首先存在于平均地得到揭示的共同世界中,因此如果“我”的意义是本己的自己,那么“我”并不首先存在,首先存在的是以常人方式出现的他人。我首先是从常人方面,而且是作为这个常人而“被给予”我“自己”的。此在首先是常人而且通常一直是常人。这个常人就是日常此在是谁这一问题的答案。[5]

4. 在之中

以上我们分别考察了海德格尔对此在在世的两个构成环节——世界和在世存在者的解释,接下来再看一下海德格尔对“在之中”这个环节的解释。

在展开对作为此在在世的构成环节的世界及在世存在者的剖析之前,海德格尔就已经预先对“在之中”本身进行了初步的说明,海德格尔对此解释说:“我们当时之所以先行提出这一重要的结构环节,其目的是:要在一开始

〔1〕 海德格尔.存在与时间.陈嘉映,王庆节,合译.北京:生活·读书·新知三联书店,2006:135.
〔2〕 同上:143.
〔3〕 同上:138.
〔4〕 同上:140.
〔5〕 同上:149.

分析个别环节的时候就先以一种贯彻始终的眼光来包罗结构整体，防止统一的现象分崩离析。”[1]

海德格尔认为，人们总是倾向于把“在之中”理解为“在……之中”，如水在杯子“之中”，衣服在柜子“之中”等等。这里的“之中”意指两件在空间“之中”广延着的存在者就其在空间中的处所而言所具有的存在关系，它们作为摆在世界“之内”的物，都具有现成存在的存在方式。但是，“在之中”本身意指的是此在的一种存在建构，它指的是此在依寓于世界而存在的生存论性质。[2]

依寓于世界而存在包含着“消散在世界之中”的意思，“依寓于”是一个生存论环节，绝非意指把一些物体摆在一起之类的现成存在。绝没有一个叫作“此在”的存在者同另一个叫作“世界”的存在者比肩并列那样一回事。海德格尔因此强调，正确把握“在之中”这个环节的首要之处就在于看到“作为生存论环节的‘在之中’与作为范畴的现成东西的一个对另一个的‘在里面’[Inwendigkeit]这两者之间的存在论区别”[3]。

海德格尔认为把握此在的“在之中”环节必须注意的另外一个问题是既不要把认识看成是“在之中”的首要的甚至唯一的样式，也不要把认识当成是“主体和客体之间的一种关系”，因为“主体和客体同此在和世界不是一而二二而一的”[4]。这就是说，“在指向某某东西之际，在把捉之际，此在并非要从它早先被囚闭于其中的内在范围出去，相反倒是：按照它本来的方式，此在一向已经‘在外’，一向滞留于属于已被揭示的世界的、前来照面的存在者。有所规定地滞留于有待认识的存在者，这并非离开内在范围，而是说，此在的这种依寓于对象的‘在外存在’就是真正意义上的‘在内’”[5]。总之，“认识并不首先创造出主体同一个世界的‘commercium’[交往]，这种交往也并非从世界对主体的作用中产生出来。认识是此在的植根于在世的一种样式”[6]。

以上对“在之中”的解释都是从反面来进行的，说的是禁止把“在之中”理解为这种或那种东西。从正面的意义上来说，海德格尔认为“在之中”只能被理解为是“此在这种存在者本身的本质性的存在方式”，因此从现象上描述“在之中”最终还要归结为对此在的生存论结构即此在的展开状态的分析。

---

〔1〕 海德格尔.存在与时间.陈嘉映，王庆节，合译.北京：生活·读书·新知三联书店，2006：152.
〔2〕 同上：63.
〔3〕 同上.
〔4〕 同上：70.
〔5〕 同上：73.
〔6〕 同上.

在海德格尔那里,对“此在的展开状态的分析”这个课题与真理的意义问题有着密切的关系,我们留待第九章讨论真理问题时再谈。

5. 此在的“操心”结构

海德格尔认为,“在世界之中存在”源始地、始终地是一整体结构,也正因为如此,在前面的分析中,无论是这一结构本身还是这一结构的构成环节都是被当作一个整体或这一整体的一个部分或方面来加以说明的。然而,这一整体结构的多重构成环节及其日常存在方式在现象上的多样性“颇容易障蔽着眼于整体本身的统一的现象学眼光”。因此,有必要在前面分析的基础上进一步提出这样一个问题:应如何从生存论存在论上规定业经展示的结构整体的整体性?[1]

如前所述,此在与其他存在者的不同在于“生存”,即此在是为存在本身而存在的存在者,“为存在本身而存在”即是向最本己的能在筹划自身的存在,而向最本己的能在的存在从存在论上却是说:此在在其存在中已经先行于它自身了。此在总已经“超出自身”,这并非在于它对另外一个它所不是的存在者有所作为,而是作为向它本身所是的能在的存在。可见,此在从根本上来说具有“先行于自身而存在”的存在结构。[2]

但这种存在结构关乎此在结构的整体,先行于自身并不是指在一个无世界的“主体”中有一种孤零零的趋向之类,而是用以标画在世的特点的。但在世包括这样的情况:此在被交付给它本身,总已经被抛入一个世界了。因此,此在“先行于自身的存在”,如果要说得更充分一些,就是:在已经在世的存在中先行于自身。而所谓“生存总是实际的生存,生存论结构本质上是由实际性规定的”,说的也就是这个意思。[3]

同时不应忘记的是,此在的实际生存不仅一般的无差别的是一个被抛的在世,而且总已经消散在所操劳的世界中了。在先行于自身已经在世的存在中,本质上就一同包括有寓于所操劳的世内上手事物的存在。[4]

综上所述,此在的存在论结构整体的形式上生存论上的整体性须在下述结构中来把握,即此在之存在说的是:先行自身已经在(世)的存在就是寓于(世内照面的存在者)的存在。海德格尔认为,此在的这种存在方式可以表述

〔1〕 海德格尔.存在与时间.陈嘉映,王庆节,合译.北京:生活·读书·新知三联书店,2006:209.
〔2〕 同上:221.
〔3〕 同上:222.
〔4〕 同上.

为“操心”，在世本质上就是操心。[1]

海德格尔强调指出，在把握操心这种此在的生存论结构时必须特别注意以下几点：

第一，操心描述的并不是与实际性及“寓于世内存在者的存在”都脱了节的生存论结构，而是包括这些存在规定之统一的。在这些存在规定中，操心的两个主要的结构环节——“已经在……中的存在”与“寓于……存在”，都一起被设定了。[2]

第二，操心作为源始的结构整体性在生存论上先天地处于此在的任何实际“行为”与“状况”之前，也就是说，总已经处于它们之中了。因此这一现象绝非表达“实践”行为先于“理论”行为的优先地位。因为“理论”与“实践”都是其存在必须被规定为操心的那种存在者的存在可能性。[3]

第三，任何想要把处于本质上不可割裂的整体性中的操心现象还原为一些特殊现象的行动，或还原为意求与愿望，追求与嗜好这类欲望，或想要有由这些东西凑成操心结构的企图都是不会成功的，因为从存在论上来说，上述那些存在者层次上的行为、欲望等现象都植根于操心。[4]

总之，此在这一存在者在操心之中有其源头，只要这一存在者“在世”，它就离不开这一源头，而是由这一源头保持、确定和始终统治着的。“在世”的存在就存在而言刻有“操心”的印记，而操心不是意指某些不断出现的存在者层次上的特性，而是意指一种向来已作为根基的存在论结构。唯有这种作为根基的存在论结构才使得那一存在者能够在存在者层次上被说成是 cura（“操心”）。“为生计操心”与“投入”在生存论上的可能条件须得在一种源始的亦即存在论的意义上被理解为操心。[5]

四、以康德等人为代表的主体性哲学对此在的存在论结构的误解及其理论后果

海德格尔相信，通过他本人对此在的存在论结构的如上解释，“主体”的存在方式问题已经大白于天下。但是，话说到这里，人们可能会向海德格尔提出这样的问题：既然“在世界之中存在”是此在的存在的基本结构，那么为

[1] 海德格尔.存在与时间.陈嘉映，王庆节，合译.北京：生活·读书·新知三联书店，2006：222.
[2] 同上：223.
[3] 同上.
[4] 同上：224.
[5] 同上：230.

什么身处其中的人们长期以来一直对它视而不见呢？在这个问题上，海德格尔首先承认："如果'在世界之中'是此在的一种基本结构，如果此在不仅一般地活动在世界中，而且特别按日常生活的样式活动在世界中，那么'在世界中'也就一向已经在存在者层次上被经历着。完完全全的隐而不露将是不可思议的。"[1]换言之，"在每一此在中，在世这种现象总已经以某种方式被看到了。在世现象之所以已被'看见'，是因为——就其随着此在的存在向来已经对此在的存在之理解展开了这一点——它构成了此在的基本结构"[2]。但海德格尔同时强调，虽然人们对于此在"在世界之中存在"的存在论结构有一种先于现象学的经验和熟悉，但是"这种现象通常也总已经同样根本地被误解了"[3]。原因在于，此在在存在论上总是首先从"那种它自身所不是的但却在它自己的世界之内来照面的存在者及其存在方面"来理解它自己本身和它的在世。[4] 在海德格尔看来，这也正是主体性哲学错失此在的"生存"、"在世"或"操心"结构，把此在看成是同其他存在者一样的现成存在者的根本原因。

如此看来，主体性哲学错失此在"在世界之中存在"的存在论结构，把此在看成是"无世界的孤立的主体"也可以说是事出有因而情有可原了。海德格尔并不完全否认这一点。但是，对于海德格尔来说，问题并不在于主体性哲学对"主体"的错误理解本身是否"有道理可言"，而在于这种错误的理解将导致什么样的后果和问题。在海德格尔看来，诸如怎样证明主体之外确实有客体的存在、主体如何才能走出它的"内在范围"达到外面的客体之类的问题说到底都是由主体性哲学对"主体"的上述这种错误的理解引起的，而正是这些在存在论上毫无根基的问题把主体性哲学引上了绝路，甚至差点断送了哲学这项事业本身。康德等人在"外部世界的实在性"等问题上所陷入的困境，就是一个典型的例子。

康德把始终还没有人为"我们之外的物的此在"提出一种令人信服的足以扫除一切怀疑的证明这件事称为"哲学和一般人类的耻辱"[5]。为了洗刷这种耻辱，康德为"外部世界的实在性"提供了一个新的证明——"对我自己的此在的纯粹的、但为经验所规定的意识，证明了在我之外的空间中的对象的此在。"[6]这个证明的依据是：变易和持久同样源始地属于时间的本质。我

〔1〕 海德格尔. 存在与时间. 陈嘉映，王庆节，合译. 北京：生活·读书·新知三联书店，2006：70.
〔2〕 同上：68.
〔3〕 同上.
〔4〕 同上：69.
〔5〕 康德. 纯粹理性批判(第二版序，第XXXIX页注释). 邓晓芒，译. 北京：人民出版社，2004：27.
〔6〕 康德. 纯粹理性批判. 邓晓芒，译. 北京：人民出版社，2004：203.

的现成存在，亦即在内在的意义上给定的、形形色色的观念的现成存在，就是现成的变易。但时间的规定性把某种持久的现成事物设为前提。然而这种持久的现成事物却不能在“我们里面”，“因为恰恰我们在时间中的此在只有通过这个持久的东西才能得到规定”[1]。所以，只要经验上设置了“在我之内”的现成变易，就必然在经验上一道设置了一个“在我之外”的现成的持久的事物。这个持久的东西是“在我之内”的变易的现成存在之所以可能的条件。[2]

对于康德的这个证明，海德格尔首先提醒我们注意，康德这里用“此在”这个术语所标识的存在方式，就是海德格尔本人称为“现成性”的那种存在方式。具体来说，对于康德而言，“对我的此在的意识”就是笛卡尔意义上的对“我”的现成存在的意识，“此在”这个术语在康德那里既指意识的现成存在，又指某物的现成存在。[3]

接着海德格尔指出了康德的证明所存在的问题：

其一，康德似乎放弃了笛卡尔的入手点，不再把独立地摆在那里的主体作为开端，但这只是假象，因为康德毕竟是要求为“在我之外的物的此在”提供出一种证明，这就已经表明，他提出问题时的立足点是在主体之中的，是在“我之内”的；而且这个证明本身也是从“在我之内”的变易出发的。[4]

其二，就算康德已经放弃了孤立主体和内部经验在存在者层次上的优先地位，在存在论上起决定作用的东西也依然隐而未露，那就是“主体”的、亦即此在的基本结构——在世界之中存在。因为无论在存在者层次上还是在存在论上，物理的东西和心理的东西的共同现成存在都完全不同于在世现象。[5]

海德格尔进一步指出，如果先就看到了在证明中设为前提的“内”与“外”的区别和联系的整体，如果先就从存在论上理解了随着这个前提而被设定为前提的东西，如果我们始终把此在在世的基本结构作为对实在进行分析而首须澄清的基础和视野，那么自然也就不会认为“我之外的物的此在”尚未证明且必须加以证明了。这是因为在试图进行任何此类证明之前，作为存在者的此在已经存在于世界中了；换言之，此在在其存在中已经包含了“世界”的存在，而这些证明却事后才认为有必要对它加以论证。可见，“哲学的耻辱”不

[1] 康德．纯粹理性批判．邓晓芒，译．北京：人民出版社，2004：203．
[2] 海德格尔．存在与时间．陈嘉映，王庆节，合译．北京：生活·读书·新知三联书店，2006：235．
[3] 同上：234．
[4] 同上：235．
[5] 同上：235－236．

在于至今尚未完成对“外部世界的实在性”问题的证明，而在于人们还一而再再而三地期待着、尝试着这样的证明。诸如此类的期待、企图和要求说到底就是因为没有把此在在世的基本结构作为立足点，而在存在论上设置了有一个“世界”作为现成的东西独立于它和“外在”于它的孤立主体。[1]

如果说康德对“外部世界的实在性”的证明在存在论上是站不住脚的，那么其他各类实在论和唯心论以及这二者的混合所构成的各式各样的解决“实在问题”的尝试也同样如此。就把“外部世界的实在地现成存在”作为核心命题的实在论来说，只要生存论命题不否认世内存在者的现成存在，它在结论上就同实在论命题相符。但是，实在论认为“世界”的实在性是需要证明而且可以证明的，这就使生存论命题在原则上有别于一切实在论了。因为这两点恰恰是生存论命题所否认的。[2] 就唯心论而言，如果唯心论这个名称说的就是这样一种理解：存在绝不能由存在者得到澄清，对于任何存在者，存在总已经是“超越的东西”了，那么，就只有唯心论才有可能正确地提出哲学问题。然而，只要唯心论仍然没有阐明这个存在之理解本身在存在论上说的是什么，以及它如何是可能的，没有阐明存在之理解属于此在的存在结构，那么它对实在的阐释就还是空泛的。存在不能由存在者得到解释，实在只有在存在之理解中才是可能的，但这并不取消对意识的存在的追问，即对 res cognitans [思执]本身的存在进行追问。唯心论论题的应有之义就须把意识本身的存在论分析表明为无可回避的在先的任务。如果唯心论意味着把一切存在者都引回到主体或意识，而主体或意识就它们的存在来说始终表现为无所规定的，或最多只消极地标画为“非物质的”，那么，这种唯心论在方法上就恰如最粗糙的实在论一样幼稚了。[3]

总之，信仰“外部世界”的实在性，无论对还是不对；证明“外部世界”的实在性，无论充分还是不充分；把这种实在性设为前提，无论明确还是不明确，诸如此类的尝试都不曾充分透视自己的根基，都把一个最初没有世界的或对自己是否有一个世界没有把握的主体设为前提，而这个主体到头来还必须担保有一个世界。[4] 当人们从一个无世界的“我”出发以便过后为这个“我”创造出一个客体及一种无存在论根据的与这种客体的关系之际，人们为此在的存在论结构“预先设定”的不是太多，而是太少了。[5] 可见，从根本上来说，寻

〔1〕 海德格尔.存在与时间.陈嘉映，王庆节，合译.北京：生活·读书·新知三联书店，2006:236.
〔2〕 同上:238.
〔3〕 同上:239.
〔4〕 同上:237.
〔5〕 同上:360.

求对外部世界的实在性问题的证明是人们不懂得此在的在世结构和操心结构，把此在当成是孤立的、无世界的主体的结果和表现。

伽达默尔在他的《20 世纪的哲学基础》一文中曾经这样写道："舍勒以几乎是煽动性的热情指出，意识并不是一个封闭的盒子，从而描述了意识的绽出性。……舍勒断言，我们并不知道我们的表象，我们只知道事物。在我们的意识中没有我们'真正地'思着并以某种方式与'外部世界'相联系的事物的表象。所有这些都是神话。我们总是与我们所意指的存在者在一起。海德格尔激化了这种对'意识'实体化的批判，因为他使这种批判转变为对被'意识'所预设的存在的存在论批判。他对意识的存在论批判把此在是'在世界之中存在'作为格言。从那时起，许多人开始把追问主体如何达到对所谓'外部世界'的知识看作是荒唐的和彻底过时的。海德格尔把对这类问题的坚持说成是哲学的真正'丑闻'。"[1]伽达默尔谈到的这些情况使我们对海德格尔对"主体"概念的批判的历史背景及这种批判所产生的巨大的理论影响有了更加具体的了解。

海德格尔对康德等人在外部世界的实在性的证明问题上所犯的错误及其在存在论上的根源的上述这种剖析，进一步突出了他本人在"主体"的存在方式问题上的"特殊提法"以及这种提法与主体性哲学的"主体"概念的区别，从而把对主体性哲学的"主体"概念的批判推向了高潮。但海德格尔对主体性哲学的批判没有停留于对"主体"概念本身的批判。随着他本人的理论体系的展开，他还相继对主体性哲学的"世界"、"真理"、"时间"等概念进行了系统的批判，从而在我们面前展现了一幅波澜壮阔的思想斗争的画卷。

---

〔1〕 伽达默尔. 伽达默尔集. 严平，编选；邓安庆，等，译. 上海：上海远东出版社，1997：303. 译文有改动。

第十章　对胡塞尔现象学及近代主体性哲学的批判

正如我们上文中所看到的那样，海德格尔对胡塞尔现象学进行了全面而彻底的批判和改造。这种批判和改造本身在理论上的重要意义是毋庸置疑的。但是，如果我们把海德格尔对胡塞尔现象学的批判仅仅看作是对胡塞尔本人的批判，那么就有可能“错失”这种批判所蕴含的远为深刻的意义。必须看到，对于海德格尔而言，胡塞尔的现象学作为穷尽了自柏拉图以来的西方传统哲学特别是自笛卡尔以来的近代主体性哲学的全部可能性的哲学，它与在它之前的传统哲学的区别仅仅在于，它在理论上更加具有一以贯之的彻底性，相应地，近代主体性哲学所存在的矛盾和问题在它身上也得到了最充分、最集中、最明显的暴露。换言之，对于海德格尔来说，对胡塞尔现象学的批判不过是批判它所代表的整个近代主体性哲学的一条便捷而富有成效的途径。因此，我们决不能把海德格尔的上述批判仅仅看作是对胡塞尔现象学本身的批判，而必须把它同时看作是对整个西方传统哲学特别是笛卡尔、康德等人所代表的西方近代主体性哲学的批判；反之，海德格尔对西方哲学史上的其他哲学家，特别是笛卡尔、康德等人的批判，在大多数情况下都可以看作是对胡塞尔的批判。实际上，海德格尔毕生所关心的，从来不是对包括胡塞尔在内的这个或那个哲学家的批判，他是带着对作为现代文明的哲学基础的主体性哲学所陷入的内在矛盾和困境及它在实践中所带来的严重的消极后果的切肤之痛而踏上他的思想旅程的。

那么，包括胡塞尔现象学在内的主体性哲学究竟存在着哪些矛盾和问题？针对这些矛盾和问题，海德格尔又提出了怎样的解决方案？这些解决方案是如他本人当初所期望的那样彻底解决了主体性哲学的问题，还是像他本人后来所认为的那样，不过是以另外一种方式重新陷入“主体性”和形而上学？这些问题就是本章试图加以回答的主要问题。

如前所述，海德格尔对胡塞尔的批判实际上也就是对以笛卡尔、康德等人所代表的西方近代哲学的批判，这就是说，在海德格尔看来，胡塞尔的现象学从根本上来说未脱笛卡尔以来的主体性哲学的窠臼。那么,海德格尔对胡塞尔现象学的这种历史定位是否恰当呢？不妨就让我们从胡塞尔与笛卡尔、康德等人的哲学的关系开始谈起。

一、作为近代主体性哲学的"隐秘的憧憬"的现象学

我们在上文中曾提出这样一个观点,即胡塞尔现象学的意向性理论特别是其中关于意向对象的存在方式问题的理论对于笛卡尔式的心物二元论而言,是一个严重的挑战,甚至意味着它的彻底破产。但是,如果人们据此认为胡塞尔现象学与笛卡尔、康德等人所代表的西方近代哲学是两种水火不容、势不两立、毫无共同之处的哲学,或者由此认为胡塞尔哲学开创了与近代哲学根本对立的现代哲学之先河,那将是一个致命的错误。这不仅是因为我们可以从胡塞尔留给我们的大量文献中非常轻易地看到他对笛卡尔、康德等人的哲学发自内心的推崇和赞扬,更是因为他们的哲学理论本身之间存在着明显的一致性。既然如此,胡塞尔哲学又怎么会构成对笛卡尔式的心物二元论的严重挑战呢？这还得从胡塞尔对笛卡尔、康德等人的哲学的具体看法开始谈起。

胡塞尔对笛卡尔的推崇和肯定是人所共知的事实,但是,值得我们注意的是,这种推崇和肯定主要出现在胡塞尔1907年之后的著作中,也就是说,只是从1907年的《现象学的观念》起,笛卡尔才开始成为胡塞尔的现象学著作中的主要角色,而在此前的著作中,特别是在《逻辑研究》(1900—1901)这样一部重要的著作中,笛卡尔对于胡塞尔来说并不是一个特别重要、不可或缺的人物。《逻辑研究》提到笛卡尔的次数甚至远不如提到贝克莱、洛克、穆勒、布伦塔诺等人的次数多,这就很能说明问题。这样的情况不免使人产生这样的想法,即笛卡尔并不是在广泛的、一般的意义上与现象学发生联系,而只是与作为胡塞尔现象学的核心的先验现象学有着特别密切的关系。这个想法几乎能够立刻得到下面这个事实的证实:胡塞尔虽然也对笛卡尔在"意向性"等问题上的理论贡献作了充分的肯定,但是,在他看来,笛卡尔真正的重要性在于:笛卡尔通过他的普遍怀疑或中止判断的方法找到了"任何真正的哲学的'阿基米德点'——自我"[1]。用胡塞尔本人在《现象学——不列颠大百科全书条目》(1929)中的话来说,"笛卡尔的怀疑方法是揭示'先验主体性'的第一

---

〔1〕 胡塞尔.胡塞尔选集.倪梁康,选编.上海:上海三联书店,1997:1061.

个方法，他的‘我思’导向对先验主体性的第一次抽象把握”[1]。实际上，在胡塞尔看来，笛卡尔通过普遍怀疑返回到“纯粹的自我我思活动”[2]的做法，完全可以看作是他本人通过先验还原的方法返回到“纯粹自我”或“先验主体性”的做法的一次预演。这也正是胡塞尔完成了向先验现象学的转变之后一再强调笛卡尔的重要作用的根本原因。

但是，尽管胡塞尔承认“人们几乎可以把现象学称之为新笛卡尔主义”[3]，但这并不意味着他准备毫无保留地接受笛卡尔的全部观点，更不意味着他的先验现象学是笛卡尔哲学的简单重演。在胡塞尔看来，笛卡尔哲学的一个根本缺陷就在于，“在笛卡尔那里……自我成为了一个思维实体（substantia cogintans），成为了一个被分离出来的人的思维或心灵（mens sive animus），并成为按照因果原则进行推理的一个开端环节”[4]。这就是说，“笛卡尔在中止判断中对第一次所发现的那个自我感到惊异时，虽然他也自问这是什么样的自我，是否这个自我是人，是日常生活中可感性地直观到的人，并且他把人的肉体排除在这个自我之外（他对人的肉体像对感性世界一样执行中止判断），但是他得出这样的结论：这个自我或是作为心灵、或是作为精神、或是作为理智”[5]。这种由于中止判断的不彻底性所导致的对“自我”的心理主义曲解，使笛卡尔“在所有发现中最伟大的发现面前止步了”；尽管“他已经以某种方式完成了这一发现”，但却“没有把握住它的真正意义，即没有把握住先验主体性的意义，因而他并没有跨过那个引向真正先验哲学的门槛”[6]。

总之，在胡塞尔看来，笛卡尔“实际上没有对他的一切先入之见、对各个方面的世界执行中止判断（或‘加括号’），他被他的目标所缠住，没有能提取他通过中止判断的‘自我’所获得的最有意义的东西，从而没有能在这个纯粹自我方面开拓出哲学奇迹。与这样一种开拓所能产生、并很快就能产生的东西相比，笛卡尔实际发现的东西在某种意义上就显得浅薄了，尽管它是独创的和具有广泛影响的”[7]。

胡塞尔认为，笛卡尔对自我的上述这种错误理解给后人以很大的影响。因为历史上的事实表明，“人们在回溯到那个无可置疑的自我中去的时候，容

〔1〕 胡塞尔.胡塞尔选集.倪梁康，选编.上海三联书店，1997：350.
〔2〕 同上：873.
〔3〕 同上：870.
〔4〕 胡塞尔.笛卡尔式的沉思.张廷国，译.北京：中国城市出版社，2001：33.
〔5〕 胡塞尔.胡塞尔选集.倪梁康，选编.上海三联书店，1997：1060.
〔6〕 胡塞尔.笛卡尔式的沉思.张廷国，译.北京：中国城市出版社，2001：33.
〔7〕 胡塞尔.胡塞尔选集.倪梁康，选编.上海三联书店，1997：1060.

易跟随笛卡尔把这个自我解释为心灵，把最根本的自明性理解为‘内在知觉’的自明性”[1]。这种理解最后导致了洛克的不可知论及贝克莱和休谟等人的唯心主义的怀疑论。“如果说在笛卡尔那里所断定的内在感觉力产生世界图画的观点还不过分的话，那么在贝克莱那里就发展为断定这种感觉力产生物体世界本身，在休谟那里进一步发展为断定整个心灵及其‘印象’和‘观念’，以及属于这种心灵的力量和它的联想规律产生整个世界即产生世界本身，而不仅产生图画之类东西。”[2]在胡塞尔看来，诸如此类的观点毫无疑问是完全荒谬的。

然而，胡塞尔强调指出，贝克莱和休谟等人的怀疑论的荒谬结论从根本上来说是由对“自我”的笛卡尔式的错误理解，即把“自我”理解为人的心灵或灵魂引起的。如果我们能够摆脱对“自我”的这种错误理解，彻底贯彻中止判断的要求，把自我如实地理解为“绝对自我”或“纯粹意识”，那么我们就能发现贝克莱和休谟等人貌似荒谬的理论主张中的合理成分。

具体来说，胡塞尔认为贝克莱和休谟等人的怀疑论揭示了一种完全新的判断世界的客观性，判断它的整个存在的意义，以及相关地判断客观科学的存在的意义的方式。这种新的判断方式要求人们注意这样一个事实：“意识生活是一种进行造就的生活，它(不论正确还是错误)造就了存在的意义。这既包括造就被感性地直观到的存在的意义，也包括造就科学的存在的意义。”[3]对于这样一个事实，实证科学是从来不加以考虑的。就连笛卡尔也没有深入考虑如下这个事实：“正如感性的世界、日常经验的世界，是感性的思的活动的所思(cogitatum sinnnlicher cogitationes)一样，科学的世界也是科学的思的活动的所思(cogitatum wissenschaftlicher cogitationes)……整个世界本身来自多重的流动着的思的活动的普遍的综合的所思；在较高的层次上，科学的思的活动的理性的造就行为(前者以后者为基础)对科学的世界来说是起构成作用的。”[4]这样一个事实是通过贝克莱和休谟等人的工作才变得日益明显起来的。在胡塞尔看来，如果说贝克莱和休谟等人的怀疑论只是以一种极端的形式不自觉地从反面启示了一种判断客观世界的存在的意义新的方式的话，那么康德则在前人的基础上自觉地对这种新的判断方式进行了系统的构建和论证。

在康德看来，事物无疑是显现的，但“这只是因为感觉材料已经在暗中以

〔1〕 胡塞尔.胡塞尔选集.倪梁康，选编.上海三联书店，1997：1070.
〔2〕 同上.
〔3〕 同上：1071.
〔4〕 同上.

某种方式通过先天的形式被联结起来,或在一种改变它们的过程中被逻辑化了"[1]。这就是说,对于康德来说,理性有双重的发挥作用和显现自己的方式:"一种方式是在它的自由的和纯粹的数学化中,在它的纯粹的数学科学的实践中,系统地自我展示、自我揭示。这里,它以仍然属于感性的纯粹直观的形式为先决条件。这两种能力的客观结果是作为理论的纯数学。另一种是不断在暗中发挥作用的理性的方式。这种理性不断地把感性材料加以合理化和始终具有已经合理化了的感性材料。它的客观结果是感性直观的对象世界。这一结果是一切自然科学思想的经验的先决条件。"[2]显然,按照康德的这种理论,整个客观世界都是我们的理智的主观构造。

胡塞尔认为,康德的先验哲学实质上是一种在反对前科学的和科学的客观主义的斗争中回到作为一切客观意义的授予和对存在的认定的最终所在地——认知的主体——中去的哲学。它企图把现存的世界理解为意义和有效性的结构,并且以这种方式寻求创建一种本质上新型的科学的态度和新型的哲学。这就是说,"如果我们不把休谟的否定式的怀疑论哲学考虑在内的话,康德体系堪称是本着一种崇高的科学的严肃态度建立一种真正普遍的先验哲学的第一次尝试"[3]。在这种哲学中,开始出现用先验主观主义代替笛卡尔式的心理主观主义趋向。

胡塞尔的下面这段话堪称他对笛卡尔、康德等人所代表的近代哲学的上述看法的一个简要概括:"……现象学可以说是一切近代哲学的隐秘的憧憬。具有令人惊异的深刻性的笛卡尔的基本性思考已经迫近现象学;然后它又出现在洛克学派的心理主义中;休谟几乎踏上了它的领域,但失之于盲目性。而第一位正确瞥见它的人是康德,他的最伟大的直观,只有当我们通过艰苦努力对现象学领域的特殊性,获得其清晰的认识以后才能充分理解。于是我们明白了,康德的精神目光是停留在这个领域上的,虽然他仍未能掌握它和认识到它是一门属于严格本质科学的研究领域。"[4]显然,我们前面所引的有关论述不过是胡塞尔对他的这个总结性的看法的一个较详细的注解。

从上面的论述中我们可以看到,尽管胡塞尔对笛卡尔、康德等人也作了非常严厉的批评,但就他们主张的都是以"自我"为立足点的主体性哲学来说,他们的哲学观点具有非常深刻的一致性。

在结束我们对这个问题的讨论之前,让我们回过头来看一下本节开头提

〔1〕 胡塞尔.胡塞尔选集.倪梁康,选编.上海三联书店,1997:1075—1076.
〔2〕 同上.
〔3〕 同上:1081.
〔4〕 胡塞尔.纯粹现象学通论.李幼蒸,译.北京:商务印书馆,1992:118—119.

出的问题:既然胡塞尔与笛卡尔等人的哲学具有深刻的一致性,它又怎么会构成对笛卡尔式的心物二元论的严重挑战?我们认为,这里的问题不在于胡塞尔的现象学的意向性理论是不是构成了对心物二元论的挑战,而在于应该如何看待这种挑战。我们认为这种挑战的特点在于,它仅仅是对心物二元论本身的挑战,也就是说,这种挑战没有从根本上触动心物二元论的深层根基——以"自我"为立足点的主体性理论。实际上,胡塞尔现象学本身就是这种理论最为积极的倡导者。因此,与其说胡塞尔的意向性理论对心物二元论的挑战反映了胡塞尔现象学与笛卡尔等人的哲学的矛盾,不如说它反映了胡塞尔现象学本身的内在矛盾,即它的意向性理论与它的先验主体性理论(即先验唯心论)之间的矛盾。这同时也说明了胡塞尔的现象学的过渡性和两面性。但从根本上来说,胡塞尔现象学仍然是继承了笛卡尔、康德等人所代表的主体性哲学传统,并把这种传统推到了登峰造极的地步的哲学。

二、主体性哲学对"主体"的存在方式问题的耽搁

上节的论述清楚地表明,如果我们把胡塞尔的现象学看作是对笛卡尔、康德等人所代表的主体性哲学的一种更加彻底、更加"纯粹"的形式,那么,这不但不会遭到胡塞尔本人的反对,反而能从他那里得到最强有力的支持。由此可见,我们前面提到的海德格尔把胡塞尔现象学定位为"主体性哲学"的做法是完全正确的。当然,也应该看到,胡塞尔现象学与笛卡尔、康德等人的哲学确实也存在某些区别,其中最大的区别就在于胡塞尔所说的主体不是"心理主体"而是"先验主体"。然而,这个区别对于海德格尔来说却并不像胡塞尔本人所认为的那么重要:一方面,不仅康德哲学具有浓厚的先验论色彩,即使是笛卡尔哲学在不太严格的意义上也属于先验哲学的一种类型,甚至胡塞尔本人也不否认后面这一点[1];另一方面,胡塞尔的"绝对主体"或"纯粹自我"是否如他本人所想象的那么"绝对"、那样"纯粹"也是个问题,因为它们说到底仍然是人类的意识的一种抽象或"折射"。由此看来,像胡塞尔本人那样过多地强调"先验主体"与"心理主体"的区别并没有太多的必要,因为这种区别实际上并不能使胡塞尔现象学像他本人所期望的那样成为与笛卡尔、康德等人的哲学完全不同的"新型的哲学"。

对于海德格尔来说,胡塞尔现象学与笛卡尔、康德等人的哲学的上述这种"如出一辙"的关系意味着胡塞尔不但没有遵循他本人提出的"回到事情本

〔1〕 胡塞尔.胡塞尔选集.倪梁康,选编.上海三联书店,1997:1064.

身”的现象学原则,反而与他自己曾经批判过的新康德主义一样,踏上了“回到康德”之路;而这条路只能把人们引入死胡同,这不仅已经被从康德到黑格尔的德国古典唯心主义的产生、发展和瓦解的历史所证明,而且还通过新康德主义的破产得到了再次证明。这就是海德格尔不准备原封不动地接受胡塞尔现象学特别是他的先验唯心论的原因所在。

实际上,当时对胡塞尔现象学与笛卡尔、康德等人的哲学的密切关系有着清醒的认识并据此提出反对和批评意见的远不止海德格尔一人。海德格尔对胡塞尔的批评的独到之处在于:首先,海德格尔把对胡塞尔现象学的批评扩展为对整个西方传统哲学特别是笛卡尔以来的主体性哲学的批评,因此,他在《存在与时间》等著作中对笛卡尔、康德等人的哲学的激烈批判与胡塞尔对他们两人的热情肯定和赞扬形成鲜明的对比;其次,海德格尔对胡塞尔现象学的批判表现出强烈的“存在论”趋向——他认为包括胡塞尔现象学在内的主体性哲学的根本缺陷在于它们都留下了“存在论上的空白”,即它们都遗忘了“存在问题”。

关于海德格尔把对胡塞尔现象学的批判扩展为对全部主体性哲学的批判的原因和根据,我们在前面的论述中已经作了比较详细的说明。需要进一步探讨的是,海德格尔把主体性哲学的问题归结为“存在论上的空白”或“对存在问题的遗忘”的做法是否有足够的依据。为此我们需要对海德格尔在这个问题上的有关论述进行比较具体的分析。

海德格尔认为主体性哲学对存在问题的遗忘首先表现为这种哲学把一切都归结为主体的结果,但却从未对“主体”本身的存在方式进行追问;而主体性哲学耽搁对“主体”的存在方式问题的追问的原因则在于它遗忘了存在本身的意义问题。简而言之,主体性哲学对存在问题的遗忘具体表现为对存在本身的意义问题的遗忘及由此导致的对“主体”的存在方式问题的耽搁。

那么,主体性哲学对存在本身的意义问题的遗忘有何具体表现?导致这种遗忘的原因是什么?这种遗忘又是如何导致对“主体”的存在方式问题的耽搁的?这些都是海德格尔必须回答的问题。但是,在考察海德格尔对这些问题的回答之前,我们必须首先弄清的是,对于海德格尔来说,在何种意义上主体性哲学耽搁了“主体”的存在方式的问题。

众所周知,近代主体性哲学是通过笛卡尔的著名命题“我思故我在”确立起来的。主体性哲学的命运全系于这一命题之荣枯。对这一命题的批判相应地也就成为海德格尔对笛卡尔等人所代表的主体性哲学进行批判的重要手段。海德格尔认为,这个命题最大的问题在于“我在”的含义没有得到应有的规定。他这样写道:“笛卡尔发现了‘cogito sum’[‘我思故我在’],就认为已为哲学找到了一个可靠的新基地。但他在这个'基本的'开端处没有规定清楚的正是这个思执的存在方式，说得更准确些，就是'我在'的存在的意义。"[1]他在谈到对此在进行生存论分析的意图时再次指出："人们把对 cogito sum[我思故我在]这一近代哲学发问的出发基点的揭示归功于笛卡尔，而笛卡尔仅是在某种限度内探索了 ego 的 cogitare。尽管 sum 被设定为是同 cogito 一样源始的，笛卡尔却一任 sum 完全不经讨论。生存论分析将对 sum 的存在提出存在论的询问。只有规定了 sum 的存在，才能够把捉 cogitationes 的存在方式。"[2]可见，与笛卡尔认为只要规定了"我思"，"我在"也就随之得到了规定不同，对于海德格尔来说，"我在"是第一位的，而"我思"只不过是"我在"的一种衍生样式而已，因此，只有在规定了"我在"的存在意义的基础上，"我思"的存在方式才能得到正确的规定。用海德格尔本人的术语来说，只有在澄清了"此在"的存在论结构的基础上，才能使意识或认识的存在方式得到正确的规定。基于此，海德格尔明确指出："如果用 cogito sum[我思故我在]来作为生存论此在分析工作的出发点，那么，不仅须得把它倒转过来，而且还需重新对它的内涵做出存在论现象上的证实。于是，首位的命题是 Sum，其意义是：我在一世界中。'我在'：作为这样的存在者处'在'面向种种不同行为举止(cogitationes)的存在可能性之中，而这些行为举止就是寓于世内存在者的种种存在方式。"[3]从这里人们不难看到，海德格尔是怎么对笛卡尔的"我思故我在"进行"颠覆"的。

从海德格尔上面的分析中我们还可以看出，说以笛卡尔等人为代表的主体性哲学耽搁了"主体"的存在方式问题主要包含下列两层意思：第一，这种主体性哲学颠倒了"我思"与"我在"的关系，把此在看成是单纯的认识主体，不懂得认识只不过是此在"寓于世内存在者的种种存在方式"之一；第二，这种主体性哲学不懂得此在"在世界之中存在"的存在论结构，把此在看成是如同树木、房子一样的现成存在者，把"我"看成是无世界的孤立主体。

近代主体性哲学的另一个具有举足轻重地位的代表人物是康德。与笛卡尔哲学相比，康德哲学无疑在很多方面都有长足的进步。但是，在海德格尔看来，就耽搁了"主体"的存在方式问题这一点来说，康德可以说是仍然裹足不前。下面试看一下海德格尔是怎么通过对康德的"我思"的分析得出他的这个结论的。

---

〔1〕 海德格尔.存在与时间.陈嘉映，王庆节，合译.北京：生活·读书·新知三联书店，2006：24.
〔2〕 同上：46.
〔3〕 同上：211.

在康德看来,"我"是伴随一切概念的一种纯意识。这种纯意识不是一种表象,而是各种表象的一般形式。用康德本人的话来说,"我思"是"统觉的形式,这形式附于一切经验并先行于一切经验"〔1〕。这就是说,对于康德来说,必须把"我"把捉为"我思",但"我思"不是笛卡尔哲学意义上的作为经验表象的"我思",而是表象活动成为它本身之所是的形式结构。

海德格尔认为,在康德的上述分析中有两重积极的东西:一方面,康德看到了从存在者层次上把"我"引回到一种实体是不可能的;另一方面,康德通过"我思"来把握"我"的现象内容,把说"我"把捉为说"我思",坚持"我"即是"我思"。然而遗憾的是康德仍然把"我"把捉为主体,因而是在一种从存在论上来说不当的意义上把捉这个"我"的。因为"从存在论上把'我'规定为主体,这等于说:把'我'设定为总已将现成的事物",即"'我'的存在被理解为 res cogitans[思执]的实在性"〔2〕。

海德格尔认为,康德不能在存在论上使"我思"这一真切的现象开端发扬光大,而终究落回到在存在论上无所规定的"主体"的原因在于:尽管康德一再强调,"我"作为表象的形式始终同其表象相伴随,没有这些表象"我"就一无所是,但一方面康德从来没有指出过"我"与表象相伴随的方式,另一方面这种伴随的存在方式实际上被领会为"我"与其表象持久地共同现成存在。〔3〕归根结底,造成康德对"我"的上述这种错误理解的原因在于康德不懂得"说我意指的存在者就是'我'作为'我存在于一世界中'的向来所是者"〔4〕。具体来说,由于康德不懂得此在"在世界之中存在"的存在论结构,并因此没有看到"世界现象",于是"势所当然地把'表象'同'我思'的先天内涵划得泾渭分明",但这样一来,"'我'又被推回到一个绝缘的主体,以在存在论上全无规定的方式伴随着种种表象"〔5〕。

在海德格尔看来,耽搁对"主体"的存在方式问题的追问或把"主体"看成无世界的孤立的认识主体的状况即使在胡塞尔那里也没有获得多少改观。海德格尔从以下几个方面揭示了胡塞尔现象学耽搁"主体"的存在方式问题的原因:

首先,现象学的本质还原和先验还原要求把意识本身是否存在、如何存在的问题放入括号,即只考察意识的内容本身,而不考察这种意识的存在,就

〔1〕 康德.纯粹理性批判.邓晓芒,译.北京:人民出版社,2004:314.
〔2〕 海德格尔.存在与时间.陈嘉映,王庆节,合译.北京:生活·读书·新知三联书店,2006:319—320.
〔3〕 同上:320.
〔4〕 同上:321.
〔5〕 同上.

像我们对声音与颜色的区别进行考察时，并不关心声音或颜色是否现实存在一样。显然我们不必指望这种主张把存在问题放入括号的哲学理论能对“意识”或“主体”的存在方式问题发表什么高见。[1]

其次，表面上看来，胡塞尔现象学也对意识的存在进行了规定，如他认为意识是内在的存在、是绝对的存在、是纯粹的存在等。但在海德格尔看来，所有这些实际上都是对意识本身的性质的规定，而不是对意识的存在的规定。[2]

最后，海德格尔认为，不仅狄尔泰等人的生命哲学没有使“生命”本身的存在方式在存在论上成为问题，“即使原则上更为透彻的现象学人格阐释也不曾进入此在的存在问题这一维度”[3]。同舍勒一样，胡塞尔强调人格不是物、不是实体、不是对象，而要求为人格的统一提供一种本质上不同于使自然物得以统一的建构。但他并未解决如何在存在论上正面规定人格的存在方式的问题。实际上，胡塞尔、舍勒等人仍然有意无意地把人“把捉为肉体、灵魂、精神的统一”，但是，对于海德格尔来说，“若我们问的是人的存在，那么却不可能靠把肉体、灵魂、精神的存在方式加在一起就算出这种存在来，何况上述各种存在方式本身还有待规定”[4]。

海德格尔最后的结论是：包括胡塞尔现象学在内的主体性哲学都耽搁了“主体”（我）的存在方式问题，尽管喊“我”喊得震天响的也正是它们。

三、主体性哲学对存在本身的意义问题的遗忘

从以上的论述中可以看出，说主体性哲学耽搁了对“主体”的存在方式问题的追问，主要是指这种哲学把我们自身之所是的这种存在者（即此在）与其他存在者混为一谈，忘记了它们在存在方式上的根本区别，即不懂得此在具有根本不同于其他存在者的存在方式。因此，“尽管人们可以在存在者层次上起劲地反对‘灵魂实体’或‘意识的物质化’这类东西”，但“我们究竟应当如何正面理解主体、灵魂、意识、精神、人格这类东西的非物质化存在”的问题却

---

[1] Heidegger, M. *History of the Concept of Time*. Bloomington: Indiana University Press, 1985, p.109—110.

[2] Heidegger, M. *History of the Concept of Time*. Bloomington: Indiana University Press, 1985, p.108.

[3] 海德格尔.存在与时间.陈嘉映，王庆节，合译.北京：生活·读书·新知三联书店，2006:47.

[4] 同上:48.

没有得到应有的回答,甚至这样的问题本身都还未提出。[1]

海德格尔在谈到笛卡尔等人所代表的主体性哲学对"主体"的存在方式问题的耽搁时曾经指出:"在这个历史过程中,某些别具一格的存在领域曾映入眼帘并在此后主导着问题的提法(笛卡尔的我思、主体、我、精神、人格);但同时,与始终耽搁存在问题的情况相适应,人们从未就它们的存在及存在结构发问。"[2]在具体地谈到笛卡尔、康德等人对"主体"的存在方式问题的耽搁时,海德格尔又指出:"康德耽搁了一件本质性的大事:耽搁了此在的存在论,而这耽搁又是由于康德继承了笛卡尔的存在论立场才一并造成的。这次耽搁,就笛卡尔最本己的倾向来说,是决定性的耽搁。" 原因在于,笛卡尔把中世纪的存在论加到了他设立为"不可动摇的基础"(即所谓的主体)的那个存在这身上。

海德格尔的这些论述向我们传达了他本人的这个重要的看法:主体性哲学把此在与其他存在者混为一谈,使此在沦为在存在论上无所规定的"主体"的原因在于这种哲学囿于传统存在论的偏见,不但未能对存在本身的意义进行追问,反而不加批判地把存在等同于现成存在,根本不懂得不同存在者可能在存在方式上存在着巨大的、根本性的差异。

可见,如果说主体性哲学耽搁对"主体"的存在方式问题的追问是由于这种哲学遗忘了存在本身的意义问题造成的,那么,这种哲学对存在本身的意义问题的遗忘则与它对传统存在论的不加批判的接受和继承有关。传统存在论自诩为"关于存在的学问",但在海德格尔看来,"任何存在论,如果它不曾首先充分澄清存在的意义并把澄清存在的意义理解为自己的基本任务,那么,无论它具有多么丰富多么紧凑的范畴体系,归根到底它仍然是盲目的,并背离了它最本己的意图"[3]。换言之,就传统存在论遗忘了存在本身的意义而言,它只能算是有名无实的"存在论"。

传统存在论对存在本身的意义问题的遗忘集中表现为它对存在与存在者之间的"存在论差异"(Ontologie Differenz)的遗忘,即它总是力图把存在归结为存在者的某个部分或属性。从泰勒斯的"水"、柏拉图的"理念"、亚里士多德的"形式",到笛卡尔的"广延",都明显地体现了传统存在论的这种倾向。在海德格尔看来,"哲学领会存在问题的第一步在于……'不叙述历史',也就是说,不要靠把一个存在者引回到它所由来的另一存在者这种方式来规定存

[1] 海德格尔.存在与时间.陈嘉映,王庆节,合译.北京:生活·读书·新知三联书店,2006:46.
[2] 同上:22.
[3] 同上:11.

在者之为存在者，仿佛存在可能具有某种可能的存在者的性质似的”[1]。传统存在论显然没有踏出这关键的“第一步”。就此看来，以这种存在论作为无可怀疑的前提和基础的主体性哲学陷于存在论上混乱或空白状态而难以自拔也就不足为怪了。

[1] 海德格尔.存在与时间.陈嘉映，王庆节，合译.北京：生活·读书·新知三联书店，2006：11.

第十一章　从意识的意向性到此在的超越性

如果要了解海德格尔对胡塞尔现象学的具体看法，首先必须了解他对意向性理论的态度，这首先是因为“意向性是涉及整个现象学中的一个问题的名称。这个名称正好表达了意识的基本特性；一切现象学问题，甚至质料问题都可纳入其内”〔1〕。其次，海德格尔也认为，在现象学的三个重要发现（意向性、范畴直观、“先天”的本真意义）中，意向性不仅就其本身而言是最重要的，同时也是由于它才使其他两个发现成为可能。因此，我们进一步的讨论不妨就从剖析海德格尔对胡塞尔的意向性理论的看法开始。

一、意识的意向性结构的澄清与笛卡尔式的心物二元论的破产

人们在谈论胡塞尔的意向性理论的时候，总免不了要提起他的老师布伦塔诺，因为正是通过布伦塔诺，胡塞尔才走上探寻意识的意向性之谜的道路。在布伦塔诺那里，意向性被看成是能把心理现象与非心理现象或物理现象区分开来的基本特征。下面这段经常被人引用的文字可以看作是布伦塔诺对他本人的意向性理论主要内容的一个精辟概括：“每一种精神现象都是以中世纪经院哲学家称作对象在意向上的（有时也称作内心的）内存在为特征的，并且是以我们愿意称作（虽然并非十分明确地）与内容相关联（Beziehung），指向（Richtung）对象（这个对象在这个语境中不应理解为是某种真实的对象）或内在的对象性（immanente Gegenständigkeit）为特征的。每一种心理现象都包含某种作为其对象的东西，虽然它们并不是以相同的方式包含的。在 Vorstellung 中有某种东西被表象，在判断中有某种东西被承认或拒绝，在愿望中有某种东西被愿望，等等。这种意向的内存在仅限于心理现象所独有。物理

〔1〕 胡塞尔.纯粹现象学通论.李幼蒸，译.商务印书馆，1992：350.

现象没有显露出任何与此相似的东西。因此，我们可以这样来规定心理现象，即把它们说成是通过意向的(intentional)方式把对象包含于自身之中。”[1]

毫无疑问，布伦塔诺的意向性理论对于胡塞尔而言是一笔宝贵的思想财富，但胡塞尔逐渐发现，他自己无法原封不动地接受他的老师的上述理论。胡塞尔对布伦塔诺的意向性理论的不满主要集中在下面这一点上，即“每当他使用‘意向的’这个形容词的时候，他总是要露出经院哲学家关于被认知的对象内在于心灵之中那种学说的痕迹”[2]。

针对包括布伦塔诺在内的哲学家对意向对象的存在性质的误解，胡塞尔强调，意向对象既不是现实中的存在，也不是内在于意识中的存在。胡塞尔因此要求我们在意向行为本身、意向对象及现实对象三者之间做出严格的区分。当然，胡塞尔并不否认布伦塔诺等人已经非常明显地表现出想要进行上述这种区分的倾向，甚至“经院哲学家在‘心的’、‘意向的’或‘内在的’客体和‘现实的’客体之间所做的区别”[3]也与此有关。但是，胡塞尔认为，“从初步把握意识中的区别到其正确地、现象学上纯粹地确定和正当地评价还有很大的差距——而且正是这个对于一门具有一致性的、富于成效的现象学具有决定性意义的这一步骤尚未实现”[4]。

那么，胡塞尔本人是怎样通过对意向行为、意向对象及现实对象等三者之间所做的区分迈出对现象学具有决定性意义的一步的呢？鉴于问题本身的重要性，我们有必要比较具体地了解一下胡塞尔在这个问题上所做的有关论述。

胡塞尔在《逻辑研究》第二卷的第五项研究中指出，如果我表象一个上帝或一个天使、一个智慧生物或一个圆的四角形等，那么正在这里被指称的和超越的东西恰恰是被意指的，因此是一个意向对象；在这里，这个对象是否存在，是否被臆构，或者是否荒谬，这都是无关紧要的。[5] 这就是说，“在体验中意向是与其意向客体一同被给予的，后者作为意向客体是不可分地属于意向的，因此它本身‘真实地’存于意向之内。的确，它是和始终是它的被意指者、被表象者等等，不论相应的‘现实客体’是否存于现实中，不论它是否同时被

[1] [美]赫伯特·施皮格伯格.现象学运动.王炳文，张金言，译.北京：商务印书馆，1995：79.
[2] 同上.
[3] 胡塞尔.纯粹现象学通论.李幼蒸，译.北京：商务印书馆，1992：228.
[4] 同上.
[5] 胡塞尔.逻辑研究(第二卷第一部分).倪梁康，译.上海：上海译文出版社，2006：491.

消灭了,如此等等”[1]。总之,“相关表象之(以及任何一般意向体验的)被表象的或被思考的客体本身的非存在(或对非存在的信念),不可能夺走它的被表象者本身,因此必须在二者之间加以区别”[2]。

但是,这并不意味着意向对象在意向体验中存在并构成意向体验的一个实项组成部分,或者在意向体验中存在着它的某个影子。举例来说,“我知觉着这个物,这个自然客体,花园中的这株树;除此之外别无他物是知觉的‘意向的’现实。一株第二个内在的树,或者哪怕一株在我面前的这株现实的树的‘内在形象’,绝未被给予,而如要做此假设只会导致悖谬”[3]。在这里主要的问题是,“知觉以及因此每一种体验,都要求一种再现描述功能,不可避免地(如从我们的批判中直接可看到的)导致一种无限的倒退”[4]。

为了对抗这类谬误,胡塞尔要求我们实行现象学的还原,把“现实的客体”置入括号,中止所有对“现实的”物或整个超验的自然的设定。在此基础上,我们必须记住:一方面,“被知觉的树本身”或未因排除了树本身和整个世界的现实而受影响的完全的意向对象,也属于知觉体验的本质本身;另一方面这个意向对象,连同其在引号中的“树”,正如现实中的树一样,并未真实地被包含在知觉中。[5]

我们可以把胡塞尔的以上论述做如下概括:不能把意向对象等同于现实对象,因为只要有意向体验就有属于此体验的意向对象,不管现实中是否存在这样的对象;但是这并不意味着意向对象是真实地内在于意识(如知觉)的,在它之外还有一个与之相对的现实对象,似乎意向对象就是对这个现实对象的摹写;原因在于上述这种所谓的“现实对象”已被现象学的还原放进了“括号”。简而言之,意向体验行为必然有其意向对象,但是此意向对象并不真实地存在于意识之内。

可以看出,胡塞尔的上述论述反复强调的无非是下列两种区别,即意向对象与现实对象的区别和意向作用(Noesis)与意向对象(Noema)的区别。关于前一个区别,在胡塞尔的以上论述中已经得到较充分的说明,而后一个区别则并未展开正面的论述,但这决不意味着我们可以忽视后面这个区别。实际上,在胡塞尔看来,这后一个区别甚至是更加重要的一个区别,因为它是

---

〔1〕 胡塞尔.纯粹现象学通论.李幼蒸,译.北京:商务印书馆,1992:228.

〔2〕 同上.

〔3〕 同上:228—229.

〔4〕 同上:229.

〔5〕 同上:245.

“一个最基本的现象学区别”[1]。下面我们不妨再根据胡塞尔的有关论述了解一下意向作用(Noesis)与意向对象(Noema)究竟有何区别。

胡塞尔认为,意向作用(Noesis)与意向对象(Noema)的区别具体来说就是“作为真实体验的质素的意向作用因素”与“作为非真实体验因素的意向对象因素”的区别。这个区别还可以表述为那些在体验之中的东西,即实项地组成体验的东西与那些在非本真的(即“意向的”)意义上“在它之中”的东西的区别。举例来说,“被知觉的树本身”属于知觉体验的本质本身,但并未真实地包含在知觉中。原因在于:质料的组成部分和意向作用的组成部分是真正的、真实的组成成分,它们与意向对象的组成成分是不同的。例如,我们在纯知觉中意识到的树干的颜色属于意向对象,“但是它不属于作为真实的组成成分的知觉体验,虽然我们也在其中发现‘某种类似于颜色的东西’:即‘颜色感觉’,即具体体验的那种质料因素,意向对象的或‘客体的’颜色是在其中实行侧显的”[2]。这就是说,在我们的知觉体验中,真实存在的只有作为颜色的侧显的“颜色感觉”,而没有“颜色本身”,“颜色本身”作为意向对象虽然从属于知觉体验,但却不真实地存在于知觉之内,因此不能把意向对象(“颜色”)理解为现成存在于知觉之内的现实对象的图像。

胡塞尔进一步指出,“质料是由意向作用因素‘活跃化’的,它们经受着(而自我不是转向它们,而是转向对象)‘统握’、‘意义给予’,我们正是在对质料和以质料进行反思时把握它们的”[3]。这种“统握”或“意义给予”也就是人们通常所谓的“统觉”。具体来说,统觉就是在体验本身之中、在它的描述内容之中相对于感觉的“粗糙此在”而多出的部分;它是这样一个行为特征,这个行为特征可以说赋予感觉以灵魂(beseelt),并且是根据其本质来赋予灵魂,从而使我们可以感知到这个或那个对象之物,例如看到这棵树,听到这个铃声,闻到这个花香,等等。[4] 胡塞尔还提醒我们说,值得注意的是,感觉以及这些对它进行“立义”或“统摄”的行为在这里虽然被体验,但它们并不对象性地显现出来,它们没有被看到、被听到,没有带着某个“意义”被感知;另一方面,对象则显现出来、被感知,但它们没有被体验。可见,被感觉的内容的存在完全不同于被感知的对象的存在,后者通过前者而得到体现,但却不是实项地被意识。[5] 这也就是人们常说的“对象的显现”(相当于 Noesis)与“显

[1] 胡塞尔.逻辑研究(第二卷第一部分).倪梁康,译.上海:上海译文出版社,2006:429.
[2] 胡塞尔.纯粹现象学通论.李幼蒸,译.北京:商务印书馆,1992:246.
[3] 同上:247.
[4] 胡塞尔.逻辑研究(第二卷第一部分).倪梁康,译.上海:上海译文出版社,2006:451.
[5] 同上.

现的对象”(相当于 Noema)的区别。

对于我们而言，胡塞尔上面所做的区分已经十分详尽，但胡塞尔仿佛还不想就此罢休，他还要求我们进一步对“意向对象本身”与“处于一定意向行为中的意向对象”进行区分。让我们再多一点耐心，看一下胡塞尔是如何进行这种区分的。

胡塞尔认为，尽管相对于每一种意识体验都有一种意向对象的意义，尽管在不同的体验中意向对象的意义有可能非常类似，或者在一个核心成分方面它们可能在本质上类似，但所有这些还是不能改变这样一个事实，即意向对象的意义在各式各样的体验中是不同的；换言之，在某一情形下共同的东西，至少是以不同方式被赋予特性的，而且必然如此。例如，在种种情况下它都可能是与某一开花的树有关，而且在每一种情况下这株树都可能以这样一种方式出现，以至于对显现物本身的忠实描述必然导致同样的表达。“但尽管如此，意向对象的相关物对于知觉、想象、形象再现、回忆等等在本质上仍然是不同的。有时此显现者被刻画为‘机体上的现实’，有时它被刻画为虚构物，有时它又被刻画为回忆中的再现物。”〔1〕

可见，意向对象的意义即它们作为被知觉物、被想象物、被回忆物等所具有的各自不同的特性。由于这些特性是意向对象的不可分离的必然所属物，因此“当必须忠实地和完全地描述意向的相关物时，我们必须把握所有这些特性，它们从不是偶然的，而是由本质法则支配的，并被固定为严格的概念”〔2〕。

意向对象的不同意义可以说处于本质上不同的层次，但这些不同的层次往往围绕着一个中心“核”，围绕着一个纯“对象意义”——围绕着在我们的上述例子中可用纯同一的客观词语来描述的东西(“某一开花的树”)，因为种类不同但类似的体验中可以有某种同一的东西。因此，“当我们抛开加于此设定的括号时，相应于不同的意义概念，我们必须类似到能够去区别不同的未变样的客体的概念，其中的‘对象本身’的概念，即此同一物，只表示一个中心概念，它有时是被知觉物，有时是直接再现物，有时又在绘画中被形象地呈现，如此等等”〔3〕。

意向对象的不同意义以及它们之间的相互关系说明，意向相关物或意向客体不是被现成地给予的东西，而是由意指方式所决定的东西。“纯对象”只

〔1〕 胡塞尔.纯粹现象学通论.李幼蒸，译.北京：商务印书馆，1992：231.

〔2〕 同上.

〔3〕 同上：231－232.

是一个中心核，它总是在不同的体验方式中呈现的，而不同的体验方式所导致的意向对象中的变样“不具有这样一种性质，即纯外在的附加物被加诸某种同一不变者之上；相反，具体的意向对象彻底改变了，这是一个同一物所与性方式的必然的样式的问题”[1]。这就是说，意向对象的显现方式不是外在于意向对象的某种东西，因为意向对象必然以某种方式并总是能以另一种不同的方式显现。

意向行为与意向对象的意义的上述这种关系表明，意向行为不同，则意向对象也不同，即相对于不同的意向行为，存在着不同的意向对象。正是意向对象(的意义)对意向行为的这种依赖关系，向我们提出了把意向对象本身(“被意指的对象本身”)与处于一定的意向行为中的意向对象(“一定的意指方式中对象”)进行区分的要求。[2]

可以肯定，作为胡塞尔的学生和助手，海德格尔对胡塞尔的意向性理论关于意向对象的存在方式问题所做的种种区分有着比在我们这里的简短叙述远为详细和深入的了解。因此，如下情况的出现对我们来说就不足为怪，即在胡塞尔所说的意向对象的意义对意向行为的依赖关系与海德格尔所说的存在者的存在对此在的存在之理解的依赖关系之间，尽管有明显的不同，但仿佛仍可看出二者之间存在着某种继承关系。同样的情况还出现在胡塞尔所做的对意指方式中的对象与被意指的对象本身的区分与海德格尔所做的存在者的存在与存在者本身所谓的“存在论区分”之间。类似的情况还有一些，这里不再一一列举。

但是，对于海德格尔而言，胡塞尔上述关于意向对象的存在性质问题的讨论的理论意义主要不在于这种讨论为他本人的基础存在论提供了多少可资借鉴的思想资料，而在于它第一次以无可辩驳的事实对自笛卡尔以来的近代哲学中盛行的似是而非的心物二元论提出了质疑和挑战。具体来说，这种质疑和挑战主要体现在以下两个方面：

首先，胡塞尔关于意向对象的存在性质的问题的讨论表明，意向对象既不是实在的存在，也不是意识中的存在，而是一种“观念”的存在，这就对西方传统哲学认为一个事物的存在或者是自在的、超越于意识之外的实在存在，或者是意识之内的存在，除此之外不可能有第三种存在的心物二元论观点提出了质疑。

其次，上述那种二元论的存在论偏见造成了这样一种认识论，这种认识

---

〔1〕 胡塞尔.纯粹现象学通论.李幼蒸，译.北京：商务印书馆，1992：234.

〔2〕 胡塞尔.逻辑研究(第二卷第一部分).倪梁康，译.上海：上海译文出版社，2006：466.

论把所有自然的认识,无论是前科学的还是科学的认识,都看作是"超越的、客观的认识",即"它将客体设定为存在着的,它要求在认识上切中事态,而这种事态在认识之中并不是'真正意义上'被给予的,并不'内在'于认识"[1]。这就必然产生认识如何能够切中"超越之物"这样一个难题。这样一个难题最终使传统认识论陷入相对主义和怀疑论的泥潭而不能自拔。而胡塞尔对作为传统认识论的存在论基础的心物二元论的质疑,对传统认识论及作为这种认识论的必然归宿的相对主义和怀疑论来说,无异于釜底抽薪。[2]

当然,以上的论述既不意味着胡塞尔已经从根本上摆脱了心物二元论的思维方式的束缚,也不意味着海德格尔完全同意胡塞尔在意向对象的存在性质问题上的所有观点。但是在具体考察海德格尔对胡塞尔的意向性理论所做的批评之前,我们有必要进一步弄清对于海德格尔而言,胡塞尔的意向性理论还有哪些值得肯定的理论贡献。

二、意向充实行为的意向性结构的揭示与传统的真理、存在概念的突破

除了我们前面所谈到的在意向对象的存在性质问题上所存在的不同理解之外,胡塞尔的意向性理论与在他之前的布伦塔诺等人的有关理论的另外一个重要不同在于他将这一理论用于对意向充实行为的分析,揭示了意向充实行为的特殊的意向性结构,并在此基础上对真理和存在概念进行了重新界定的尝试。

作为胡塞尔的意向性理论的一个重要概念,意向充实指的是纯粹意指的行为(如"只是符号地起作用的表述")在直观行为中得到充实。在这种充实的过程中,我们体验到,"同一个对象起初在符号行为中'仅只是被意指',尔后在直观中则被当下化,而且,这个起初只是被意指的对象恰恰是作为这样或那样被规定的东西而被直观到"[3]。

胡塞尔认为意向充实行为像其他意向行为一样,也具有其意向相关物即意向对象。在现象学上,从行为方面来看被描述为充实的东西,从客体方面来看,则可以表述为对被直观到的客体与被意指的客体的同一性体验、同一性意识、认同行为;因此或多或少完善的同一性就是与充实行为相符合并在

[1] 胡塞尔.胡塞尔选集.倪梁康,选编.上海三联书店,1997:49.
[2] 张汝伦.海德格尔与现代哲学.上海:复旦大学出版社,1995:23.
[3] 胡塞尔.逻辑研究(第二卷第二部分).倪梁康,译.上海:上海译文出版社,2006:37.

它之中“显现出来”的对象。我们之所以可以不仅将符号行为与直观行为，而且也可以将充实统一标识为一个行为，正是因为意向充实具有一个它所特有的意向相关项，一个它所“指向”的对象(即同一性)。[1]

在胡塞尔看来，充实行为相对于单纯意指所具有的“优先”之处在于，充实行为赋予单纯意指以“自身”的充盈，它将后者至少是“更直接地”带到实事本身那里。[2] 但胡塞尔同时强调，这里的“直接”和“自身”都只具有相对的意义。而“直接”和“自身”的这种相对性则表明：充实行为本身具有一种不断上升的特征，在这种上升过程中，我们可能不得不从具有较少认识充盈的行为向具有较多认识充盈的行为迈进；这种迈进的理想界限或终极目标是绝对认识即认识客体完全彻底的自身展示。[3]

胡塞尔向我们解释说，对于某一“纯对象”的不同的意向行为构成一个充实上升系列的可能性在于它们具有不同程度的纯粹直观内涵。在胡塞尔看来，每一个意向行为(包括感知行为)都既有一定的纯粹直观内涵，又有一定的符号内涵。前者与在行为中客体的“显现着的”规定性的总和相符合，后者则与其他的、虽然被意指但本身未被显现的规定性相符合。[4] 但胡塞尔强调，即使在纯粹感知中，对象也并没有完全被给予，即它没有完完整整地作为它本身所是而被给予。它只是“从正面”显现出来，只是“以透视缩减和预设的方式”显现出来。看不见的背面、内部等组成部分虽然以或多或少确定的方式一同被意指，它们通过第一性的显现之物而被暗示，但它们本身根本不属于感知的直观内涵。[5] 因此，不能把纯粹感知看作一个为其他行为提供充实，但自身不再需要充实的行为。[6]

胡塞尔进一步指出，充实发展的终极目标在于：整个意向都达到了充实，也就是说，不是得到了中间的和局部的充实，而是得到了永久的和最终的充实。从认识发展过程的角度来看，只要一个表象意向通过某种理想完整的直观而达到了最终的充实，那么“事物与知性的相即”也就得以产生：对象之物完全就是那个被意指的东西，它是现实“当下的”或“被给予的”；它不再包含任何一个缺乏充实的局部意向。

如果胡塞尔至此为止对意向充实行为的意向性特征的分析的认识论意

〔1〕 胡塞尔.逻辑研究(第二卷第二部分).倪梁康，译.上海：上海译文出版社，2006:40.
〔2〕 同上:70.
〔3〕 同上.
〔4〕 同上:85.
〔5〕 同上:61.
〔6〕 同上:88.

义还不是非常明显的话，那么他在此基础上对真理和存在概念所作的扩展性的重新界定则比较充分地显现了他不遗余力地对意向充实行为的意向性结构进行剖析的“认识论动机”所在。

那么，胡塞尔是如何对真理和存在概念进行新的界定的呢？这要从他对“自明性”(Evidenz)的规定开始谈起。胡塞尔认为严格意义上的自明性是这样一种行为，这种行为作为最完善的充实综合的行为，为意向，例如为判断意向，提供了绝对的内容充盈，提供了对象本身的内容充盈。对象本身不仅仅是被意指，而且就像它被意指的那样，对象与意指是同一的，对象是在最严格的意义上被给予的。〔1〕

自明性既然是最完善的充实综合行为，那么它就像任何一个包括充实或认同行为在内的意向行为一样，具有自己的对象相关物或意向对象。胡塞尔认为自明性行为的对象相关物显然就是“真理意义上的存在”(being in the sense of truth)，即所谓的真理(being - true)。这样我们便得到了作为充实统一的自明性行为的意向相关物的真理概念——真理即在被意指之物和被给予之物本身之间的完整一致性。作为自明性这种意向充实行为的意向对象，真理只是在充实统一的行为中显现，而不包括在充实行为内部，即它是“显现的对象”而非“对象的显现”。但胡塞尔认为作为对前面这种真理概念的补充，我们也可以把真理得以在其中作为意向对象显现出来的自明性行为本身称作真理。这前后两种意义上的真理的不同在于：前一种意义上的真理着眼于自明性行为的意向相关物，后一种意义上的真理则着眼于这种自明性行为本身。此外，胡塞尔认为我们在给予性行为的充盈方面以被意指对象的方式在自明性中体验到被给予的对象也可以被称之为存在、真理、真实之物，“只要它在这里不是像在单纯相即感知中那样被体验到，而是作为一个意向的观念充盈、作为使之为真的行为，或者说，作为这个意向的特殊认识本质的观念充盈被体验到”〔2〕。这就产生了第三种意义上的真理。最后，从意向的立场来看，对自明性关系的理解又产生出作为意向的正确性(特别是例如判断的正确性)、作为意向与真实对象之相即状态的真理，或者说，作为种类意向的认识本质之正确性的真理，这是第四种意义上的真理概念。〔3〕不言而喻，这最后一种意义上的真理代表着人们对真理概念的最常见最流行的见解。

胡塞尔非常清楚地意识到他本人从自明性行为的角度出发对真理和存

〔1〕 胡塞尔.逻辑研究(第二卷第二部分).倪梁康，译.上海：上海译文出版社，2006：129.
〔2〕 同上：131.
〔3〕 同上.

在概念上所做的上述界定与人们对这两个概念的传统看法之间的差距巨大，但他似乎对他自己所做的界定的合理性有着足够的信心，因为从他所说的下面这段话中我们可以看到，他可以说是毫不避讳地发起了对传统的真理和存在概念的挑战。他这样写道："在对明见性和真理这两个概念的阐述中，我们在行为(这些行为在自明性中找到其严格的相即性，无论它们是以意向的功能，还是以充实的功能在做这件事)的对象方面没有区分事态和其他对象。与此相符，我们也没有顾及在关系行为——一致的和不一致的行为、谓语陈述行为——与非关系行为之间的现象学区别；从而也就没有顾及在关系含义、非关系含义与被观念地把握的意向本质之间的区别。严格的相即性可以是关系意向与其完善的充实的统一，也可以是非关系意向与其完善的充实的统一；尤其是在表达的领域中，相即性并不必定是指作为陈述意向和陈述充实的判断，称谓行为同样可以是相即的。但人们对真理、正确性、真实之物这些概念的理解通常要比我们的这种做法更为狭窄：它们仅仅与判断和定理，或者说，仅仅与判断和定理的客观相关物有关；同时，存在则主要是与绝对客体(非一事态)有关，虽然这里缺乏可靠的划界。毫无疑义，我们有权对这些概念做更为一般的理解。实事的本性要求我们将真理与谬误的概念至少先做这样的扩展，使它们能够包含客体化行为的整个领域。同时，最恰当的做法似乎是将真理和存在的概念区分开来，这样，真理(being-true)概念(这个概念仍然不可避免地含有多义性，但通过对这些概念的说明，这种多义性几乎是无害的)便与行为本身和它观念地被理解的各个因素有关，而存在(true-being，真实一存在)概念则与那个行为所属的对象相关项有关。与此相符，如果我们将真理定义为相即性的观念，或者定义为客体化设定和含义的正确性，那么，在真理意义上的存在便可以被定义为在相即性中同时被意指和被给予的对象的同一性，但也可以(这更符合这个词的自然意义)被定义为在相即性中的被感知之物，这个被感知之物与一个通过感知而可以使之为真的(可以相即充实的)意向有着不确定的联系。"[1]

从目前人们已经掌握的思想资料(如海德格尔 1925 年在马堡大学做题为《时间概念的历史》的讲座时所用的讲稿)来看，海德格尔对于胡塞尔对真理和存在概念所做的令人耳目一新的界定表现出了特别浓厚的兴趣并给予很高的评价。实际上，凡对海德格尔本人的真理和存在概念有所了解的人，都不难从中看到胡塞尔的真理和存在概念的"痕迹"。具体来说，对于海德格尔而言，胡塞尔的真理和存在概念的重要的理论意义主要体现在以下几个方面：

---

〔1〕 胡塞尔.逻辑研究(第二卷第二部分).倪梁康，译.上海：上海译文出版社，2006：132.

首先,胡塞尔在他关于真理和存在概念的上述理论中认为“真实存在”(true-being)是作为自明性行为的意向相关项而存在;而意向对象的存在,既非客观实在意义上的存在,亦非在意识之中的“内存在”,这就再次否定了把存在等同于物理实在或心理意识的存在的传统观点。

其次,胡塞尔的上述理论在否认关系行为与非关系行为的严格界限的基础上,一方面把真理概念从关系性行为的领域扩展到非关系性行为的领域,突破了认为只有像判断这样的关系性行为才有真假性,而称谓行为不可能有真假可言的传统观点,即把真理概念从事态领域扩展到了单个事物的领域;与此同时,胡塞尔认为在这个世界上不仅有称谓行为所意指的单个事物的存在,而且还有关系性行为所指称的事态或事件的存在,即把存在概念从单个事物的领域扩展到了事态的领域。

最后,胡塞尔的上述理论说明真理与存在这两个概念之间存在着密不可分的关系。海德格尔在《存在与时间》一书中指出:“在存在论的提法中,自古以来,存在与真理即使未被视为一事,也始终相提并论。”〔1〕虽然“相提并论”者自古就有,但从胡塞尔的上述理论来看,他可能是离海德格尔本人最近的相提并论者。因此,对于海德格尔来说,胡塞尔关于存在和真理的概念的理论可能与巴门尼德、亚里士多德等人的有关理论一样对于解决存在的意义问题具有不可忽视的思想价值。

三、从意识的意向性结构向此在的超越结构的回溯

施皮格伯格在试图对胡塞尔与海德格尔两人的思想的异同进行比较时指出:“即使海德格尔非常明显地避免使用‘意向性’这类字眼,这个词所指的现象在他的‘在世’概念中是一贯存在的。这绝不是一种巧合。”〔2〕施皮格伯格不愧为现象学史研究的名家,他上面的这句话就可谓一针见血。确实,只要人们还记得胡塞尔甚至曾经说过“现象学,那就是我和海德格尔,再没有其他人”〔3〕之类的话,那么就很难设想,作为曾经对现象学做过深入研究的思想家,海德格尔会把包括意向性理论在内的现象学的任何一种具有重要的思想价值的理论束之高阁,不再问津。因此,怀疑胡塞尔的意向性理论是否对海德格尔产生了这样或那样的影响,是没有什么意义的。值得探究的毋宁在

〔1〕 海德格尔.存在与时间.陈嘉映,王庆节,合译.北京:生活·读书·新知三联书店,2006:212.
〔2〕 [美]赫伯特·施皮格伯格.现象学运动.王炳文,张金言,译.北京:商务印书馆,1995:508.
〔3〕 转引自伽达默尔.哲学解释学.夏镇平,宋建平,译.上海:上海译文出版社,1994:142.

于，海德格尔拒绝全盘接受胡塞尔的意向性理论，以至于在《存在与时间》中“几乎非常明显地避免使用‘意向性’这类字眼”的原因何在？或者说，对于海德格尔而言，胡塞尔的意向性理论究竟存在着什么问题，以至于海德格尔在《存在与时间》中宁可只谈此在的“在世”或超越结构而闭口不谈意识的意向性结构，尽管它们二者之间的对应关系简直一目了然。值得庆幸的是，我们今天用不着靠无谓的猜测或假设来寻找这个问题的答案，因为海德格尔已经在他本人的有关著作中对这个问题做出了明确而具体的回答。

概括起来说，海德格尔认为他本人无法完全接受胡塞尔的意向性理论的原因在于，这个理论至少存在着以下两方面的问题：

海德格尔认为胡塞尔的意向性理论的第一个问题在于它没有对纯粹意识本身的存在性质做出应有的规定。海德格尔在《存在与时间》的第 13 节这样写道：“人们愈是这样明白无误地主张认识首先和本来是‘内在的’，主张认识同物理的和心理的存在者的存在方式其实一无相同之处，人们就愈是无条件地相信，在认识的本质问题方面，在主客体关系的澄清方面，他们的见解已经深入了。……然而认识被首先锁闭于其中的那种内在的‘内’的肯定含义是什么，或认识的这种‘在内’的存在性质如何奠基于主体的存在方式——对这些问题却都讳莫如深。认识究竟如何能从这个‘内在范围’‘出去’，如何获得‘超越’？只要这个问题一提出来，那么，无论怎样来解释这个‘内在范围’，事情已经摆明了：人们只是发现认识成了问题，而并没有首先去澄清这个出此谜团的认识究竟是什么以及它究竟如何存在。”[1]海德格尔对传统认识论的这个批评其实对胡塞尔的意向性理论同样适用。因为在海德格尔看来，尽管胡塞尔也曾对纯粹意识进行了这样或那样的规定，如把它规定为内在的、纯粹的、绝对的等等，但所有这些都不是对纯粹意识本身的存在性质的规定。因此在缺乏对认识或意识本身的存在性质的存在论追问这一点上，胡塞尔的现象学与传统认识论并没有什么不同，对于海德格尔来说，这同时也就意味着对意向性之谜本身的澄清尚缺乏可靠的基础。

海德格尔认为胡塞尔的意向性理论的另外一个问题在于它只谈意识行为或“理论行为”的意向性，而没有看到包括此在的“实践行为”在内的一切行为都具有其“意向相关物”。当然，这不应理解为海德格尔认为实践行为高于理论行为，并试图从实践行为的意向性引申出理论行为的意向性。因为在海德格尔看来，无论是理论行为还是实践行为都只有在此在的“在世”或操心结构的基础上才是可能的，用他本人的话来说，“操心作为源始的结构整体性在

〔1〕 海德格尔．存在与时间．陈嘉映，王庆节，合译．北京：生活·读书·新知三联书店，2006：70—71．

生存论上先天地处于此在的任何'行为'与'状况''之前',也就是说,总已经处于它们之中了"[1]。对于海德格尔来说,此在的理论行为和实践行为对此在的操心结构的依赖性决定了我们只能从此在的操心结构本身的意向性或超越性当中去寻找此在的各种行为的意向性的根据。他这样写道:"在主体和客体的关系问题的讨论中,潜伏着未经讨论的超越问题……超越问题根本不能与意向性问题画等号。后者作为存在者层次上的超越,只有在'在世'这样一种更源始的超越的基础上才成为可能。只有这种根本的超越才是使一切与存在者的意向关联成为可能的东西。"[2]简而言之,"意向性建立在超越性的基础上,并且只有在这个基础上才成为可能——人们不能相反地从意向性出发来解释超越性"[3]。至此我们可以肯定,对于海德格尔来说,非常重要的一点是,人们不能像胡塞尔那样把纯粹意识及其意向性看成是这个世界上的所有东西的最后根据,而应进一步追问意识及其意向性本身的根据是什么。

总之,海德格尔在对胡塞尔的意向性理论的思想价值做出了充分的肯定的同时,也认为它存在着非常严重的问题,这是他不准备完全接受胡塞尔的意向性理论而要想方设法地对它加以改造的根本原因。

[1] 海德格尔.存在与时间.陈嘉映,王庆节,合译.北京:生活·读书·新知三联书店,2006:223.

[2] Heidegger, M. *Metaphysical Foundations of Logic*. Bloomington: Indiana University Press, 1984, p.135.

[3] Heidegger, M. *The Basic Problems of Phenomenology*. Bloomington: Indiana University Press, 1982, p.162.

第十二章　范畴直观理论的存在论意义

如今人们只要谈起胡塞尔的范畴直观理论，就会不由自主地联想到海德格尔在《我的现象学之路》一文中对范畴直观理论的作用的特别强调。当然，就范畴直观理论必须以意向性理论为基础这一点而言，它在海德格尔心目中的地位也许要比后者低一些。但就理论本身对海德格尔本人的思想的影响和作用来说，完全可以说范畴直观理论丝毫不比意向性理论逊色。让我们还是从胡塞尔本人的理论开始谈起。

一、范畴直观理论的提出与实证主义的“所与”概念的瓦解

胡塞尔提出范畴直观理论的源初目的在于解决判断行为的意向充实的问题。我们知道，判断具有不同的类型，例如“E 是 P”(这里 E 代表专有名称)、“一个 S 是 P”、“这个 S 是 P”、“所有 S 是 P”，等等。胡塞尔认为，在这些不同的判断中的 E、S、P 等字母所代表的是能在感性直观中得到直接充实的材料因素，但其中的“一个”、“这个”、“所有”、“是”等词语表示的对材料因素起联结作用的判断形式或范畴形式却显然无法在感性直观中得到直接的充实。

胡塞尔认为，上述这种情况即使是在名称中也是存在的，“只要它们不像专有含义一样恰好是无形式的”[1]。例如，“这张白纸”中的“白”这个词的意向只是局部地与显现对象的颜色因素相合，在“白”的含义中还有一个多余，一个形式(即白的“是”或白的“存在”)，它在显现本身之中没有找到任何东西来证实自身。这种情况也出现在“纸”这个概念中，因为只有那些在“纸”这个概念中得到联合的各个特性含义才在感性直观之中具体地得到确定，但纸(的存在)本身显然不能像纸的各种特性一样在感性直观中得到直接的充实。

胡塞尔认为，判断的范畴形式之所以无法在感性直观中得到充实，原因在于我们无法在可能的感性直观的对象领域中，找到它们的客观相关项。

---

〔1〕 胡塞尔.逻辑研究(第二卷第二部分).倪梁康，译.上海：上海译文出版社，2006：140.

“我可以看见颜色，但不能看见颜色的——存在。我可以感受光滑，但不能感受光滑的/存在。我可以听见声音，但不能听见音响的——存在。”[1]这就是说，存在不是处在对象中的东西，不是对象的部分，不是寓居于对象之中的因素；不是质性或强度，但也不是形态、不是内部的形式一般，不是一种构造标记，无论这标记被理解为什么。但存在也不是一个附在一个对象上的东西，正如它不是一个实在的内部的标记一样，它也不是一个实在的外部的标记，因而在实在的意义上根本不是“标记”。因为这也与实事的〈sachlich〉统一形式无关，正是这些形式才将对象联结为更广泛的对象，将颜色联结为颜色形态，将声音联结为和谐，将事物联结为更广泛的事物或事物秩序（花园、街道、现象的外部世界）。在这些实事的统一形式中建立起对象的外部标记，左和右、高和深、高声和低声，以及如此等等，在这里面当然无法找到像“是”这样一类的东西。这里所说的对象、对象的构造标记和外部标记等都是可感知性，它们包容了可能感知的整个范围，以至于在这里立即就可以说并且可以确定：“存在决然是不可感知的东西。”[2]

在胡塞尔看来，上面所说的适用于“存在[是]”的东西，显然也对判断中的其他范畴形式有效。“一个”与“这个”、“并且”与“或者”、“如果”与“那么”、“所有”与“没有”、“某物”与“无物”、“量的形式”与“数的规定”等——所有这些都是意指性的命题的（形式）要素，但是，在实在对象的领域中，在可能的感性知觉之对象的领域中，“我们只是徒劳地寻找它们的对象相关项（如果我们还可以认为它们具有这种相关项的话）”[3]。

胡塞尔强调，上述这一点既对“外”感官的领域有效，也对“内”感官的领域有效。换句话说，存在概念以及其他范畴的起源既不处在外感知的区域之中，也不处在内感知的区域之中。有一种自洛克以来普遍流行的学说主张：逻辑范畴，如存在与不存在、一、多、全、数、原因、结果等，是通过对某些心理行为的反思而产生的，亦即产生于内感官、“内感知”的区域。胡塞尔认为这种学说是根本错误的，原因在于逻辑范畴根本不能被看作是心理行为的概念或心理行为之实在组成部分的概念。例如，“‘判断’这个思想在对一个现时判断的内直观中得到充实；但‘是’的思想却没有在其中得到充实”[4]。“存在[是]”既不是判断行为本身也不是一个判断行为的实在组成部分。因此正如“存在[是]”不是某个外部对象的实在组成部分一样，它也不是某个内部对象

---

〔1〕 胡塞尔．逻辑研究（第二卷第二部分）．倪梁康，译．上海：上海译文出版社，2006：148．

〔2〕 同上．

〔3〕 同上：150．

〔4〕 同上．

的实在组成部分。

如果判断的范畴形式无法在感性直观中而得到充实，那么它们是在哪里得到充实的呢？

在胡塞尔看来，首先必须肯定的是，范畴形式确实也会得到充实，或者说，可以得到充实的是那些具有这种或那种形式的判断的整个含义，而不仅仅是其中的“材料”因素。但是如果判断所具有的那些与材料因素并存的“范畴形式”没有在感性感知中得到充实，那么，无论如何，在此必须有另一个行为来同样地服务于判断的范畴形式因素，就像单纯的感性感知服务于判断的材料因素一样。这种行为就是所谓的“范畴直观”行为。因此我们可以说，如果判断的材料因素在感性直观的行为中得到充实，那么给予判断的形式因素以充实的则是“范畴直观”行为。

最后，胡塞尔还指出，范畴直观虽然与感性直观具有根本的不同，但它并不能离开感性直观单独进行。换言之，与感性直观是自身不需要其他行为奠基却能为某种别的行为奠基的“奠基性”行为不同，范畴直观是奠基于感性直观基础之上的“被奠基”行为。因此，对于胡塞尔来说，那种可以脱离感性直观单独进行的单纯的“理智”直观是根本无法想象的。

在搞清了胡塞尔提出范畴直观理论的缘由之后，我们想进一步知道的是，海德格尔对这个理论持何种看法。可以肯定的是，与我们在讨论意向性理论时遇到的情况相类似，海德格尔对胡塞尔的范畴直观理论既有充分的肯定，也有深刻的批评。但是，在具体讨论这个问题之前，我们不妨先来看一下胡塞尔的范畴直观理论在哲学发展史上有何意义。

在胡塞尔提出其现象学理论之前，实证主义已经在哲学中取得了举足轻重的地位。任何对实证主义思潮的理论倾向有所了解的人，都不难设想胡塞尔的范畴直观理论对实证主义来说意味着什么。当然，不能否认现象学与实证主义具有某种一致性。正如胡塞尔本人所说的那样：“如果实证主义就是要把一切科学毫无成见地建立在‘确实性’之上，即建立在直接把握住的东西之上，那么我们就是真正的实证主义者。”〔1〕这就是说，现象学在反对未经证实也不能证实的“形而上学的胡说”的斗争中与实证主义并没有严重的分歧。但是，在范畴、共相、一般本质等能否被看作是真正意义上的“所与”这一点上，胡塞尔认为实证主义是“一种消极偏见的受害者”，这种偏见使他们看不到“所与”的不只有个别的材料，特别是不只有感觉材料。〔2〕因此，在胡塞尔

〔1〕 胡塞尔.纯粹现象学通论.李幼蒸，译.北京：商务印书馆，1992：38.

〔2〕［美］赫伯特·施皮格伯格.现象学运动.王炳文，张金言，译.北京：商务印书馆，1995：178.

看来,实证主义并没有真正坚持"给予性"原则,因为他们是从"只有感觉材料才是真正的所与"这一未经阐明、未加论证的先入之见出发的。与实证主义不同的是,现象学彻底摆脱了一切偏见的束缚,而真正地从先于一切观点的东西开始,即"从本身被直观给予的和先于一切理论活动的东西的整个领域开始,从一切人们可直接看到和把握的东西开始——只要人们不让自己为偏见所蒙蔽以至未能考虑真正所与物的全部种类"[1]。

实际上,胡塞尔并不是第一个反对把一切知识都还原为感觉经验的实证主义观点的人,因为康德早就说过"无感性则不会有对象给予我们,无知性则没有对象被思维。思维无内容是空的,直观无概念是盲的"[2]之类的话,对康德来说,我们的知识起源于经验并不意味着我们的所有知识都来自经验。胡塞尔与康德的不同主要体现在以下两个方面:

首先,虽然康德认为知识的形成离不开主体的"感性直观形式"和"统觉"的作用因而反对把感觉经验看作是知识的唯一来源,但康德仍然坚持认为对象只能通过感性被给予我们,即我们不可能具有对一般、本质或范畴形式等非感性对象的"直观"。

其次,康德坚持认为我们只能从判断的分类表中才能发现范畴的种类,胡塞尔则认为范畴可以作为某些意向行为的意向相关物而被给予我们。

可见,胡塞尔的范畴直观理论不仅批驳了把感觉经验作为知识的唯一来源的那种"露骨"的经验主义,而且也对像康德哲学这样的对经验论的立场做了某些实质性的修正的"隐蔽的经验主义"提出了质疑。

二、直观概念的扩展与存在的本真意义的初步呈现

接下来我们将要考察的是海德格尔对胡塞尔的范畴直观理论的评价。

正如我们前面曾经提及的那样,海德格尔在《我的现象学之路》一文中特别强调了范畴直观理论在他本人的思想发展过程中的作用。他本人对此的具体说法是:"……《逻辑研究》,特别是第一版的'第六研究',其中所强调的感性直观与范畴直观之间的区别,在其对于规定'存在的多重含义'的作用方面向我显露了出来。"[3]此外,海德格尔 1962 年 9 月在题为"时间与存在"的研讨课中又指出:"胡塞尔本人在《逻辑研究》中——主要是在第六研究

〔1〕 胡塞尔.纯粹现象学通论.李幼蒸,译.北京:商务印书馆,1992:38.
〔2〕 康德.纯粹理性批判.邓晓芒,译.北京:人民出版社,2004:52.
〔3〕 海德格尔.面向思的事情.陈小文,孙周兴,译.北京:商务印书馆,1999:95.

中——已经接近了本真的存在问题，但他在当时的哲学气氛中无法将它坚持到底。”[1]可见，尽管海德格尔并没有否认胡塞尔的范畴直观理论对直观概念的扩展在消除实证主义的偏见上所具有的积极意义，但他本人更加看重的是这个理论在呈现存在概念的本真意义方面的作用。

这里需要补充说明的是，胡塞尔所说的范畴直观实际上包含形式—范畴直观与质料—范畴直观两种类型，前者是对判断中的“是[存在]”、“和”、“这个”等词语表达的联结形式的直观；后者则是对个体事物包含的本质因素的直观，因此又称本质直观(Ideation)，如对一个红色之物身上的“红本身”(作为种类的红)的直观。海德格尔把前一种直观称为“综合直观”行为，后一种直观称为“观念直观”行为。他认为这两种行为在呈现“存在”概念的意义方面发挥着不同的作用，具体来说，综合直观的作用在于表明“存在”等形式范畴既不是实在事物的部分或要素，也不是主观意识的一个成分；而观念直观或本质直观则表明：一般之物具有与个别之物同等的“存在权利”，并且在某种意义上一般之物先于个别之物而存在，因为与个别之物(不论是实在之物还是心理之物)是在一定的时空中的存在不同，一般之物可以说是“超时空”或“前时空”的先天存在，这就突破了把存在等同于个别之物的存在的成见，实际上也就提出了扩大存在概念的外延的要求。

由于本质直观涉及了海德格尔所说的现象学的第三个重要发现——“先天”概念的本真意义的澄清问题，所以我们留待下一章进行讨论。下面我们着重看一下形式—范畴直观行为在呈现“存在”概念的本真意义方面的作用。

在 1925 年题为“时间概念的历史”的马堡讲座中，海德格尔对此作了比较详细的说明。他在讲稿中这样写道：“我们说我们能看见颜色本身，但看不见颜色的存在，颜色本身是某种感性的、实在的东西，但存在却根本不能被看作是感性实在。人们通常认为，实在的东西是客观的，是对象的结构中的一个要素，而非感性的东西则是内在于主体中的精神性的东西。实在的东西来自客体本身，其余的则来自主体或其统合作用。而主体本身则通过内知觉被给予。(但)我能在知觉中找到诸如‘存在’、‘统一’、‘多样性’、‘和’、‘或’之类的东西吗？自从洛克以来的英国经验论者都认为，这些非感性的要素存在于内知觉中，即来自对意识的反思。这样一种主张来源于笛卡尔并贯穿于包括康德哲学在内的德国唯心主义的各个代表人物的哲学理论中，尽管可能作了某些实质性的修正。然而，现象学的研究却表明，非感性的抽象观念根本不能无条件地与内在的、意识的、主体性的东西相等同。这就为我们反对上面

[1] 海德格尔.面向思的事情.陈小文，孙周兴，译.北京：商务印书馆，1999：53.

提到的那种唯心主义观点提供了有利条件。这正是范畴直观理论的意义所在。”[1]

从上面这段话中我们可以看出，对于海德格尔来说，范畴直观理论（这里主要是指形式—范畴直观）在呈现存在概念的本真意义方面的作用主要体现在以下两个方面：

首先，在海德格尔看来，胡塞尔的范畴直观理论关于存在既不是存在者中的某个部分或要素，也不是存在者之间的纽带或外部标记的看法与康德提出的“存在不是一个真实的谓词”的论断在思想实质上具有共同、相通之处；胡塞尔本人也认为他的上述看法是对康德的那个著名论断的一种扩展和深化。另外，胡塞尔的上述看法与海德格尔本人后来提出的认为存在不是某种现实存在的东西、存在本身并不（现实）存在，即存在与存在者不可同日而语、存在与存在者之间存在着“存在论差异”的看法也已非常接近。可见，对于海德格尔而言，范畴直观理论在康德的那个著名论断和他本人的“存在论差异说”之间可以说是起到了承上启下的作用。

胡塞尔的范畴直观理论在否定存在是感性实在的东西的同时也否定了“存在”可以与内在的、意识的、主体性的东西相等同，即否定了我们可以在对意识行为本身的研究和反思中找到“存在”概念的起源。因为在胡塞尔看来，当我对意识的内在内容进行考察时，我只能发现感性的和客观的东西。这些东西是心理过程本身的内在的实在的成分，但我根本无法在其中找到诸如“存在”之类的东西。海德格尔非常重视胡塞尔的这个思想，因为人们非常容易受到下列这种看法的左右：如果“存在”不是实在的东西，那么它一定是主观的东西。海德格尔认为胡塞尔的下面这个“宣言”式的主张将彻底摧毁上面这种似是而非的看法：“‘事态’或‘存在’（系词意义上的存在）等概念的真正来源既不在对判断行为的反思中，也不在于对判断充实行为的反思中，而在于这些充实行为本身中；我们不是在作为对象的行为之中，而是在这些行为的对象之中找到实现这些概念的抽象基础的。”[2]胡塞尔的这段话不仅否定了我们可以把“存在”与内在的、意识的、主体性的东西相等同，而且明确指出“存在”只能被理解为意向充实行为的意向相关物。这些情况也许就是海德格尔认为胡塞尔在《逻辑研究》中“已经接近了本真的存在问题”的原因所在。

---

〔1〕 Heidegger, M. *History of the Concept of Time*. Bloomington: Indiana University Press, 1985, p.58

〔2〕 胡塞尔.逻辑研究(第二卷第二部分).倪梁康,译.上海:上海译文出版社,2006:152.

三、从范畴直观向理解的回溯

在充分肯定范畴直观理论对于正确规定存在的意义所具有的积极作用的同时，海德格尔也在他的以《存在与时间》为代表的一系列著作中不止一次地谈到胡塞尔的这个理论存在的问题。综合有关材料，不难看出，海德格尔对胡塞尔的范畴直观理论的批评主要集中在以下两个方面：

首先，胡塞尔尽管肯定范畴直观具有感性直观所无法替代的作用，但他还是认为只有感性直观才是基本的、首要的直观。与胡塞尔单纯强调感性直观对于范畴直观的"奠基"作用不同，海德格尔更强调范畴直观对感性直观的"渗透"。在《时间概念的历史》一书中，他这样写道："毫无疑问，即使是最简单的奠基性的感性知觉也具有可表述性，甚至已经得到某种解释。在这里何物在先？我们所看到的不过是我们所谈论的东西。更准确地说，我们并不谈论我们所看到的东西，相反，我们只看到人们所谈论的东西。"[1]可见，对于海德格尔来说，并不存在纯粹的感性直观，因为在他看来，任何现实的感性直观都具有一定的"可表述性"，都包含了某种"形式"因素，因此可以说已经渗透了某种"范畴直观"。在《存在与时间》中，海德格尔对他这个思想作了进一步的发挥，他这样写道："寻视地解释着和周围世界的上手事物打交道，这种活动把上手的东西'看'作为桌子、门、车、桥，这种打交道不必同时以进行规定的命题来分解寻视着加以解释的东西。对上手事物的一切先于判断的、单纯的看，其本身就已经是有所理解、有所解释的。"这就是说，"以'某某东西作为某某东西'为线索解释存在者，并以这种接近存在者的方式把被理解的东西表述出来，这件事情本身先于对有关这件事情的专门判断"。而"在专门判断中，'作为'并非才始出现，而是才始道出。必须先有可能被道出的东西，道出才是可能的。在素朴的观望中可能没有判断所具有的明确性，但这却不能作为理由来否认这个素朴的看具有对某物的表述和解释"。总之，"以有所事的方式对切近之物的素朴的看源始地具有解释结构。反过来，恰恰是对某种东西近乎没有'作为'结构的把握倒是需要做出某些转变。……这个没有'作为'结构的把握是素朴地理解着的看的一种褫夺，它并不比素朴的看更源始，倒是从素朴的看派生出来的。我们不可因为'作为'在存在者层次上不曾被道出就误入迷途，就看不到'作为'结构正是理解所具有的先天的生存论结

〔1〕 Heidegger, M. *History of the Concept of Time*. Bloomington: Indiana University Press, 1985, p. 56.

构"[1]。由此我们不难理解,在实际生活中,人们并不首先感知"声响",而总是首先听到某种"声音",即"我们从不也永不'首先'听到一团响动,我们首先听到辚辚行车,听到摩托车。我们听到行进的兵团、呼啸的北风、笃笃的啄木鸟、噼啪作响的火焰"[2]。与此相反,如果要"听"到"纯响动",反而需要"非常复杂的技艺训练"。海德格尔认为,所有这些都是"现象上的证据",证明现实中并没有纯粹的感知,或者说,在实际生活中,我们绝非首先"寓于"那种(纯粹的)"感知"。[3] 海德格尔对基本相同的意思的这种不厌其烦的反复强调,充分表明这个思想在他的心目中的重要地位。

其次,与胡塞尔把感性直观作为范畴直观的最后根据不同,海德格尔认为无论是感性直观还是范畴直观都不具有源始性,因为它们都奠基于"理解",都只有在理解的基础上才是可能的。根据《海德格尔的〈存在与时间〉的起源》一书的作者克兹尔(Theodore Kisiel)的看法,海德格尔的上述思想是在他的师兄拉斯克(Emil Lask,1875—1915)的哲学思想特别是其中的"投入"(Hingabe)和"反思范畴"理论的影响下形成的。拉斯克认为逻辑上赤裸的实际性(Faktiziaet)或人的原初经验已经包含着某种范畴直观活动,尽管这里的范畴形式还不被意识反思着,而只被活生生地体验着。[4] 我们从来就以一种完全"投入"的方式直接体验到了这总是多于现成存在者的"形式",并通过与概念抽象不同的范畴活动(拉斯克称之为"反思的范畴")而思考它。[5] 拉斯克的这些思想对于成熟时期的海德格尔来说意味着人的"实际生活经验"本身已经包含着对"形式"、"范畴"等的"理解",并且正是这个理解才使现象学所说的各种直观得以可能。据此,我们不难明白海德格尔的下面这段话所想要表明的意思:"所有的'视'原初都建立在理解之中,由于指明了这一点,纯粹直观的优先地位便被取消了。'直观'与'思维'这二者都已经是远离理解这个源头的衍生物了。即使现象学的直观也建立在生存论的理解之中。"[6] 可见,在海德格尔那里,无论是感性直观还是范畴直观,都成为奠基于生存论的理解之上的东西。"范畴直观"应该向"理解"回溯,这就是海德格尔为胡塞尔的范畴直观理论所安排的理论归宿。

---

〔1〕 海德格尔.存在与时间.陈嘉映,王庆节,合译.北京:生活·读书·新知三联书店,2006:175.

〔2〕 同上:191.

〔3〕 同上.

〔4〕 Kisiel, Theodore. *The Genesis of Heidegger's Being and Time*. Berkeley and Los Angeles, California: University of California Press, 1993, pp. 27—28.

〔5〕 Kisiel, Theodore. *The Genesis of Heidegger's Being and Time*. Berkeley and Los Angeles, California: University of California Press, 1993, p. 37.

〔6〕 海德格尔.存在与时间.陈嘉映,王庆节,合译.北京:生活·读书·新知三联书店,2006:172.

第十三章 "先天(a priori)"概念的源始意义的澄清

前面我们曾经提到,范畴直观理论的重要贡献之一在于揭示了一般对象的存在的先天性质。在海德格尔看来,这同时也就意味着我们已经获得了澄清"先天"的本真意义的可靠基地。反过来说,如果我们想要获得对"先天"的本真意义的了解,就必须理解一般对象不同于个体对象的特殊存在方式,或者说,只有把"先天"看作是一般对象不同于个体对象的存在性质的标志,我们才有可能正确把握"先天"概念的含义。这对于我们来说意味着在试图阐明"先天"的本真含义之前,有必要首先对一般对象的存在地位和性质的问题进行澄清。在《逻辑研究》中,胡塞尔对这个问题进行了详尽的讨论,让我们就从胡塞尔本人的有关论述开始谈起。

一、本质直观与一般对象的存在地位的确立

如前所述,本质直观(Ideation)又称观念直观、观念化抽象等,是范畴直观的一种类型。那么,本质直观与一般对象的存在地位有何关系呢?这要从西方哲学史上关于一般对象存在地位问题的争论开始谈起。

众所周知,在西方哲学史上,从古希腊开始就存在着关于"共相"、"一般"、"形式"、"理念"等是否存在或如何存在的争论,这种争论在中世纪和近代更是达到了近乎白热化的程度,甚至直到今天也不能说这个问题已经获得圆满的解决。胡塞尔认为,解决这个问题的关键在于回答"对一般的表象即本质直观是否可能以及如何可能?"——如果我们不仅能够进行个体直观,而且还能在此基础上进行对一般或本质的直观,那么就必须承认"一般"、"本质"等具有与个体对象同等的"存在权利"。但胡塞尔认为,在具体考察本质直观的可能性之前,必须对在一般对象的存在问题上的种种错误解释进行"清算"。

胡塞尔指出,在关于一般对象学说的发展中,有两种错误解释占据了统

治地位，其中第一种错误解释在于以形而上学的方式对一般之物进行实在的设定，在于设想处于思维之外的一个实在的种类存在。这种错误解释的代表是柏拉图的“理念实在论”。与这种错误解释相对抗的是各种形式的只承认个别事物的实在性，否认共相、一般、观念之物具有思维之外的实在性的唯名论的观点。[1]

对一般对象的存在问题的第二种错误解释在于以心理学的方式对一般之物做实在的设定，在于设想处在思维之中的一个实在的种类存在。这种错误解释以洛克的抽象观念学说为代表。洛克提出的“一般观念”（如“一般三角形”）的本质在于以心理学方式对一般之物进行实在设定，一般之物变成实项的意识材料。[2]

胡塞尔认为，如果说柏拉图式的“理念实在论”可以看作是早已完结的东西的话，那么，那些趋向于洛克式的心理学化的实在论的思想动机却似乎还有不可忽视的影响。这就是说，人们很容易被如下的想法所迷惑：如果种类不是实在之物，并且也不是思维中的东西，那么它们就什么也不是。我们怎么能够谈论某种甚至不存在于我们的思维之中的东西呢。因此，不言而喻，观念之物的存在是意识中的存在。与此相反，实在的存在不是意识中的存在，而是自在的存在、超越的存在、意识之外的存在。[3]

胡塞尔认为，把“意识之内的存在”与“意识之外的存在”看作两种截然不同的存在，或者把“意识之内的存在”看成是非实在，是一种形而上学的偏见。如果意识本身是一种时间性的存在，因而是实在的，那么在其中的观念之物同样应该被看成是实在的。问题在于，我们是否有足够的理由把观念之物的存在看成是意识之内的存在。实际上，只要我们谈论一般之物，它就是一个被我们所思之物；但它却并不因此就是一个在思维体验中的实在组成部分意义上的思维内容。毋宁说，当我们谈论一般之物时，它便是一个被思的对象。他反问道：“难道人们会看不出，一个对象，即使它是一个实在和真实存在着的对象，也不能被理解为是一个思维着它的行为所具有的实在组成部分？而臆想之物和荒谬之物（如金山或圆的正方形——引者注），只要我们谈论它们，也就是一个我们所思之物？”[4]

胡塞尔强调，他的上述看法的目的不在于“将观念之物的存在与臆想之

---

〔1〕 胡塞尔.逻辑研究（第二卷第一部分）.倪梁康，译.上海：上海译文出版社，2006：138.

〔2〕 同上：139.

〔3〕 同上：140.

〔4〕 同上：141.

物或悖谬之物的被思存在置于同一个层次之上"[1]。因为后者是根本不存在的，相反，观念对象则真实地存在着，我们不仅可以明见无疑地谈论这些对象（例如谈论 2 这个数，谈论红这个质，谈论矛盾律以及其他，等等）并且附加谓词来对它们进行表象，而且我们还可以明晰地把握到与这些对象有关的某些范畴真理。如果这些真理有效，那么所有那些作为这种有效性之客观前提的东西也必然有效。举例来说，如果我明察到，4 是一个偶数，而这个被陈述的谓语的确与 4 这个观念对象相符合，那么这个对象（即"4"）也就不是一个单纯的臆想，一个单纯的说法，一个实际的虚无。

胡塞尔声称他不否认由于观念存在与实在存在之间存在着区别，因而在存在之物（对象一般）的概念统一之内存在着一个基本范畴区别：作为种类的存在或对象与作为个体的存在或对象的区别。但是，在胡塞尔看来，这个区别并没有扬弃存在或对象概念中的最高统一；并且没有与此相关地扬弃范畴的命题统一的对象概念。无论如何，某种东西（一个谓词）会附加给或不附加给一个对象（主词），而这种最一般的附加的意义连同它所包含的规律便规定着这个存在或这个对象一般的最一般意义，正如总体性的谓词陈述的较为特殊的意义连同它所包括的规律也规定着（或设定了）观念对象的意义一样。如果我们将所有那些存在着的东西都合理地看作是存在的，看作是就像我们在思维中明见地把握为存在着的那样的存在，那么我们就不可能去否认观念对象存在的特有权利，并且"实际上在这个世界上还没有一门诠释术能够将这些观念对象从我们的语言和思维中清除出去"[2]。

对以洛克为代表的把一般之物变成意识之内的实项材料的错误解释的反抗规定了自贝克莱以来的抽象理论的发展并且使得这种发展决定性地朝向了极端唯名论的一边。因为人们相信，为了避免洛克抽象观念论的荒谬性，必须完全否认一般对象是特殊的思维统一，并且完全否认一般表象是特殊的思维行为。这样，又有第三种唯名论的错误解释与前两种错误解释相衔接，这种唯名论相信，它可以以各种形式在对象和行为方面将一般之物解释成个别之物。[3]

胡塞尔认为，关于一般对象之本质的争论与关于一般表象（即本质直观，下同）之本质的争论是不可分割的。如果我们不能排除对一般对象被表象出来的可能性的怀疑，那么我们就无法反驳下列这种似乎能够通过科学的心理

〔1〕 胡塞尔.逻辑研究（第二卷第一部分）.倪梁康，译.上海：上海译文出版社，2006:141.
〔2〕 同上:142.
〔3〕 同上:139.

学的分析来加以证明的理论,即:只存在着个别表象,我们因而只意识到并且也只能够意识到个别客体,我们因而也必须把关于一般对象的说法理解为臆造的或完全非本真的。[1]

可见,作为对柏拉图式的概念实在论的偏激的反弹,人们不仅否认了种类的实在性,而且也否认了种类的对象性。这种反弹显然走向了另一个不合理的极端。如上所述,在胡塞尔看来,一般对象之本质的问题与一般表象之本质的问题是紧密相连的,因此,要想回答是否有可能或有必要将种类理解为对象的问题,只有回溯到那些指称着种类的名称的含义(意义、所指)上去,以及回溯到那些要求对种类有效陈述的含义上去。如果人们可以这样理解那些给予它们以含义的名称性和陈述性思想的意向,即:意向的真正对象是个体的,那么,我们就必须采纳否认种类的对象性的学说;如果情况不是这样,如果在对这些表述的含义分析中表明,它们直观的和本真的意向明见地不是指向个体客体,那么,否认种类的对象性的学说就明见地是错误的。[2]这就是说,种类的对象性系于一般表象之可能性。那么,一般表象是否可能又如何可能呢?胡塞尔试图通过下面这个关于“红色之物”与“红的种类”之间的关系的例子来说明他对这个问题的见解。

如果我们的眼前有一个红色的东西,例如一张红色的纸条。但红的种类既不是这个红的纸条本身,也不是这个纸条中的红的因素或部分,部分,即纸条中的不独立的红色成分,与整体一样是个体性的东西,它是一个此地和此时,它随此地和此时并在此地和此时之中存在和消失。它在各种不同的红色客体中是相同的,但不是同一的。然而红却是一个观念的统一,谈论这个统一的形成和消失是悖谬的。前面所说的那个部分(即不独立的红色成分)不是红本身,而是红的一个个别情况。红本身既不实在地存在于这张纸条之中,也不实在地存在于任何世界之中,而且也更不存在于“我们的思维之中”,因为这个思维也一同属于实在存在的领域,一同属于时间性的领域。[3]

一般对象与个别对象之间的差异有多大,把握这些对象的行为之间的差异便有多大。换言之,我们意指种类之物的行为与我们意指个体之物的行为是根本不同的。不可否认,这两种行为具有某种现象的共同性,因为它们都是在对具体之物直观的基础上进行的,但是,这同一个直观却承载着两种不同的行为。这一次,这个直观是一个个体意指行为的表象基础,这个个体的

---

〔1〕 胡塞尔.逻辑研究(第二卷第一部分).倪梁康,译.上海:上海译文出版社,2006:139.
〔2〕 同上:125.
〔3〕 胡塞尔.逻辑研究(第一卷).倪梁康,译.上海:上海译文出版社,2006:126—127.

意指行为是指我们在素朴的朝向中意指显现者本身，意指这个事物或这个特征，意指事物中的这个部分。另一次，这个直观是一个种类的意义和意指行为的表象基础，这就是说，当这个事物，或毋宁说，当事物的这个特征显现时，我们所意指的并不是这个对象性的特征，不是这个此时此地，而是它的内容，它的“观念”。我们所意指的不是在这所房屋上的这个红的因素，而是红本身。这个意指就其意义基础来看显然是一个被奠基的意指，只要一个新的、对红这个观念的直观被给予性而言构造性的意义方式是建立在对这个个体房屋或对它的红的直观基础之上。[1]

简而言之，在对直观具体之物的观察中，同时存在着两种不同的意指行为：一种是对被感知到的红的意指，对这个在此时和此地存在的个别特征的意指；另一种是意指红的种类(例如在“红是一种色彩”这个陈述中便含有这种意指)，这两种意指是完全不同的两回事。这样，只要我们在观察具体个别之物时不去意指这些具体个别之物，而是意指一般之物，意指观念对象，多次进行这种观念直观(Ideation，即本质直观或一般表象)的行为便可以使我们获得关于这些个别行为中被意指的观念统一体所具有的同一性的明证认识。[2]

总之，一般对象不是那种若不在“世界”的某处存在就会在一个天国中或上帝的精神中存在的对象，因为这种形而上学的假设是荒谬的。谁习惯于将存在仅仅理解为“实在的”存在，将对象仅仅理解为实在的对象，他就会认为有关一般对象及其存在的说法是根本错误的。但是，胡塞尔认为，实际上这种说法并没有任何不妥，因为这种说法是某些判断的有效性，例如一些关于数字、定理、几何构成物等的判断的有效性的必然要求，因为在这里像其他任何地方一样，必须给作为判断有效性之相关物的被判断之物赋予“真实存在的对象”的称号。从逻辑上看，正如巴黎城是一个对象一样，力的平行四边形定理同样是一个对象。

二、一般对象的存在性质的阐明与“先天”概念的本真意义的澄清

从胡塞尔的以上论述中可以看出，一般对象是否存在、如何存在的问题归根到底是一般对象与个体对象的关系问题。首先，我们不能因为一般对象可能具有与个体对象不同的存在方式而否定一般对象具有与个体对象同等

〔1〕 胡塞尔.逻辑研究(第一卷).倪梁康，译.上海：上海译文出版社，2006：127.
〔2〕 同上.

的存在权利，否则就会陷入唯名论的错误之中；但我们也不能因为强调一般对象具有与个体对象同等的存在权利而看不到它们与个体对象（无论是实在之物还是心理之物）在存在方式上的根本性的不同，否则就会导致柏拉图主义或心理主义的荒谬结论。

话说到这里，人们不禁要问：如果一般对象既不是在外部世界中的感性存在，也不是在人的意识之内的存在，当然更不可能是在上帝的心中或天国中的存在，那么它究竟是何种存在呢？

不妨让我们回到胡塞尔本人所举的关于“红”的例子上来。我们每个人都会同意如下这一点，即在每一个红色之物中，我们都能发现“红”，或者说，“红”存在于每一个红色之物中；但“红”不但不依赖于这个或那个红色之物存在，反而是此物或彼物得以成为红色之物的“可能性条件”。这就是说，必须先有“红”这回事，此物或彼物才有可能成为红色之物。这就意味着“红”相对于此时此地的个别事物中的具体的红而言是“在先的”存在。胡塞尔据此认为“一般”、“本质”等先于个体对象而存在，因此应该被看作是“先天”存在。相应地，他也把本质直观的方法看作是“把握先天的真正方法”。[1]

可见，在胡塞尔那里，“先天”就意味着“在个体之物之先”，当然这种“在……先”是逻辑在先，而非时间在先。用海德格尔的话来说，是存在论上的在先，而非实体上的在先。从逻辑上或存在论上来说，必须先有“红”（的可能性），才有这个或那个具体的红，但这并不意味着这个或那个具体的红“分有”了那个一般的“红”，或是从一般的“红”中派生出来的，所有诸如此类的假设都是荒谬的。

总之，正如我们前面已经提到的那样，如果说个体之物（包括实在之物和心理之物）是在一定的时空中的后天存在的话，那么，一般之物则可以说是“超时空”或“前时空”的先天存在。

在海德格尔看来，胡塞尔关于一般对象的存在性质的上述看法意味着“先天”概念在他那里获得了与康德对这个概念的解释完全不同的意义。当然无论是胡塞尔还是康德，都不是首先或使用这个概念的人。“先天”概念的发明专利属于柏拉图。但是，康德无疑是哲学史上第一次把这个概念作为他的理论体系中的一个不可或缺的重要概念的人。康德哲学中的先天概念的特点是它只具有知识论上的意义而不具有实体论的意义，当然更不具有在海德格尔哲学意义上的存在论意义。对于康德来讲，所谓先天的知识，就是与主体有关或来自主体的知识，而来自主体的知识之所以被叫作先天知识，是

---

〔1〕 胡塞尔.胡塞尔选集.倪梁康，选编.上海三联书店，1997：478.

因为这种知识先于后天的经验知识而存在，或者说这种知识非但不需要以经验知识作为条件或基础，而且它反而是经验知识之所以可能的条件。当然，“先天知识先于经验知识”中的“先”，也是逻辑在先而非时间在先。在康德看来，先天知识是任何现实的知识中的不可或缺的成分，或者说，任何关于实在之物或超越之物的知识中都包含有来自于主体的先天知识，原因在于任何知识的形成都离不开主体的“联结”作用。康德对“我思必伴随我的所有表象”的反复强调实际上也可以看作是康德本人对我们的“表象”或知识的先天性质的强调。因为正如海德格尔所言，对于康德来说，“我思”是“统觉的形式”，这形式附于一切经验并先行于一切经验；即“我思”不是被表象的东西，而是表象活动之为表象活动的形式结构，被表象的东西唯有通过这种形式结构才是可能的。[1] 总之，对康德来说，所谓先天的，就是主体的和内在的、不假外求的。不难看出，这与胡塞尔对先天概念的理解有很大的不同。因为正如我们前面所看到的那样，对于胡塞尔来说，先天指的是“在任何包括心理意识及其主体在内的个体之物之先”，这种“在先”显然不可能是知识论上的在先，而只能是存在论上的在先。

胡塞尔在对先天概念的理解上与康德的另外一个不同在于，对于康德来说，只有胡塞尔称之为形式范畴的那些范畴才具有先天性，而胡塞尔所谓的质料范畴，即“一般”、“本质”等不能算作范畴，也不具有先天性，因为在康德看来它们表示的是经验事物的共性，或者说是人对经验事物的共性的一种后天的抽象或概括，它们属于表象而不属于作为表象的形式结构或条件的“我思”。而胡塞尔却基于我们前面已分析过的理由认为质料范畴与形式范畴一样是先天的。

海德格尔认为，胡塞尔对先天概念与康德完全不同的理解表明，“先天既不是任何内在的属于主体领域的东西，也不是与实在相联系的超越的东西”[2]。这就是说，先天表示的既不是认识上的顺序，也不是实在之物的次序，因为先天不是对实在之物之间的派生与被派生关系的描述，而只能看作是对实在之物的存在的结构顺序的描述。从形式上来看，先天不预设任何东西，因为它指的既不是认识或被认识者的先后次序，也不是其他行为及其相关物的次序。总之，先天表示的是存在者的存在特征而不是存在者本身的特

〔1〕 海德格尔．存在与时间．陈嘉映，王庆节，合译．北京：生活·读书·新知三联书店，2006：364．

〔2〕 Heidegger，M. *History of the Concept of Time*. Bloomington：Indiana University Press，1985，p. 74．

征,先天因此不是“行为的名称”而是“存在的名称”。[1] 海德格尔认为这就是胡塞尔现象学特别是其中的本质直观或范畴直观理论在澄清“先天”概念的本真含义上的贡献。

三、从先天本质向先天存在的回溯

正如我们在前面已经看到的那样,在《时间概念的历史》(1925)一书的绪论(Preliminary part)中,海德格尔对胡塞尔的先天概念的积极意义作了充分的肯定,但从海德格尔在该书的正文(Main part)及后来的著作中对“先天”一词的使用和解释来看,他并没有停留在胡塞尔对先天概念的理解上。相反,他对这个概念的内涵可以说作了“实质性的修正”,这一点在《存在与时间》(1927)和《现象学的基本问题》(1929)这两部著作中得到了充分的表现。

当然,即使在《存在与时间》等著作中,海德格尔也并没有全盘否定胡塞尔在澄清先天概念上的贡献。我们不妨就从《存在与时间》对胡塞尔的先天理论的评论开始谈起。海德格尔的这部重要著作直接使用了“先天”这个词的地方共计 23 处。[2] 其中有两处明显与胡塞尔有关。第一处出现在该书第 10 节最后一个自然段的“注①”中。在这个自然段中,海德格尔基于他本人在此之前所做的有关分析得出了这样的一个结论,即“人类学、心理学和生物学都不曾为我们自己所是的这种存在者的存在方式问题提供意义明确的在存在论上加以充分论证的答案”,原因在于,“事后从经验材料中得出的假说绝不能开展出这些学科的存在论基础。倒不如说,我们还在收集经验材料的时候,存在论基础却也总已经在‘此’了。实证研究看不见这种基础,把这种基础当作不言而喻的;但这却并不能证明存在论基础不是基本的东西,也不能证明存在论基础不比实证科学的任何一个论题在更为根本的意义上成为问题。”[3]。在“注①”中,海德格尔这样写道:“但先天的东西的开展并不是‘先天论的’虚构。通过胡塞尔,我们不仅重新领会了一切真实的哲学‘经验’的意义,而且也学会了使用解决这个问题所必需的工具。只要一种哲学是科学的哲学而对其本身有所理解,‘先天论’就是它的方法。正因为先天论同虚构毫不相干,所以先天的研究要求我们妥善地准备好现象基地。”[4]把这个

[1] Heidegger, M. *History of the Concept of Time*. Bloomington: Indiana University Press, 1985, p. 74.

[2] 据《存在与时间》英文版的“Index of Latin Exprssions”。

[3] 海德格尔.存在与时间.陈嘉映,王庆节,合译.北京:生活·读书·新知三联书店,2006:59.

[4] 同上.

“注①”与前面所引的正文的内容联系起来,我们不难从中读出这样的意思:对人类学、心理学和生物学等实证科学的存在论基础的问题进行研究(即对此在的存在论结构的研究)所不可或缺的“先天论的”方法,是胡塞尔创立并提供或传授给我们的。显而易见,海德格尔的这个看法与他在《时间概念的历史》一书中把“对先天概念的本真意义的澄清”看作是胡塞尔的现象学的三个重要发现之一的做法是一脉相传的。

但同样明显的是,海德格尔的下面这段话可以看作是对胡塞尔的先天学说的不点名批评:“人们在提出真理的存在问题和把真理设为前提的时候,就像在提出认识的本质问题时一样,其实一着手就假设了一个‘理想主体’。这种做法或明言或未明言的动机在有这样一种要求:哲学的课题是‘先天性’[a priori],而不是‘经验事实’本身。这个要求有些道理,不过还需先奠定它的存在论基础。再则,假设一个‘理想主体’就满足了这一要求了吗?这个理想主体不是一个用幻想加以理想化的主体吗?这样一个主体概念不会恰恰与那个仅仅是‘事实上的’主体的先天性,亦即此在的先天性,失之交臂吗?实际主体或此在同样源始地在真理和不真中;这一规定性不属于实际主体或此在的先天吗?”〔1〕这就是说,不能像胡塞尔等人那样通过假设一个“理想主体”来满足哲学课题的“先天性”要求,否则就会错失“实际主体”即此在的种种先天规定性。

顺便看看《存在与时间》对康德的先天概念的评论。与涉及胡塞尔的地方相比,《存在与时间》在谈到先天问题时提到康德的次数更多一些,共有四处。其中两处是对康德的批评,另两处是对康德的肯定,两种情况各占一半。先看海德格尔对康德的批评。这个批评首先出现在该书第 23 节,在这一节,针对康德把“左右”归结为“主体对之有所感觉的‘主观的’东西”的做法,海德格尔指出:“某个世界的用具联络必须先已给予此在。我向已在一个世界之中,这对制定方向的可能性是起组建作用的,其作用绝不亚于对左右的感觉。……像其他所有的此在阐释一样,康德也压低不了它的作用。……因为康德没有看到这一结构(指此在的在世结构——引者注),所以,他也就认不出使制定方向成为可能的整个建构联络。……当然,就连康德也不是要对制定方向进行专题阐释。他不过是要指出凡制定方向都需要某种‘主观原则’。但在这里,‘主观’所要意味的将是先天。然而,依左右而定向的先天性却奠基于在世的‘主观’先天性,这种先天性同先行局限于无世界的主体的规定性

〔1〕 海德格尔.存在与时间.陈嘉映,王庆节,合译.北京:生活·读书·新知三联书店,2006:263.

毫不相干。"[1]显然,海德格尔对康德的这种批评是他在《时间概念的历史》的讲座中对康德把先天性等同于主体性的做法的批评的继续。在另外一处,海德格尔这样写道:"康德没有看到世界现象,于是势所当然地把'表象'同'我思'的先天内涵划得泾渭分明。但这样一来,'我'又被推回到一个绝缘的主体,以存在论上全无规定的方式伴随着种种表象。"[2]这段话首先是对康德的主体概念的批评,并没有直接批评康德的先天概念,但毫无疑问,海德格尔是不会同意康德把"我思"与"先天内涵"等而同之的做法的。

海德格尔对康德的肯定分别出现在第3节和第21节。在第3节他这样写道:"同样,康德的纯粹理性批判的积极成果也在于着手清理出一般地属于自然的东西,而不在于一种知识'理论'。他的先验逻辑是关于自然这一存在领域的先天的事质逻辑。"[3]在第21节康德是作为笛卡尔的有关立场的推进者出现的:"笛卡尔以极端的方式把 extensio 提出来当作 res corporea 的一切规定性的 praesuppositum(前提),这样他就为某种先天事物的理解做了准备。康德则更深入地确定了这种先天事物的内容。"[4]不难看出,这两处对康德的肯定都不是对康德的先天概念本身的肯定,而是对康德哲学作为关于自然领域的先天事物的逻辑所具有的先验(即先天论的)性质的肯定。实际上这与海德格尔对康德哲学的独特解释有关,暂且不表。

总的来说,《存在与时间》在谈到先天问题时同时提及康德或胡塞尔的地方并不多。但这显然并不意味着海德格尔的这些论述与他们两人特别是胡塞尔的先天概念没有任何关系。这是由他们两人在先天概念的发展史上的重要地位所决定的。仅就胡塞尔来说,如果海德格尔在对先天问题的讨论中表现出在他本人与胡塞尔之间在对先天概念的理解上有着本质的差异,那么这种差异本身就应看作是对胡塞尔的先天概念的一种批评、否定和超越。

综合海德格尔在《存在与时间》《现象学的基本问题》等著作中对先天问题的论述,可以看出在对先天概念的理解上他与胡塞尔至少具有以下几个方面的不同:

首先,与胡塞尔着重强调的是本质或范畴的先天性不同,海德格尔似乎更强调此在的存在论结构("在世"或"操心")的先天性。在《存在与时间》涉及先天问题的23处,有将近三分之一(7处)谈论的都是此在的存在论结构的先天性。这里试举较重要的几处为例。在该书第一部第一篇的序言中,海德

〔1〕 海德格尔.存在与时间.陈嘉映,王庆节,合译.北京:生活·读书·新知三联书店,2006:128.
〔2〕 同上:366.
〔3〕 同上:13.
〔4〕 同上:118.

格尔这样写道:“在确定了探索工作的开端之后,须得对此在的基础结构即‘在世界之中’进行剖析(第二章)。此在解释中的这一‘先天结构’绝不是拼凑到一起的一种规定性,它源始地始终地就是一整体结构。”[1]这是海德格尔在《存在与时间》中第一次明确提出此在的存在论结构是“先天结构”。在第41节“此在之存在——操心”中海德格尔宣称:“操心作为源始的结构整体性在生存论上先天地处于此在的任何实际‘行为’与‘状况’之前,也就是说,总已经处于它们之中了。”[2]另外,在第199页我们还可以读到这样一段话:“同存在者层次上的解释相对比,生存论存在论的阐释还不仅是以理论方式在存在者层次上进行了普遍化。……这里的‘普遍化’是一种先天存在论的普遍化。操心不是意指某些不断出现的存在者层次上的特性,而是意指一种向来已作为根基的存在建构。”[3]在第205－206页海德格尔再次指出:“也许人们会说,主体即使无意识地也总已经把‘外部世界’的现成存在设为前提了;然而……此在设定诸如此类的前提总已经‘为时太晚’,因为只要此在作为存在者来设定前提……作为存在者的此在就总已经存在于世界中了。在操心这种存在方式中,存在建构的‘先天性’‘早于’此在的一切设定和行止。”[4]上面这三段话的共同点在于,它们都强调了此在的操心结构的“先天性”。

但是,必须进一步看到的是,对于海德格尔来说,此在的“在世”或“操心”结构相对于此在日常行为和举止的先天性,只不过是存在者的存在相对于存在者本身的先天性的一个特例而已。这就是说,在海德格尔看来,不只是此在的存在结构对此在的存在者层次上的活动具有先天性,其他一切存在者的存在结构相对于存在者本身来说都具有先天性。原因在于,在海德格尔看来,所谓先天的东西,就是作为某物的可能性条件的东西,“先天”本来指的就是那种先于某物并使某物成为可能的东西,而存在对于存在者来说正是这样的东西。换句话说,使存在者成为它本身之所是者,作为存在者之可能性条件者,正是存在。可见,从某种意义上来说,存在与存在者的不同就在于存在具有存在者本身所没有的先天性,存在与存在者的存在论区别说到底就是先天与后天的区别。反过来说,凡属先天的东西,即作为某个存在者之所以可能的条件和根据的东西,都可以看作是此存在者的存在。由此出发,我们不难理解,海德格尔为什么把康德的先验哲学看作是存在论:存在论照理说是关于存在者之存在的理论,但对于康德而言,存在就是被认识,不被认识就谈

〔1〕 海德格尔.存在与时间.陈嘉映,王庆节,合译.生活·读书·新知三联书店,2006:48.
〔2〕 同上:223.
〔3〕 同上:230.
〔4〕 同上:237.

不上存在,因此,他对存在者被认识的可能性条件的探讨也就是对存在者存在的可能性条件的探讨。因此,康德的先验哲学表面看来是知识论,但究其实质却是存在论。关键在于,在康德那里,存在与被认识实际上是一回事。因为不被认识的“物自体”只能看作是“无”,而不能看作是“有”。通过“存在”与“被认识”的等同,存在者被认识的先天可能性条件就转化成了存在者存在的先天可能性条件,知识论就转化成了存在论,用海德格尔的话来说,先验逻辑就变成了“关于自然这一存在领域的先天的事质逻辑”[1]。当然,正如我们所知,并不是所有的人都同意海德格尔对康德的这种“诠释”的。

现在让我们回到我们的问题上来。如果说把先天性归结为存在对存在者的奠基性或优先性可以看作是海德格尔在对先天概念的理解上与胡塞尔的第二个不同的话,那么他们两人之间的第三个不同则在于:与胡塞尔强调先天的“超时间”或“前时间”性质不同,海德格尔力图说明先天与时间之间的内在联系。海德格尔认为,一方面,作为某物的可能性条件的“先天事物”的时间性本来是毋庸置疑的,因为“先天”本来就是“早于”或“先于”某物并使之成为可能的意思;另一方面,“先天”的这种时间性又确实与日常生活中的时间有着明显的不同,而这种不同正是人们竭力否认“先天”的时间性,即反复声明“先天”是一种逻辑在先、而不是时间在先的原因。[2] 海德格尔认为人们的这种做法虽然有些道理,但却回避了“先天”之“先”究竟意味着什么这样一个明摆着的问题。他认为解决这个问题的关键在于要搞清楚存在、存在之理解与此在的时间性结构三者之间的如下关系:首先,存在就是被理解,或者说,被理解就是存在者是其之所是的可能性条件,就是存在者存在的条件;其次,存在之理解的可能性则在于此在的操心结构的时间性(或绽出性、超越性等,相当于胡塞尔现象学中的“意向性”),因为正是此在的操心或在世结构及这种结构的超越性才使此在与世内存在者打交道的一切行为举止及包含于这种行为举止中的存在之理解成为可能。[3] 把这两个方面的意思统一起来,我们可以得出的结论是:作为存在者是其之所是的先天条件的“存在”归根到底奠基于此在的时间性。海德格尔认为这个“此在的时间性”必是“最先的”,因为它是一切“时间上的先后次序”的可能性条件。这又使得一切作为可能性条件起作用的东西都具有“较早”的性质,一物的可能性也就被

[1] 海德格尔.存在与时间.陈嘉映,王庆节,合译.生活·读书·新知三联书店,2006:13.

[2] Heidegger, M. *The Basic Problems of Phenomenology*. Bloomington: Indiana University Press, 1982, p. 324—325.

[3] Heidegger, M. *The Basic Problems of Phenomenology*. Bloomington: Indiana University Press, p. 325.

称为该物的先天条件。[1]

总之,与胡塞尔强调本质的先天性不同,海德格尔强调的是存在的先天性。在他看来,在这一点上与他本人更接近的是康德而不是胡塞尔。这也许就是《存在与时间》在谈到先天问题时提到康德的次数比提到胡塞尔的次数更多的原因所在。由此可见,如果说在《时间概念的历史》中,海德格尔是用胡塞尔来反对康德的话,那么在《存在与时间》和《现象学的基本问题》等著作中海德格尔又开始利用康德来反对胡塞尔。对于海德格尔的这种翻手为云、覆手为雨的"诠释学"功夫,我们除了表示叹服之外,还能再说什么呢?

---

〔1〕 Heidegger, M. *The Basic Problems of Phenomenology*. Bloomington: Indiana University Press, p.325.

第十四章　对胡塞尔“真理”概念的存在论超越

从上文中我们可以清楚地看到，被主体性哲学奉为圭臬的“主体”、“客体”等概念对于海德格尔来说已经成为“彻底过时”的概念。由于“主体”、“客体”等概念是主体性哲学理论大厦的基石，因此，海德格尔对这些概念的否定必然要求对建立在这两个概念基础之上的主体性哲学的所有重要概念都加以重新的理解和规定，像“真理”这样的具有特别重要的意义的概念自然也不能例外。

有多少种不同的哲学，就有多少种不同的真理观；一部哲学史，同时就是一部真理概念的演变史。然而，在对真理概念的千变万化的看法中，却有这样一种关于真理的定义，这个定义源远流长、经久不衰。这个定义把真理规定为“主体对客体的符合”，或“人的意识对客观事物的本质和规律的反映”。

尽管直到今天很多人仍然把这种“符合论”的真理观看作是对真理概念的唯一正确的解释，却也有不少哲学家对这种真理观提出了质疑和挑战。在这些质疑和挑战中，影响最大的除了实用主义或工具主义的真理观之外，当属海德格尔生存论的真理观。

那么，海德格尔生存论的真理观的基本内容是什么？在何种意义上它是真理观上的一次具有革命性意义的转向？不妨就从海德格尔对“符合论”的真理观的质疑开始谈起。

一、康德及其以前的哲学家对真理的理解

海德格尔认为对真理的传统看法可以归结为以下两个命题：第一，真理的“处所”是命题（判断）；第二，真理的本质在于判断同它的对象相“符合”。人们通常认为首先确立对真理的这种看法的人是亚里士多德，即“亚里士多

德这位逻辑之父既把判断认作真理的源始处所，又率先把真理定义为‘符合’”[1]。海德格尔并不打算“苟同”这种看法。但对于海德格尔来说，真正重要的问题不在于是谁首先提出了关于真理的上述这种看法，而在于两千多年来特别是以笛卡尔、康德、胡塞尔等人为代表的主体性哲学产生以来，人们在这个问题上是否取得了足以把上述这种看法归入“历史档案”的进展？

康德是主体性哲学的主要代表人物之一。如果康德哲学未能在真理问题上取得值得引起注意的进展，那么，几乎可以立即肯定在胡塞尔现象学之前的整个主体性哲学中这个问题都未取得大的进展。那么，实际情况究竟怎样呢？在这个问题上，海德格尔列举了一些值得我们注意的事实：在先验辩证论的导言中，康德这样写道：“真理或假象并不在被直观的对象里面，而是在被思维的对象的判断里面。”[2]另外，康德还有这样一段为人们所熟知的“名言”：“设若真理在于认识同它的对象相符合，则这个对象一定因而同其他对象有别。因为认识若不同那个它与之相关的对象相符合，那么即令它包含着对其他对象可能有效的东西，这种认识仍是假的。”[3]海德格尔认为，诸如此类的事实足以说明，康德并不像19世纪的新康德主义所认为的那样已经彻底抛弃了传统的真理概念，正好相反，“康德也确信这一真理概念，而且确信到他甚至不加讨论就把它提了出来”[4]。

二、胡塞尔在真理问题上的突破

在胡塞尔那里，情况要复杂得多。毋庸置疑的是，与康德哲学在真理问题上几乎是原地踏步不同，胡塞尔现象学在这个问题上可以说是取得了突破性的进展。为了具体说明胡塞尔现象学在真理问题上所取得的进展，海德格尔举了这样一个例子：一个背对着墙的人说出了一个真命题：“墙上的像挂歪了。”随后这个人转过身来知觉到了斜挂在墙上的像，他原先道出的命题因此得到了证实。[5] 正如我们所知，对于胡塞尔现象学来说，这是一个表达行为通过感性直观的行为得到了完全的充实的典型例子。胡塞尔认为在这个某个命题通过感知得到证明的过程中，人们会产生“是真的”(being-true)的体验，这种体验的意向相关物就是所谓的“真在”(true-being)或“真理”。海德格

[1] 海德格尔．存在与时间．陈嘉映，王庆节，合译．北京：生活·读书·新知三联书店，2006:247.
[2] 康德．纯粹理性批判．邓晓芒，译．北京：人民出版社，2004:258.
[3] 同上:56.
[4] 同[1]:247.
[5] 同上:250.

尔认为，胡塞尔的这个理论至少为我们提供了以下几点启示：第一，证明涉及的不是认识和对象的符合，更不是心理的东西同物理的东西符合，证明所涉及的只是存在者本身被揭示的存在，只是那个“如何”被揭示的存在者[1]；第二，被揭示状态的证实在于，命题意指的存在者如其自身之所是显示出来，即证实是通过存在者在自我同一性中的显示实现的[2]；第三，“某个命题是真的”意味着：这个命题就存在者本身揭示存在者，即“它在存在者的被揭示状态中说出存在者、展示存在者、‘让人看见’存在者”，命题的“真在”（真理）必须被理解为揭示着的存在。[3] 总之，胡塞尔现象学关于证明行为及其与真理的关系的理论表明：“如果符合的意义是一个存在者（主体）对另一个存在者（客体）的肖似，那么，真理就根本没有认识和对象之间相符合那样一种结构。”[4]

不难看出，在上面的分析中，海德格尔叙述的不完全是胡塞尔本人的看法。但对于海德格尔来说，这至少是我们可以从胡塞尔的有关理论中进一步推导出来的结论。因此，不妨把这些结论记到胡塞尔现象学的“功劳簿”上。现在的问题在于，上述这些结论是否说明胡塞尔现象学已经彻底“告别”了传统的真理概念？

海德格尔并未正面回答这个问题，他只是反复强调，依据存在者的自身显示对命题进行证实之所以可能，只因为“道出命题并自我证实着的认识活动就其存在论意义而言乃是有所揭示地向着实在的存在者本身的存在”[5]。换言之，“从存在论上来说，作为‘揭示着的’那个‘是真’（真在）又只有根据在世才是可能的”[6]。总之，只有“在世现象”才是源始的真理现象的基础。对于海德格尔来说，胡塞尔的证明或真理理论显然远未达到这种“生存论”的高度，只是碍于情面，不便直截了当地指出罢了。

三、源始意义上的真理乃是此在的展开状态

如前所述，从亚里士多德开始，哲学家们就把真理理解为两个实体之间的符合一致，判断被看作是真理的“处所”。但问题在于，这种一致性的充分

---

[1] 海德格尔.存在与时间.陈嘉映，王庆节，合译.北京：生活·读书·新知三联书店，2006：251.
[2] 同上.
[3] 同上.
[4] 同上.
[5] 同上.
[6] 同上.

意义是什么?

所有的一致都是某个存在者与另一个存在者之间的关系。就真理而言，这种关系存在于判断与被判断的对象之间。然而，这种一致性关系的证据是什么呢？这不是意味着判断对象将它自身作为被判断者显现出来吗？判断与被判断者的一致性，隐含着判断所揭示出来的被认识者的自我显现。判断因为它将被认识者揭示出来而成为真的。它让某个存在者在它的揭示中显现出来，真理在于揭示。〔1〕

如果真理在于揭示，那么，最基本的真理将是此在，因为，正是在此在的生存中，存在者才得以作为它们本身之所是显现出来。就不同于此在的存在者而言，它们仅仅在第二种意义上是真的。此在从本质上来说就是一种揭示，因为它是一种超越性。作为超越性，从现象学上来说，它“存在于世界之中”；它的存在是由“此的澄明”构成的，而世界则是在这种澄明中被揭示出来的。然而，世界的揭示，正是在世界中与此在相遇的存在者（用具）得以作为它们自身之所是被揭示出来的前提条件。“通过对世界的揭示，对用具的揭示才成为可能。因此，源始的真理现象是通过此在的展开（解蔽）获得的。”〔2〕

这一点具有非同寻常的意义。把此在的展开或解蔽与超越性的源始现象相联系无异于把对操心（展开、解蔽的结构统一性）的全部分析转化为对真理问题的阐述，即把真理的到场理解为有限的超越性的到场。因此，源始的真理过程将被操心的积极方面所规定，即被操心的超越性所规定。海德格尔将这一点表述为：“此在处在‘真理’之中”，即基于它对自己的存在的筹划。此在从存在论上来说是作为对存在者的存在的筹划构建起来的（此在对它自己的存在的筹划，同时也就是对它所遇到的存在者的存在的筹划）。

但是真理的过程同时也将被操心的消极方面所规定。此在向其存在的筹划被抛向它所依赖的存在者之中。这种“沉沦”的结果是此在首先与通常从它操劳所及的“世界”方面来理解它自身。结果是，此在对它的可能性的每一种筹划，由于它的有限性，都有可能发生偏离，每一种理解都是一种误解。〔3〕存在者在被揭示的同时就由于这种揭示的不充分性而重新滑入它们原先的被遮蔽状态之中。解蔽同时就是一种遮蔽。揭示同时就是一种掩盖。海德格尔把这种无法避免的晦暗称为“不真”。“此在由于其存在结构上的沉

〔1〕 Richardson, William J. *Heidegger: Through Phenomenology to Thought*. New York: Fordham University Press, 2003, p. 94.

〔2〕 海德格尔.存在与时间.陈嘉映，王庆节，合译.北京：生活·读书·新知三联书店，2006：260.

〔3〕 Richardson, William J. *Heidegger: Through Phenomenology to Thought*. New York: Fordham University Press, 2003, p. 96.

沦而必然处于'不真'之中",但是,这并不是对此在的存在者层次上的估价,它也不是对非本真的日常状态的规定,作为此在的存在论性质,它是此在的否定方面的必然结果。"此在在真理中这个表述的生存论—存在论意义同时就意味着此在处在不真中",因为超越性是有限的。[1]

那么,把"命题的'真在'"规定为揭示状态或揭示着的存在是否有足够的依据呢?为什么说这个揭示着的"真在"只有在在世的基础上才是可能的呢?在海德格尔看来,只有依据此在的操心结构的展开性质及这种性质与真理现象之间的内在联系,才能使上述这些问题得到回答。因此,要了解对于海德格尔来说究竟什么是真理,我们还得回过头来进一步深入地对此在的生存论结构特别是这种结构的展开性质进行考察。

海德格尔认为,作为本质上由在世构造起来的存在者,此在在它最本己的存在中秉有解除封闭状态的性质[2],而在存在者层次上用形象的语言说到在人之中的 lumen naturale(人性之光),指的无非就是此在的存在的这种"敞开"或"展开"性质。此在是"已经敞开的",这等于说,它作为在世的存在就其本身而言就是敞开的——不是由其他存在者来敞开,而是它本身就是"敞开"[Lichtung]。唯对于从生存论上如此这般已经敞开的存在者,现成的东西才可能在光明中得以通达,在晦暗中有所掩蔽。此在从来就携带着它的此;而且,此在若缺乏这个此就不成其为具有这种性质的存在者。此在就是它的展开状态。[3]

海德格尔认为,此在具有如下三种同样源始的展开方式:

a. 现身(Bfindlichkeit)或情绪(Stimmung)。海德格尔认为,如果先已展开了的世界是世内存在者作为上手事物或现成事物与我们照面的前提的话,那么世界的这种属于"在之中"的先行展开状态则是有现身参与规定的。海德格尔把现身或情绪作为一项基本的展开方式,极大地破除了否定或贬低"情"的展开或解蔽作用的传统观点。[4]

b. 理解(Verstand) 。理解可以说是此在的展开状态的集中体现。对理解这种展开方式把握必须从以下几个方面关系着手:第一,理解与筹划和视见:理解作为对存在者的存在的理解总是对存在者的可能性的理解,或是对此在的生存的可能性的理解,或是对自然的可能性条件的理解,这种对可能性的理解就被称为筹划。就其筹划性质而言,理解在生存论上就构成我们称

---

〔1〕 海德格尔.存在与时间.陈嘉映,王庆节,合译.北京:生活·读书·新知三联书店,2006:255.

〔2〕 同上:154.

〔3〕 同上:155.

〔4〕 同上:161.

为“视见”的东西，如操劳活动的寻视等。第二，理解与解释：在理解中展开的东西，即被理解的东西，总已经是按照下述方式而被通达的，那就是在它身上可以明确地提出它的“作为什么”。这个“作为”[Als]造就着被理解的东西的明确性结构。“作为”构成着解释。把某某东西“作为”某某东西加以解释，这在本质上是通过先行具有[Vorhabe]、先行视见[Vorsicht]与先行掌握[Vorgriff]来起作用的。解释从来不是对先行给定的东西所做的无前提的把握，任何解释工作之初都必然有某种不言而喻、无可争议的先入之见，它作为随着解释就已经设定的东西是先行给定的，这就是说，是在先行具有、先行视见和先行掌握中先行给定的。[1] 第三，理解与陈述(或命题、判断)：陈述是有所传达、有所规定的展示，陈述是根据已经在理解中展开的东西和寻视揭示的东西进行展示的，陈述并不是一种漂浮无据的行为，仿佛它原本从自身出发就能够开展存在者。陈述总是已经活动在在世的基础之上。“源始的解释却不在理论陈述中，而在‘一言不发’扔开不合用的工具或替换不合用的工具的寻视操劳活动中。却不可从没有言词推论出没有解释。”[2]总之，必须看到陈述在存在论上来自有所理解的解释。

c. 话语(Rede)。话语同现身、理解在生存论上同样源始，话语是此在的可理解性的表述，展开状态则首先是由在世来规定的。所以，如果话语是展开状态的源始生存论环节，那么话语也就一定从本质上是此在在世的一个生存论环节。[3] 话语本身则又包含有如下构成环节：话语的关于什么；话语之所云本身；传达和公布。它们并不是一些仅仅凭借经验敛在一起的语言性质，而是植根于此在的存在建构的生存论环节。[4]

前面的分析展示出了在世的展开状态的生存论建构，但是此在首先与通常消散在常人之中，为常人所宰治，因此海德格尔认为，我们必须以此前赢获的此在的生存论结构为基础，“试着在存在论上更源始地把此在的日常状态收入眼帘”[5]。

海德格尔认为，分别对应于话语、视见和解释的日常存在样式是闲言、好奇与两可。但在海德格尔看来，这三种样式并不是互相孤立的，因为它们都是此在的沉沦与被抛这个统一状态的具体表现。此在的沉沦意味着：此在首先与通常寓于它所操劳的“世界”，即此在首先总已从它自身脱落，即从本真

---

[1] 海德格尔.存在与时间.陈嘉映，王庆节，合译.北京：生活·读书·新知三联书店，2006：176.
[2] 同上：184.
[3] 同上：188.
[4] 同上：190.
[5] 同上：194.

的能自己存在脱落而沉沦于"世界"。沉沦还意味着此在处于非本真状态,非本真状态不是指不再在世之类,它倒恰恰构成别具一格的在世。[1] 沉沦不仅从生存论上规定着在世,同时还公开出此在的被抛境况。此在作为沉沦的在世,总已经从作为实际在世的它自己脱落;而它向之沉沦的东西却不是在它继续存在的过程中才刚碰上的存在者,而是本来就属于它的存在的那个世界。只要此在作为其所是的东西而存在,它就总处在被抛掷状态中并且被卷入常人的非本真状态的旋涡中。实际性是在被抛境况中从现象上见出的,而被抛境况属于为存在本身而存在的此在,因此被抛境况意味着此在实际地生存着。[2]

海德格尔对此在的存在论结构的展开性质的上述分析表明:此在的操心结构本身就包含着此在的展开状态于自身,随着这种展开状态并通过这种展开状态,才有世内存在者的被揭示状态。可见,"原本就'真'的,亦即进行揭示的,乃是此在",而世内存在者作为被揭示的东西,"只在第二位的意义上它才是'真的'"[3]。这就是说,认识作为进行揭示的活动是此在的一种存在方式,使这种揭示活动本身成为可能的东西,作为这种活动的生存论—存在论基础的东西,必然应当在一种更源始的意义上被称为"真的"。总之,"在最源始的意义上,真理乃是此在的展开状态,而此在的展开状态中包含有世内存在者的揭示状态。"[4]

四、对真理问题上的独断论和怀疑论的驳斥

在关于真理问题的讨论中,我们经常可以看到这样两种相反的倾向:一种是把真理绝对化,认为存在着绝对真理或永恒真理的独断论倾向;另一种是夸大认识的相对性,认为不存在真理或真理无法被人们所认识的怀疑论倾向。在海德格尔看来,这两种错误的倾向说到底都是不懂得"此在的展开状态就是源始的真理"的结果和表现。针对这两种错误的倾向,海德格尔强调:

第一,唯当此在存在,才"有"真理。唯当此在存在,存在者才是被揭示被展开的。唯当此在存在,牛顿定律、矛盾律才在,无论什么真理才在。此在根本不在之前,任何真理都不曾在;此在根本不在之后,任何真理都将不在,因

〔1〕 海德格尔.存在与时间.陈嘉映,王庆节,合译.北京:生活·读书·新知三联书店:204.
〔2〕 同上,2006:207.
〔3〕 同上:253.
〔4〕 同上:256.

为那时真理就不能作为开展状态和揭示活动或被揭示状态来在。[1] 因此，“除非成功地证明了此在曾永生永世存在并将永生永世存在，否则就不能充分证明有‘永恒真理’。只要这一证明尚付阙如，‘有永恒真理’这一原理就仍然是一种空幻的主张，得不到足够的合法性来使哲学家们共同‘信仰’它”[2]。

第二，只要此在在，就有真理在。作为此在的展开状态，真理必须在，一如作为总是我的此在和这个此在，此在本身必须在。这些本质上属于此在从本质上被抛入世界这一状态。“此在作为此在本身何时可曾自由决定过或有朝一日将能决定：它愿意进入‘此在’，或它不愿意进入‘此在’？”[3]怀疑论否认“真理”存在或真理可以得到认识。人们则经常这样来反驳怀疑论：只要进行判断就已经把真理设为前提了。就这种反驳看到了“‘真理’属于命题，展示就其意义而言是一种揭示”[4]而言，这种反驳具有一定的道理。但是这里仍然没有澄清：为什么事情必然这样？命题和真理的这种必然联系的存在论根据何在？对怀疑论的上述反驳没有看到：只要此在存在，即使没有任何人在进行判断，真理也已经被设为前提了。海德格尔最后总结说：“就像无法证明有‘永恒真理’一样，也无法证明曾‘有’过任何一个‘实际的’怀疑论者。”因为“不管怀疑论都反驳些什么，归根到底它相信‘有’怀疑论者”[5]。海德格尔的意思是说，只要怀疑论者毕竟相信它自己的存在，那么就可以肯定它承认此在的存在，而只要此在存在，就有此在的展开状态，也就有真理在。因此，怀疑论如果真的要否定真理的存在，那么它首先必须否定自己的存在，这就是说，他只有通过“自杀”，才能“抹掉”此在，从而也“抹掉”真理。总之，在海德格尔看来，怀疑论者不但否定不了真理的存在，而且他作为此在而存在着这个事实本身就是真理存在的证据。

五、此在同样源始地在真与不真中

通过以上的讨论，海德格尔对真理的别具一格的理解和规定以及这种理解和规定与传统的真理概念的区别，已经凸显出来。但是，对于海德格尔把真理规定为此在的展开状态的上述做法，人们可能会产生这样的疑问：如果此在本身就处在真理中，那么真理不成了唾手可得的东西了吗？怎么还会有

---

〔1〕 海德格尔.存在与时间.陈嘉映，王庆节，合译.北京：生活·读书·新知三联书店，2006：260.
〔2〕 同上：261.
〔3〕 同上：262.
〔4〕 同上.
〔5〕 同上：263.

追求真理或与谬误做斗争这回事呢？针对这类问题，海德格尔指出，此在的存在结构中不仅包括展开状态，同时也包括封闭和遮蔽状态。这是由此在的存在结构的沉沦性质决定的。沉沦意味着此在的日常存在为闲言、好奇、两可所支配，而闲言、好奇、两可"使被揭示的东西和展开的东西处于伪装和封闭的样式之中。向着存在者的存在未被拔除，然而却断了根。存在者并非完全晦蔽着，恰恰是：存在者虽被揭示同时又被伪装，存在者虽然呈现，却是以假象的样式呈现"[1]。这就说明此在的存在结构不仅包含"真理"，也包含"不真"，即"此在同样源始地在真理和不真中"[2]。由此可见，真理并非唾手可得，而是总要从处于晦蔽状态中的存在者那里"争而后得"[3]，以至于"实际的揭示状态总仿佛是一种劫夺"[4]，这就难怪希腊人要用"去蔽"(αγηθεια)这样一个具有"剥夺性质的词"作为真理的名称了[5]。但海德格尔同时强调，只因为此在是展开的，它才也是封闭的，只因为世内存在者一向已随着此在是得到揭示的，这类存在者作为可能的世内照面的东西才是遮蔽的或伪装的。这就是说，"从来没有任何新的揭示是在完全的晦蔽状态的基础上进行的，一切新揭示都以假象样式中的揭示状态为出发点"[6]。

六、真理问题上的"符合现象"的存在论谱系

至此为止，海德格尔对源始的真理现象的正面阐释已基本完成。但对于海德格尔来说，只有在此前阐释的基础上进一步指明作为传统的真理概念基石的"符合现象"的存在论谱系，才能使他本人的真理理论得到进一步的证实。

对于海德格尔来说，此在的存在结构的展开性质说明"并非命题是真理的本来的'处所'"，相反，命题作为占有揭示状态的方式，作为在世的方式，倒"奠基于解释及其结构，即诠释学上的'作为'，并进而奠基于理解即此在的展开状态"[7]。这就决定了道出的命题在它的何所道中必然包含着存在者的揭示状态。但道出的命题本身是一个上手的东西，而命题作为揭示着的命题有一种对被揭示的存在者的联系，这个存在者是世内上手事物或现成事物，

---

[1] 海德格尔．存在与时间．陈嘉映，王庆节，合译．北京：生活·读书·新知三联书店，2006：255.

[2] 同上：256.

[3] 同上.

[4] 同上.

[5] 同上.

[6] 同上：255－256.

[7] 同上：257.

这种联系本身也就表现得像是现成联系。这就是说，某某东西的被揭示状态变成了现成的一致性，即道出的命题这一现成的东西对所谈的存在者这一现成东西的现成一致，而“只要我们还只把这种一致性看成现成东西之间的关系，也就是说，只要我们不加区别地把这些关系项的存在方式理解为仅仅现成的东西，那么，那种联系就表现为两个现成东西的现成符合”〔1〕。总之，“命题一旦道出，存在者的被揭示状态就进入了世内存在者的存在方式。而只要在这一被揭示状态（作为某某东西的揭示状态）中贯彻着一种同现成东西的联系，那么，揭示状态（真理）本身也就成为现成东西（intellectus 和 res）之间的一种现成关系”〔2〕，即“展开状态和对被揭示的存在者的有所揭示的存在这一意义上的真理变成了世内现成存在者之间的符合这一意义上的真理”〔3〕。这就是传统真理概念的存在论谱系。

海德格尔的以上分析表明，传统的以“符合论”为主要内容和基本特征的真理概念能够在包括主体性哲学在内的传统哲学中长期占据统治地位达两千多年的主要原因在于人们不懂得此在的展开状态本身而不是命题才是真理的源始“处所”。

就主体性哲学来说，它之所以毫无批判地让自己受“符合论”的真理观的支配，说到底还是由于它把包括“主体”、“世界”、“真理”在内的一切存在者都理解为现成存在的东西的结果，而这又是由于存在本身的意义没有得到应有的澄清的结果。这对于海德格尔来说意味着澄清存在本身的意义已成为摆在现象学面前的迫在眉睫的任务。

〔1〕 海德格尔．存在与时间．陈嘉映，王庆节，合译．北京：生活·读书·新知三联书店，2006：258．
〔2〕 同上．
〔3〕 同上．

第十五章 对胡塞尔现象学意义理论的存在论改造

一、对符号(表达)的意义的理解何以可能?——狄尔泰与胡塞尔的不同解释

狄尔泰把所有传达着某种精神内容的物理事物或物理事件都称为“表达”,在他那里,表达不仅包括语言的表达,而且还包括“人体的”表达(如面部表情、姿势等所谓的“肢体语言”),以及行为的表达。[1] 不难看出,狄尔泰所说的“表达”大体相当于胡塞尔所说的“符号”,它既包括“具有含义的符号”,也包括“不具有含义的符号”,而不像在胡塞尔那里一样,专指“具有含义的符号”。在狄尔泰看来,此物与彼物的指明或相属关系(由此及彼)是一切表达(符号)的共同特征,而不像胡塞尔所认为的那样仅仅是“标志”的特征。作为传递着某种精神内容的感性现象,表达(符号)之普遍而显著的特征在于“它们都意味着某种东西,亦即是说,它们都体现或涉及某种与它们自身不同的东西”[2]。表达(符号)的本质之一便是我们不仅在看表达(符号),而且超出表达(符号)去看它们所表明的东西。只有当我们不再去看伸出的手指,而是去注视手指所指的方向时,我们方能明白我们面对着一个表达(符号);尔后,我们才能够着手去理解它的意义。[3]

狄尔泰把表达(符号)所要表明的东西称为表达(符号)的“意义”,把人对这种意义的把握称为“理解”。在胡塞尔看来,只有像人这样的智慧生物才会把某些对象或事态(A)的存在看作另一些对象或事态(B)存在的指示、迹象或标志。如果使用狄尔泰的术语,那么,这意味着只有人才能“理解”一个“表达”(符号)的“意义”。实际上,这也正是狄尔泰本人的看法。在他看来,人发

---

〔1〕[英]H.P.里克曼.狄尔泰.殷晓蓉,吴晓明,译.北京:中国社会科学出版社,1989:171.
〔2〕同上:168.
〔3〕同上.

展和使用复杂语言系统的能力，说和写的能力，通过闪光信号灯、旗帜等传达信息的能力，都是人的最为显著的特征，它是把人同宇宙间的一切其他事物区分开来的一个重要标志。[1]

狄尔泰与胡塞尔两人的表达(符号)理论的另外一个共同之处在于，他们都认为表达(符号)同它们所表达的东西("意义")之间的关系是非常独特的一种关系。正如我们前面已经看到的那样，胡塞尔特别强调，如果 A 事态是 B 事态的一个标志，那么这并不意味着 A 和 B 之间有一种可以在逻辑上得到证明的"明晰的、客观的联系"，并不意味着 A 和 B"处在前提和结论的关系中"。[2] 狄尔泰同样认为，表达同它们所表达的东西之间的关系固然是很平常的，是人们所熟悉的，但同时这种关系又是"唯一的"，它不能根据其他关系——诸如相似、时间的连续或因果联系——而得到解释。[3] 显然，表达(符号)与意义之间的关系的这种奇妙性和独特性是胡塞尔和狄尔泰不约而同地强调只有像人这样的智慧生物才能理解一个表达(符号)的意义的一个重要原因。

话说到这里，免不了紧接着产生这样一个问题：像人这样的智慧生物能够理解一个表达(符号)的意义的原因又何在呢？

胡塞尔把人能够理解一个表达(符号)的意义的可能性根据归结为人的实际生活经验。在他看来，人把握一个表达的意义的能力是在实际生活经验中自然而然地形成的。如果人或其他某种智慧生物缺乏这种实际生活经验，那么他(它)就不会具有理解一个表达(符号)的意义的能力。

狄尔泰比胡塞尔更加深入地探讨了这个问题。在狄尔泰看来，人能够理解一个表达(符号)的意义的根本原因首先在于表达是人的精神的创造物，人对表达的意义的理解是精神对其自身的创造物的理解。在这一点上，狄尔泰明显地受到了维科的启发。维科的《新科学》的一条基本原理是，只有对我们亲手创造的东西，我们才具有最真实最完备的知识，"如果创造事物的人来叙述事物，再也没有比这更为确定的了"[4]。由于大自然是上帝而不是人所创造的，所以大自然对人来说，就必然始终是看不透的；人对自然的认识只能是一种外在的认识。相反，历史世界是由我们人来创造的，因此人对历史的认识比对自然的认识更加真实而透彻。[5] 在这里，"历史"应从人为的与自然相

---

〔1〕［英］H.P.里克曼.狄尔泰.殷晓蓉，吴晓明，译.北京：中国社会科学出版社，1989：146.

〔2〕胡塞尔.逻辑研究(第二卷第一部分).倪梁康，译.上海：上海译文出版社，2006：35.

〔3〕［英］H.P.里克曼.狄尔泰.殷晓蓉，吴晓明，译.北京：中国社会科学出版社，1989：168.

〔4〕维科.新科学.朱光潜，译.北京：商务印书馆，1989：165.

〔5〕同上：154.

对应的东西这样一种广泛的意义上去理解，正因为如此，在狄尔泰看来，维科的上述观点对包括表达（符号）在内的一切人类精神的创造物都是适用的。

狄尔泰认为人能够理解表达（符号）的意义的另外一个重要的原因在于“客观精神”的存在和作用。狄尔泰所说的“客观精神”是这样一些不同的形式，“在这些形式中，存在于个人之间的共同性已将自身客观化在感觉世界中”[1]。客观精神的范围从共同体所建立的生活方式、交往形式以及目的性关系到道德、法律、宗教、艺术、科学和哲学。客观精神是一个中介，通过它我们才得以理解他人及其生命表现（表达）。从我们呱呱坠地开始，我们就从这个客观精神世界获取营养。每一个种了树的广场、每一个放好了椅子的房间，自幼儿时起就为我们所理解，因为早在我们学习说话之前，我们已完全置身于人类精神共同性的媒介之中。我们之所以能够学会理解姿势、表情、动作以及叫喊、词语和句子（的意义），只是因为“这些东西始终作为同样的东西，作为与之所意指和表达者处于同一关系中的东西呈现在他面前”[2]。

二、是现成存在物还是用具？——海德格尔与胡塞尔等人的符号理论的根本分歧

这样一来，人何以能够理解表达（符号）的意义问题对狄尔泰来说已基本得到解决。但在海德格尔看来，狄尔泰在下面这一点上犯了与胡塞尔相同的错误，即把符号（表达或标志）仅仅看作是“一种同另一物具有显示关系”的现成存在物，而没有把它们看成处于上手状态中的“用具”。

按照海德格尔的看法，用具本质上是一种“为了作……的东西”，在这种“为了作”的结构中有着从某种东西到另外一种东西的“指引”，这说明在各种不同的用具之间存在着一种指引关系，在这种关系中，用具才得以成为它本身之所是的东西。[3]

作为一种用具，符号（标志）与其他用具一样，具有“为了作”的性质，因此它与其他用具一样是通过指引关系建立起来的。[4] 如果我们把符号（标志）通过此物显示彼物的关系也称为“指引”，那么就有了两种不同意义上的“指引”，即作为效用的指引与作为显示的指引[5]，前者标明的是所有用具的存

[1] 洪汉鼎.理解与解释——诠释学经典文献（修订本）.北京：东方出版社，2006：97.
[2] 同上.
[3] 海德格尔.存在与时间.陈嘉映，王庆节，合译.北京：生活·读书·新知三联书店，2006：80.
[4] 同上：92.
[5] 同上.

在论结构，是存在论意义上的“指引”，后者则是符号（标志）这种特殊用具在存在者层次上的属性。

用具的另外一个特点是，“唯有在打交道之际用具才依其天然所是显现出来”[1]。拿锤子这种用具来说，“锤打”这样一种与锤子打交道的操劳活动不仅有着对锤子的用具特性的“知”，而且它还以最恰当的方式占有着这一用具，“对锤子这物越少瞠目凝视，用它用得越起劲，对它的关系就变得越源始，它也就越发昭然若揭地作为它所是的东西来照面，作为用具来照面”[2]。海德格尔称用具的这种存在方式为“上手状态”，以区别于作为感性直观的对象而存在的存在者的“现成在手状态”。

符号（标志）既然也是一种用具，因此当我们注视着某个符号（标志）之时，把它当作摆在那里的显示物加以规定之时，恰恰不是我们“本真地”把握这个标志之时。拿机动车上的转向灯来说，与这种用具打交道的恰当方式不是对它的外观进行观察或注视，而是“面对着装有转向灯驶近的车辆的‘闪避’或‘站住’”[3]。

总之，对海德格尔来说，狄尔泰和胡塞尔的符号（标志）的最大问题在于把符号（标志）看作是同另一物有关的现成存在物，而不是一种用具，仿佛只要我们盯着符号（标志）看，就能从它身上看出“另一物”来。实际的情形是，符号（标志）与人的生存活动的某种可能性有关。只有在人的生存活动中，符号（标志）才成其为符号（标志），某种东西才会作为符号（标志）“显现”出来。海德格尔曾经举例说，农耕时节，人们把南风当作雨的符号（标志）。在气象学上，南风大概可以作为一种只不过是摆在那里的东西；但南风绝不是首先作为仅只现成的东西存在，尔后才偶尔承担起预兆的功能。毋宁说，恰恰是“农耕的寻视”以有所计较的方式才刚揭示出南风的存在。[4]

三、狄尔泰的生命哲学为海德格尔对符号理论的存在论改造铺平了道路

海德格尔的上述符号（标志）理论的主要意思可以简单地概括为：只有对于处在生存活动中具有各种各样的目的、期望和情感的人来说，某种东西才会成为承载着这样或那样的意义的符号。这或许也正是海德格尔的哲学被

[1] 海德格尔.存在与时间.陈嘉映，王庆节，合译.北京：生活·读书·新知三联书店，2006：81.
[2] 同上.
[3] 同上：92—93.
[4] 同上：94.

称为“生存论哲学”的一个重要原因。问题在于，以“生命哲学家”著称的狄尔泰，竟然不懂得表达（符号）的意义与人的生存活动之间的内在关联，岂非咄咄怪事？

种种迹象表明，海德格尔有意无意地“低估”了狄尔泰的生命哲学的重要性。看来为了更加公平地对待狄尔泰，有必要重温一下狄尔泰的生命哲学的主要命题，以免把狄尔泰已经发现的东西记在海德格尔的头上。当然，这不仅仅是为了评价他们两人的成败得失，更是为了从根本上弄清他们两人的理论渊源关系，从而更加准确地把握他们两人的理论的精神实质。

作为狄尔泰生命哲学的核心概念，“生命”针对的是康德等人的“先验自我”或“纯粹意识”。狄尔泰认为，康德和大部分认识论专家仅只涉及纯粹认识的意识，仅只涉及“在其血管里没有真正鲜血”，而只有稀释了的“理性汁液”的观察者和思想者。无论狄尔泰与胡塞尔曾经有多少共鸣，在这一点上他们却毫无疑问的是针锋相对的。与胡塞尔大谈“先验自我”或“纯粹意识”相反，狄尔泰对真正有血有肉的人感兴趣，这些人通过感觉、知觉、思想和意志行动来与现实相接触并产生相应的经验或“体验”。〔1〕

狄尔泰同时认为有必要以活生生的“体验”来代替经验论者眼中的“支离破碎”的感觉经验。按照狄尔泰的看法，经验主义和实证主义的思想家们并没有去思考他们所实际经验的东西，而是武断地预先假定：经验仅仅是那些由感官传递的东西，并根据这一假定探讨自己实际经验的东西，他这样写道：“我的哲学的基本观点是：迄今为止，还没有一个人把他的哲学探讨奠定在充分而又全面的经验整体的基础之上，并因而使之奠定在现实的全部完满性的基础之上。思辨固然是抽象的……但是经验主义同样如此。它使自身立足于支离破碎的经验之上，这种经验一开始就被精神生活的原子论观点所歪曲……完整的人是不可能被限制在这样的经验之内的。”〔2〕如果经验真的像经验主义者们所认为的那样仅仅是对事物的表象，那我们就确实可以把自己设想为“坐在世界舞台前的看客”了；事实正好相反，作为世界舞台的参加者我们受到牵涉，因为我们经验到的东西或者帮助我们，或者阻碍我们，或者使我们愉悦，或者使我们痛苦。〔3〕

正是基于以上这些看法，狄尔泰得以先于海德格尔看到人的生存活动与事物所承载的意义之间的密切联系。简而言之，狄尔泰的观点是：意义来自

〔1〕［英］H.P.里克曼.狄尔泰.殷晓蓉，吴晓明，译.北京：中国社会科学出版社，1989：103.
〔2〕同上：106.
〔3〕同上：212.

人在其世界中的“牵涉”(involvement)。具体来说,事物的“意义”或者来自于生活中有价值的东西所产生的因果关系,或者来自于我们寻求满足的渴望本身同外部世界的关系。狄尔泰甚至更为鲜明地指出了事物获得意义的方式:事物一方面通过对我们的直接影响,另一方面通过唤起我们的情感而成为有意义的,“正如我们通过感觉而经验到外部实在一样,我们通过情感而经验到价值、意义,经验到我们的内在生活或外部生活的感奋和压抑”[1]。

可见,狄尔泰已开始对那种把人与世界的关系简化为纯粹认识或外在直观的关系的看法提出了质疑,并且他没有像海德格尔所认为的那样仅仅把事物及其意义之间的关系看作与人的生存活动无关的现成存在的两种事物之间的显示与被显示的关系。在这一点上,狄尔泰与胡塞尔有着本质的区别。站在狄尔泰生命哲学的“制高点”上来看,海德格尔对人的生存活动与符号(标志)的意义之间的密切关系的强调,非但不显得突兀,反而让人觉得了无新意,不足为奇。

四、海德格尔对胡塞尔等人的意义理论的存在论改造

狄尔泰对意义问题的探讨是从“表达”开始的,但正如细心的读者不难从前面的论述中发现的那样,狄尔泰似乎越来越倾向于这样一种看法:不仅表达有意义,而且一切事物都因与人的实际生存发生关联(或者帮助我们,或者阻碍我们)而对于人呈现出不同的意义。表达与其意义之间的关系可以推广到一切与人的生存发生了这样或那样的联系的事物身上。

海德格尔对此可谓洞若观火,他一针见血地指出,“由此及彼”可以说是“一种普遍的关系方式”,甚至可以说是一切存在者的存在论结构的一个基本特征[2],而不仅仅是符号(标志)现象的特征。

直截了当地说,海德格尔的符号(标志)理论所着力强调的无非是这样一种看法:与其说我们生活在对物的直观或表象中,不如说我们生活在对物的“意义”的理解中。

平心而论,胡塞尔对此并非一无所知。从他对“语词表象”与“给予意义的行为”这二者之间的关系的分析中,可以非常清楚地看到这一点。他这样写道:“……我们在体验语词表象的时候,我们完全不生活在对语词的表象中,而是仅仅生活在语词意义、语词意指的进行中。……语词功能(或者毋宁

〔1〕［英］H.P.里克曼.狄尔泰.殷晓蓉,吴晓明,译.北京:中国社会科学出版社,1989:209.
〔2〕海德格尔.存在与时间.陈嘉映,王庆节,合译.北京:生活·读书·新知三联书店,2006:90.

说，直观语词表象的功能)恰恰就在于，引发我们的赋予意义的行为，指出那些在此行为‘中’被意指的并且也许是通过充实的行为而被给予的东西，强迫我们的兴趣仅仅朝向这个方向。”[1]反之，如果我们的兴趣仅仅朝向感性之物，仅仅朝向单纯作为声响构成物的语词，那么语词就不再是语词。

胡塞尔很快意识到语词的表象和意义之间的关系不仅可以扩大到一切符号身上，甚至可以扩大到符号之外的领域，特别是意识活动的领域。凡意识总是对在它之外的某物的意识，任何意识都有它的意向相关物或意向对象；在正常的意识活动中，意识直接指向的是意识的对象，而不是关于对象的意识。因此，实际上我们并非生活在意向体验(关于对象的意识)中，而是生活在意向对象(意识的对象)中，就像我们不生活在语词的表象中，而仅仅生活在语词的意义中一样。

为了更加具体地说明上述这个重要的思想，胡塞尔做了这样一个“思想实验”：如果我们臆造一个先于所有经验的意识，那么从可能性上来看，这个意识的感觉经验与我们的感觉经验将会是相同的。但它不直观任何事物和事物性事件，“它不感知树木和房屋，不感知鸟的飞翔或狗的吠叫” ……即对于这样一种意识来说，感觉不“意指”任何东西，感觉不“被看作”是一个对象特性的“符号”，感觉的复合不被看作是这个对象本身的符号；感觉始终被体验到，但却缺少一种(产生于“经验”之中的)客体化释义(Deutung)。[2]

这个思想实验从反面说明，对于像人这样处在实际生活经验中的意识来说，感觉始终是对某种东西的感觉，感觉体验始终是它所体验到的东西的“符号”。我们并非生活在感觉体验中，而是生活在我们所感觉到的东西中。

海德格尔在《存在与时间》中表达了相似的看法：在实际生活中，人们并不首先感知“声响”，而总是首先听到某种“声音”，即“我们从不也永不‘首先’听到一团响动，我们首先听到辚辚行车，听到摩托车。我们听到行进的兵团、呼啸的北风、笃笃的啄木鸟、噼啪作响的火焰”[3]。与胡塞尔的不同之处在于，在胡塞尔那里，听到“声音”是对感知到的“声响”赋予意义的结果，海德格尔则认为听到“声音”比感知到“声响”更为源始。

但海德格尔并未就此止步。我们并不生活在对符号的感性直观中，而总是生活在对符号的意义的理解中，这一点对海德格尔来说具有非同小可的意义。不仅像胡塞尔所认为的那样一切意向体验都可以被看作是与其相关的

〔1〕 胡塞尔.逻辑研究(第二卷第一部分).倪梁康，译.上海：上海译文出版社，2006：48.

〔2〕 同上：85.

〔3〕 海德格尔.存在与时间.陈嘉映，王庆节，合译.北京：生活·读书·新知三联书店，2006：191.

意向对象的“符号”,而且任何一个存在者都可以说是它的存在的意义的“符号”。我们并不生活在对存在者的外在直观中,而总是生活在对存在者的存在意义的理解和解释中。人与世内存在者打交道的生存活动本身就包含着对存在者的存在意义的理解和解释,就是把与我们照面的此物(如木头)“作为”彼物(如桌子、门、桥,等等)来看待的过程。〔1〕

简而言之,在海德格尔那里,一切存在者都成为其意义有待“此在”理解和解释的“符号”。存在与存在者的存在论区别,就是符号的意义与承载着这种意义的符号之间的区别。对存在的遗忘无异于对符号的意义的遗忘,无异于使符号不成其为符号,使存在者不成为其所是的那种存在者。

在胡塞尔那里,“对象的显现”(意向体验、符号)与“显现的对象”(意向对象、“意义”)之间的区别是一个基本的现象学区别,海德格尔把这种区别进一步发展成为存在者与存在者的存在之间的存在论区别。因此,在海德格尔那里,现象学就是存在论,就是使存在者的存在意义如其本身之所是地显现出来的科学。

但是只有在此在中,只有在人与世内存在者打交道的操劳活动中,存在者的存在意义才能显现出来。人的生存活动本身就包含着对存在者的存在意义的理解和解释。理解和解释不仅仅是一种方法或技术,而且还是人的生存方式,解释学在海德格尔那里成为生存论和存在论的解释学。狄尔泰强调,理解是在对残留于历史上流传下来的著作中的人类生存的解释中完成的,理解艺术的核心在于“对包含在著作中的人类此在的留存物进行阐释或解释”〔2〕。海德格尔则认为,“此在”或人类生存活动本身就是对存在者的存在意义的理解和解释。狄尔泰已经看到事物的存在具有什么样的意义在很大程度上取决于它与人的生存活动的关系,但他还没有像海德格尔这样把生存活动本身直接看作对事物的存在意义的理解和解释。这是他们两人的一个显著差别。

总之,在狄尔泰的生命哲学和哲学解释学的启发下,通过对胡塞尔的符号论的存在论和生存论的改造,在海德格尔那里,现象学、解释学和存在论(以及生存论)已经融为一体。

---

〔1〕 海德格尔.存在与时间.陈嘉映,王庆节,合译.北京:生活·读书·新知三联书店,2006:174.
〔2〕 洪汉鼎.理解与解释——诠释学经典文献(修订本).北京:东方出版社,2006:77.

第十六章　对胡塞尔内在时间意识学说的存在论改造

一、胡塞尔内在时间意识学说的基本内容

谈海德格尔的时间理论，不能绕开胡塞尔的“内在时间意识学说”来谈。因为前者在某种意义上不过是对后者所做的生存论—存在论的批评和修正而已。因此，在展开对海德格尔本人的时间观的讨论之前，简单介绍一下胡塞尔的内在时间意识学说的基本内容[1]，也许是必要的。

说明内在时间意识的起源是胡塞尔的内在时间意识学说的根本任务，对客观时间和内在时间的区分则是胡塞尔的内在时间意识学说的出发点。所谓客观的时间也就是外在的时间，即存在于空间中的时间，而内在时间就是不占据空间的意识现象在其中延续或生灭的时间。胡塞尔认为，客观的时间不是直接给予的东西，因为它们涉及外部世界存在的假定；而内在时间作为在意识中自发地向我们显现的时间，是“绝对的材料”[2]，对它的怀疑是毫无意义的。因此这种内在时间可以作为研究时间问题的出发点和突破口。

初看起来，胡塞尔似乎主张一种二元论的时间观：一种是客观的时间，另一种是主观（内在的）的时间；客观的时间存在于实在的世界中，主观的时间存在于意识的世界中。但是，实际上，胡塞尔主张只有一种时间，但存在两种不同地把握时间的方式：一种是根据实在的事物在空间中的运动去把握时间，这就是所谓的“客观时间”；另一种是根据时间对象在意识中的显现，根据我们自己的体验去把握时间，这就是所谓的“内在时间”。时间本身是不能被看到和听到的，我们所能听见和看见的是在时间中发生和进行的事件，胡塞

〔1〕 张庆熊．胡塞尔论内在时间意识．中国现象学与哲学评论（第一辑）．上海：上海译文出版社，1995：20—43．

〔2〕 Husserl, Edmund. *The Phenomenology of Internal Time-Consciousness*. *Bloomington*. Indiana University Press, 1964.

尔把它们称为“时间对象”，如延续着的物体、持续着的音响。物体和声音在我们的意识中有相应的显现内容，现象学研究我们是如何根据这些显现的内容（意识现象）构成物体和声音观念的。同样地，胡塞尔企图在意识中寻找某种显现的内容，以它们为素材我们构成原初的时间观念。

实际上，胡塞尔并不是第一个企图从意识现象中寻找时间观念的起源的人。首先明确地把时间看作是人的心灵特性，把时间归结为人的意识活动（知觉、回忆、期望等）的产物的是中世纪的思想家奥古斯丁。胡塞尔曾经给予奥古斯丁的时间学说以很高的评价。他说：“即使在今天，一切关心时间问题的人仍然必定会深入研究《忏悔录》第十一卷第十三章至第十八章。因为在这一以知识为自豪的现时代，没有任何人在这些问题上比这位执着地为解决这一难题而努力的伟大思想家取得了更卓著或更有意义的进步。”[1]

但胡塞尔的时间意识学说的直接先驱是他的老师布伦塔诺。布伦塔诺在胡塞尔之前已经着手研究我们是根据什么样的意识现象来构成原初的时间观念的。布伦塔诺相信，他在“直接记忆表象”[Gedächtnisvorstellungen]中找到了解决时间起源问题的答案。“直接记忆表象”是指那种“不经任何中介在知觉表象之后按照某种普遍规律产生出来的记忆表象”。[2] 当我们看到、听到或概括起来说，知觉到某种东西的时候，总会产生如下情况：所知觉到的东西在一段时间内停留在我们面前，但是并非无变动。它们变得不再像以前那么清晰和充实了，而且这种变动呈一种逐步弱化的趋势，直至完全消失。例如，当我们听到一支乐曲的时候，单个的声音并非随着它对我们的刺激的停止而消失，当一个新的声音响起的时候，以前的声音表象并非完全消失。否则的话，我们就不会注意到这些声音的前后相续关系，就不会形成一支乐曲的表象。另一方面，声音表象也不是不变地停留在意识中。如果它们不变地停留在意识中的话，我们就不会听到一支乐曲，而只能听到同时发出的音符的和音，或者不和谐的杂音。只有当那种弱化的渐变存在，只有随着有关的刺激的消失每一声音表象后跟着一个与自己相类似的和较微弱的表象，并且这种演替不断进行下去的时候，乐曲的表象才会产生出来。[3] 总之，在布伦塔诺看来，我们实际上并没有知觉到时间，在我们的意识中没有时间的知觉表象，

---

〔1〕 Husserl, Edmund. *The Phenomenology of Internal Time-Consciousness*. Bloomington: Indiana University Press, 1964, p. 21.

〔2〕 Husserl, Edmund. *The Phenomenology of Internal Time-Consciousness*. Bloomington: Indiana University Press, 1964, pp. 29—30.

〔3〕 Husserl, Edmund. *The Phenomenology of Internal Time-Consciousness*. Bloomington: Indiana University Press, 1964, p31.

我们看到颜色和听到声音，但是我们没有看到和听到它们的延续。“说刺激是延续的，这并不是说这种感觉被感觉到是延续的，而只是这种感觉也在延续。感觉的绵延和绵延的感觉不是一回事。”[1]我们之所以相信感觉是延续的，原因在于在我们的意识中有一串它们逐步弱化的表象，我们在此基础上创造出事物在时间中延续的观念。这就是时间的起源。

胡塞尔肯定布伦塔诺注意到了这样一个事实：当我们把握一个延续和演替的过程的时候，例如当我们听一支乐曲的时候，刚刚过去的东西没有立即在意识中消失，而是保留一会儿，处于一种不断变弱、变模糊的系列中。在胡塞尔的描述中，知觉意识的内容最清晰，然后过渡到“持留记忆”(Retention，相当于布伦塔诺的“直接记忆表象”)中。由于持留记忆的作用，原初的印象被保留片刻，但并非不加改变地保持，而是每个记忆表象都复制前一个记忆表象，每一个都比前一个在内容的充实性方面有所减弱，直至消失。不难看出，这一描述与布伦塔诺的有关描述并无多大区别。布伦塔诺企图根据意识内容的弱化变更找到时间观念的起源，胡塞尔也走这条路子。

可见，对布伦塔诺以在直接记忆中呈现出来的连续的、梯级状的、逐渐变弱的意识内容为依据说明原初的时间观念的做法，胡塞尔是基本肯定的。但胡塞尔认为，为了说明时间观念的起源，必须进一步考察知觉、记忆、期望等意识行为与意识内容的关系。

胡塞尔认为，我们对运动着的物体的意识行为不是一种单纯的感知行为，它总是跟持留记忆(Retention)和连带展望(Protention)结合在一起出现的。因此它的意识内容不是一个固定的点，而是一个动态的场。处于这个动态的场的核心的是原初印象(Urimpession)，处于这个核心周围的是持留记忆和连带展望。后二者仿佛是它周围的逐渐暗淡下去的层次，因而被胡塞尔形容为“晕圈”或“彗星尾巴”。持留记忆紧跟着原初印象，持留记忆本身也经历弱化变更；连带展望是以持留记忆为基础的一种展望。原初印象、持留记忆和连带展望是对运动的意识的三个环节。如果只有原初的印象，我们只会有对静止的物体的知觉，但不会获得动感，不会获得对延续、演替、变动的意识。原初印象、持留记忆和连带展望构成“活生生的现在”(Lebengegenwart)。

胡塞尔进一步指出，由于我们对延续的对象的意识包括了原初印象、持留记忆和连带展望这三个环节，我们因此能把握时间过渡的重要特征。原初印象代表现在，持留记忆指向过去，连带展望指向将来。现在不是单独出现

---

[1] Husserl, Edmund. *The Phenomenology of Internal Time-Consciousness*. Bloomington: Indiana University Press, 1964, p. 31.

的，它总是跟刚过去和即将到来结合在一起出现。现在隐含着过去和将来，就像我们看到桌子的正面就能同时想到桌子的侧面和背面因而能形成桌子的整体观念一样，我们直接知觉到的虽然是现在，但这个现在总是被看成与过去和将来相衔接的现在。这种“活生生的现在”被胡塞尔称为“时间场”。就时间场的意识内容而言，原初印象、持留记忆和连带展望处于它的中央，持留记忆和连带展望处于原初印象的前后两边。由于时间场本身是过渡的，所以时间场的推移才构成时间之流。

二、海德格尔对胡塞尔企图从意识现象中寻找时间起源的做法的批评

对于胡塞尔的内在时间意识的学说，海德格尔既有肯定，也有批评。其批评主要集中在以下三个方面：首先，在海德格尔看来，不能像胡塞尔那样从意识现象中寻找时间的起源，因为时间是知觉、记忆、期望等意识行为的基础，而不是相反；其次，海德格尔认为胡塞尔虽然看到了时间的绽出性，但从根本上来说他仍没有摆脱把时间看作是“无始无终的现在之流”这样一种“流俗”的时间观念；最后，海德格尔认为，在时间的本性的问题上，无论是牛顿式的客观主义立场还是胡塞尔等人的主观主义立场都是片面的、肤浅的。下面我们不妨就依海德格尔对胡塞尔的时间学说的这三个方面的批评为线索，试说明他是如何在展现时间的源始意义的基础上实现对包括胡塞尔现象学在内的主体性哲学的“时间”概念的扬弃的。

首先来看海德格尔对胡塞尔企图从意识现象中寻找时间的起源的做法的批评。为了说明时间的起源或什么是源始的时间，海德格尔从其生存论的存在论立场出发，用“被抛、沉沦与筹划”来代替胡塞尔的“原初印象、持留记忆和连带展望”，对此我们不应该感到突然或惊讶。值得探究的是，它们二者在各自的时间学说中的地位和作用是否相同。按照胡塞尔的理论，原初印象—持留记忆—连带展望是内在时间意识产生的根据，但对海德格尔而言，被抛—沉沦—筹划似乎是以此在的时间性为基础的，而不是相反。于是问题被归结为：对于海德格尔来说，被抛—沉沦—筹划究竟是此在的时间性的根据还是此在的时间性的结果？

对于海德格尔来说，被抛—沉沦—筹划是此在的操心结构的三个构成环节，因此，被抛—沉沦—筹划与时间性的关系的问题在海德格尔那里就是此在的操心结构（即此在“先行于自身的—已经在—世界中的—作为寓于世内照面的存在者存在”的存在论结构）与时间性的关系问题。为了说明此在的

操心结构与时间性的关系，海德格尔首先分析了操心的本真样式与时间性的关系。在《存在与时间》第 65 节，他表达了这样一个重要的思想：先行到死的决心绽露出此在的本真整体存在的可能性，而先行到死在生存论上就是朝向最本己的别具一格的能在存在，这意味着先行到死只有在此在根本就能够在其最本己的可能性中来到自身的情况下才有可能。换言之，如果说本真的或非本真的向死存在属于此在的存在，那么这一向死存在只有作为将来的存在才是可能的。当然，"'将来'在这里不是指一种尚未变成'现实'的，而到某时才将是'现实'的现在，而是指此在借以在最本己的能在中来到自身的那个'来'"〔1〕。这就是说，只有当此在根本总已向着自身到来，亦即在其存在中根本是将来的，作为操心的本真样式的先行到死本身才成为可能。〔2〕

海德格尔的上述这些论述说明，先行到死的决心以此在的"将来性"为条件。但此在是在被抛境况中理解先行的决心的，承担被抛境况却意味着：如其一向已曾是的那样本真的是此在。这意味着，只有当此在如"我是所曾在"那样存在，此在才能以回来的方式从将来来到自己本身，先行达乎最极端的最本己的可能性就是有所领会地回到最本己的曾在中来，将来总是"曾在着的将来"，这意味着此在的"曾在性"也是先行到死的决心的可能性的不可缺少的条件。〔3〕

此外，先行决心这样开展着此在的当下处境：生存有所行动地对实际周围世界上手的东西寻视操劳。下决心寓于处境中的上手事物的存在，亦即有所行动地让周围世界在场的东西来照面，这只有在这种存在者的当前才是可能的。只有在当前化的意义上作为当前，决心才能使它所有所行动地加以把握的东西来照面。〔4〕

上面这些论述说明，先行到死的决心以此在的将来性、曾在性和当前性为条件。需要强调的是，在海德格尔看来，将来、曾在和当前在此在中不是相互并列或逐个发生的，而是同时"到时"的，因此，此在的存在自始至终都是曾在着的有所当前化的将来。在这里，过去、现在和将来的内在统一仍然像在胡塞尔那里一样被看作是时间的本性或时间的可能性的根据。所不同的是，

〔1〕 海德格尔.存在与时间.陈嘉映，王庆节，合译.北京：生活·读书·新知三联书店，2006：371.

〔2〕 在海德格尔看来，此在向死存在的可能性在于此在与它的死之间的某种"距离"，如果没有这种"距离"，就没有"先行到死"的可能性。海德格尔的这个思想来源于亚里士多德，亚里士多德认为事物的运动变化要以事物的"伸展性"即从一事物变为它事物或从此处抵达彼处的可能性为条件。可参见亚里士多德《物理学》第四章第 10 节到第 14 节及海德格尔《现象学的基本问题》第 19 节中的有关论述。

〔3〕 海德格尔.存在与时间.陈嘉映，王庆节，合译.北京：生活·读书·新知三联书店，2006：371.

〔4〕 同上：371—372.

在胡塞尔那里，现在居于优先地位，现在隐含着过去和将来；海德格尔则强调将来的优先性，即将来将过去和现在（曾在和当前）包含于自身。但是，不管怎样，如果我们不了解我们前面已谈到的胡塞尔的“活生生的现在”、“时间场”等概念，就很难理解海德格尔下述这句话的含义：“我们把如此这般作为曾在着的有所当前化的将来而统一起来的现象称作时间性。”[1]

总之，如果曾在着的有所当前化的将来使时间成为可能而它们本身就是时间性，那么这种时间性又正是先行到死的决心的可能性所在。一言以蔽之，先行到死的决心以此在的时间性，即以此在作为曾在着的有所当前化的将来而存在为条件。

现在我们可进一步来考察操心结构与时间性的关系问题了。在海德格尔看来，“如果说决心构成了本真的操心的样式而决心本身又只有通过时间性才是可能的，那么着眼于决心而获得的现象本身也必定只是使一般的操心之为操心成为可能的时间性的一种样式”[2]。换言之，先行到死的决心对于此在的时间性的依赖性不过是一般的操心对此在的时间性的依赖性的一种特殊表现。

具体来说，操心结构对此在的时间性的依赖表现在：“先行于自身”奠基在将来中，“已经在……中”本来就表示曾在，“寓于……而存在”在当前化之际成为可能。海德格尔强调，这里不容许从流俗的时间理解来把握“先”和“已经”，“先”意指的不是“现在尚未……但是以后”，“已经”也不意味着“现在不再……但是以前”。“先”与“领先”表示将来，而将来之为将来才使此在能够为其能在而存在。向“为它本身之故”筹划自身根据于将来，而这种自身筹划是生存论建构的本质特性。生存论建构的首要意义就是将来。[3]

同样，“已经”意指这样一种存在者在生存论上的具有时间性的存在意义——这种存在者只消存在，就向来已是被抛的东西。只因为操心基于曾在，此在才能作为它所是的被抛的存在者生存。“只消”此在实际上生存着，它就从未过去，反倒总在“是我所曾在”的意义上曾在。而只有当它存在着它才能是曾在的。实际性首要的生存论意义即在于曾在。[4]

操心之结构的表达借“先”和“已经”这样的语词提示出生存论建构与实际性的时间性意义。反之，对操心的第三个组建环节即沉沦着的“寓于……而存在”却没有这样一种提示词。但这并不意味着沉沦并不同样根据于时

---

〔1〕 海德格尔．存在与时间．陈嘉映，王庆节，合译．北京：生活·读书·新知三联书店，2006：372．

〔2〕 同上．

〔3〕 同上：373．

〔4〕 同上：374．

间性。相反,沉沦于所操劳的上手事物与现成事物这一状况之首要基地就是当前化,这种当前化作为源始时间性的样式,始终包括在曾在的将来中。[1]

以上这些论述充分说明,对于海德格尔而言,此在的被抛—沉沦—筹划结构不可能是此在的时间性的根据而只能是此在的时间性的结果。这对我们来说就意味着:即使海德格尔退而放弃其生存论的存在论立场并返回到胡塞尔的先验唯心论的立场,他也仍有可能对原初印象—持留记忆—连带展望作为时间意识的根据的可能性提出质疑,因为按照我们刚刚"领教"过的海德格尔的思维逻辑,原初印象—持留记忆—连带展望本身的可能性条件就在于某种时间性,因此它们不可能是时间性或时间观念的最后根据。由此看来,可以肯定,对于海德格尔来说,胡塞尔的从意识内容或意识行为中寻找时间的起源的做法总的来说是无法接受的。

有的学者在研究胡塞尔的内在时间意识学说的过程中曾提出这样的问题:"记忆、感知和期望在时间意识的构成中起着重要的作用,这是无可否认的。但是不是仅凭这些主观方面的条件就能构成时间意识呢?"并且,"如果我们根本不知道什么是时间,我们能区分记忆和想象吗?……我们用记忆、感知和期望来说明时间,难道不是把想要说明的东西当作已经预先假定的东西吗?记忆、感知、期望这样的看来是自明的意识行为一旦离开了时间就变得难以捉摸了。"[2]应该肯定的是,学者们提出这样的问题表明这些学者注意到了胡塞尔的学说存在难以自圆其说之处。但笔者认为,胡塞尔的问题不在于他把"想要说明的东西当作已经预先假定的东西",而恰恰在于他把已经预先存在的东西当作有待产生的东西,即胡塞尔忽视了这样一个我们前面反复强调的事实:原初印象—持留记忆—连带展望本身要以某种时间性为条件,而不是相反。"记忆、感知、期望这样的看来是自明的意识行为一旦离开了时间就变得难以捉摸了",原因也正在于时间是这些行为之所以可能的条件而不是这些行为的结果。如果笔者本人的这些看法能够成立的话,那么,这无疑从另外一个方面说明海德格尔对胡塞尔的时间起源论的批评确实击中了要害。

---

〔1〕 海德格尔.存在与时间.陈嘉映,王庆节,合译.北京:生活·读书·新知三联书店,2006:374.
〔2〕 张庆熊.胡塞尔论内在时间意识.中国现象学与哲学评论(第一辑).上海:上海译文出版社,1995:37—38.

三、海德格尔认为胡塞尔的时间学说仍然停留在传统时间观的视野之内

接下来我们来看一下海德格尔对胡塞尔的时间观念的“流俗性质”的批评。前面的论述说明，此在的时间性是此在的操心结构的根据，这意味着此在的时间性是根本的、源始的时间性，是其他一切时间现象的源始基地。海德格尔认为，这种源始的时间性具有以下几个显著的特征：

第一，绽出性。沉沦、被抛、筹划等操心结构的诸环节及其统一之所以可能的原因就在于此在本身的时间性，即此在的存在本身就是有所当前化的曾在着的将来。将来、曾在与当前作为此在的时间性的构成环节显示出“向自身”、“回到”、“让照面”的现象性质。这里的“向……”、“到……”、“寓于……”等现象表明此在的时间性具有“绽出”的性质。将来、曾在、当前等现象就是时间性的绽出的不同样式。时间性是源始的、自在自为的“出离自身”本身。时间性并非先是一存在者，而后才从自身中走出来；而是，时间性的本质即是在诸种绽出(将来、曾在、当前)的统一中到时。在日常流俗的解释中，时间被看成是由前后相续的“纯粹现在”拼接而成的，在这种解释中，时间的绽出性质被敉平了。[1]

第二，将来优先性。海德格尔指出，在历数诸绽出的时候，他之所以总是首先提到将来，原因就在于将来在源始而本真的时间性的绽出的统一性中拥有优先地位，虽然时间性不是通过诸绽出的积累与嬗递才发生的，而是向来就在诸绽出的同等的源始性中到时的。源始而本真的时间性的首要现象是将来。[2]

第三，有终性。操心是向死存在，在这种向其终结的存在中，此在作为因“被抛入死”而能是的存在者本真地整体地生存着。此在并不是只有一个它最后停止于彼的终结，此在倒是有终地生存着。因而本真的将来绽露自身为有终的将来。在海德格尔看来，忽视源始而本真的将来的有终性，从而也忽视时间性的有终性，“先天地”认为这种有终性不可能，这种看法“源于流俗时间理解的不断侵扰”。[3]

此在的时间性意味着此在总是“有时间的”，但此在在日常生活中总是说“我有时间”或“我没有时间”。这显然不是此在对自己的源始时间性的肯定

---

〔1〕 海德格尔.存在与时间.陈嘉映，王庆节，合译.北京：生活·读书·新知三联书店，2006：375.

〔2〕 同上.

〔3〕 同上：377.

或否定,因为此在的时间性对日常此在来说根本就是被遮蔽的。既然如此,那么,当此在说“我有时间”或“我没有时间”时,这里的“时间”必定不同于“此在的源始时间性”意义上的时间。这就意味着,此在作为具有时间性的存在者又被“赋予”了另一种意义上的时间。海德格尔认为这种“赋予”是随着此在的展开而发生的。他说:“实际被抛的此在之所以能够‘获得’和丧失时间,仅只在于它作为绽出的、伸展了的时间性又被赋予了某种‘时间’,而这种赋予是随着植根于这种时间性中的此在的展开而进行的。”[1]需要进一步考察的是,此在的展开赋予此在以“另一种时间”的具体过程。

此在的展开首先是指此在能有所理解地向来像它所能在的那样存在。但只有在个别化中此在才把自己带向其最本己的能在,而日常此在总是在有所操劳地寓于所操劳的存在者中来到自己。这就是说,此在原本并不在其最本己的而无所旁涉的能在中来到自己;它有所操劳地从它所操劳之事的结果或无果方面期备能在。这意味着在日常此在中,时间并不常驻地从本真的将来到时。或者说,本真的将来在日常此在中变成了对所操劳之事的结果的期备。随着这种对所操劳之事的结果的期备,“曾在着的有所当前化的将来”就变成“有所期备有所居持的当前化”,此在的源始的向死存在的时间性就被“分割”成期备着所操劳之事的结果的时间性,于是此在仿佛被赋予了另一种时间。[2]

可见,随着此在向所操劳之事的“沉沦”,此在的源始的时间性就变成操劳活动的时间性。操劳活动的时间性表现为操劳是“有所期备有所居持的当前化”。操劳活动借“而后”道出自己之为期备,借“当时”道出自己之为居持,借“现在”道出自己之为当前化。但每一个“而后”都是“而后某事将发生”,每一个“当时”都是“当时某事曾发生”,每一个“现在”都是“现在某事已发生”。因此,“即使没有日期,‘现在’、‘而后’和‘当时’也或多或少确定地起着定期作用”[3]。“现在”、“而后”和“当时”就是通常意义上的时间。时间之所以具有定期作用的原因在于:在时间性的绽出统一中此在向来已作为在世的存在对它自己展开了,而世内存在者也随之一道得到了揭示,所以,得到解释的时间向来也已从随着此在的展开状态来照面的存在者方面而具有某种定期。因此,“现在”、“而后”和“当时”的这种定期作用或可定期性结构表明通常意义上的操劳活动的时间来自时间性本身。[4]

---

〔1〕 海德格尔.存在与时间.陈嘉映,王庆节,合译.北京:生活·读书·新知三联书店,2006:464.
〔2〕 同上:384.
〔3〕 同上:460.
〔4〕 同上:461.

海德格尔认为,“现在”、“而后”和“当时”在具有可定期结构的同时还具有时段性,即时间总是依所操劳之事“伸张分段”。[1] 另外,此在作为展开了的此在实际上以共他人存在的方式生存着,所以,根据此在绽出的在世,当下此在的被解释、被道出的时间本身向来也就是公众化了的。这就是时间的另一个特性——公共性。[2] 再者,操劳活动的有所期备有所居持的当前化是与某种何所用相关联来领会时间的,而这种何所用最终又固定在此在能在的某种为何之故上。公共化的时间作为有意蕴的时间、作为“是其时”本质上具有世界性质。据此海德格尔认为,我们可以把在时间性到时之际公共化的时间称为“世界时间”。可见,此在所操劳的时间不仅是可定期的、伸张分段的、公共的,并且它作为具有这种结构的时间是属于世界本身的。[3] 世界时间随着世界的展开而公共化,其结果是每一寓于世内存在者并操劳于时间的存在都以寻视方式把世内存在者理解为“在时间中”来照面的。在这个意义上,世界时间根据于时间性从视野绽出的建构而像世界本身一样具有超越性。[4]

综上所述,时间原本是有意蕴和可定期的世界时间,并且时间作为源于此在的时间性的时间是绽出的、有终的、以将来为核心的。但在日常生活中,时间显现为一系列始终“现成在手的”、一面逝去一面来临的现在,时间被理解为前后相续的现在之“流”或“时间长河”,海德格尔认为对时间的这种“流俗的”理解是肤浅的、错误的。因为在这种流俗的理解中,时间被解释为既没有可定期性又没有意蕴的、无始无终的“现在序列”。[5]

海德格尔对流俗时间概念的上述批评隐含着对胡塞尔的内在时间意识学说的批评。在海德格尔看来,胡塞尔强调现在是“活生生的现在”,表明他看到了时间的绽出性,而没有把时间看成是由一个个“纯粹的现在”拼接而成的,无疑是个值得赞赏的进步。但在胡塞尔的学说中仍然处处流露出把时间看成是没有可定期性和意蕴的、无始无终的现在之流的倾向,表明胡塞尔仍然停留在奠基于对时间的流俗理解之上的传统时间观的视野之内。既然就对时间本身的理解而言,胡塞尔的内在时间意识学说从根本上来说仍然停留于对时间的流俗理解中,那么海德格尔建立于对时间的可定期性、世界性、有终性、将来优先性等的剖析基础上的对流俗时间观念的批评无疑同时也就是对胡塞尔的内在时间意识学说的批评。

---

[1] 海德格尔.存在与时间.陈嘉映,王庆节,合译.北京:生活·读书·新知三联书店,2006:462.

[2] 同上:465.

[3] 同上:468.

[4] 同上.

[5] 同上:476.

四、海德格尔对胡塞尔在时间本性问题上的主观主义立场的批判

最后我们来看一下海德格尔对胡塞尔在时间的本性问题上的主观主义倾向的批评。在《内在时间意识现象学》一书的开头，胡塞尔就强调，他对内在时间意识的现象学研究是在排除客观时间的设定的基础上进行的，换言之，内在时间意识现象学要研究的是内在时间意识的起源问题，而不是外在的客观时间的起源问题。但实际上胡塞尔仿佛不满足于仅仅说明内在时间而力图把客观时间归结为内在时间意识的结果。他认为，客观的时间观念建立在经验知识积累的基础之上，我们通过对天体运动的观测，对物体在空间中的运动速度的观测和比较等，才逐步形成客观的时间观念。而在此之前，我们已经知道，我们先看见什么，后看见什么，先想什么，后想什么。我们知道这种先后关系，意味着我们已经有了某种比较原初的时间意识，而且如果我们不知道这种先后关系的话，我们就无从知道客观的时间关系。因而客观的时间观念不是原初的时间观念，而是一种后起的时间观念。〔1〕胡塞尔这种把客观时间归结为内在时间意识的结果的看法与奥古斯丁、康德等人从主观的方向探询时间的奥秘的做法显然具有一脉相传的关系。

时间的本性的问题即时间是主观的还是客观的问题是时间之谜这个困难的课题中一个极其困难的问题，也是所有认真思考时间问题的人都会遇到的问题。自亚里士多德算起，围绕这个问题的争论已经进行了两千多年。人们从常识的观念出发，倾向于认为时间毫无疑问的是客观的。第一次对这种观念提出质疑的是亚里士多德。在亚里士多德看来，“时间即是计算在早先与晚后的视野上照面的运动时所得之数”〔2〕，但“如果心灵与心灵之意念外就没有任何东西自然地有计数禀赋，那么，如果没有心灵，时间就是不可能的”〔3〕。从亚里士多德的这些见解来看，把他看成是在时间的本性问题上的纯粹的“客观派”，似乎有失公允。前面提到的中世纪的思想家奥古斯丁表达了与亚里士多德类似的观点，他曾经这样写道：“所以，在我看来，时间无非是一种广延；但我不知它是何种事物的广延。而它若不是心灵自身的广延，那

〔1〕 张庆熊．胡塞尔论内在时间意识．中国现象学与哲学评论（第一辑）．上海：上海译文出版社，1995：25．

〔2〕 海德格尔．存在与时间．陈嘉映，王庆节，合译．北京：生活·读书·新知三联书店，2006：475．

〔3〕 同上：482．

倒令人惊异了。”[1]至于人们所熟悉的康德则以惊人的勇气明确地把客观事物的时间性归结为主体的“感性直观形式”(时间和空间)作用的结果,使时间本性问题上的主观主义立场第一次得到了系统的理论论证。尽管胡塞尔曾对康德没有进一步说明“先天的时间观念”的起源表示不满,但从大的方向而言,他与康德的主观主义的立场是完全一致的。

但是,关于时间的本性问题的争论并没有就此画上句号。“究竟应得把‘主观的’还是‘客观的’性质归属于时间呢?把它看作是自在存在着的吧,它却又显著地归于‘心灵’;说它具有‘意识’性质吧,然而却又‘客观地’起作用。”[2]这样一个问题仍然一如既往地困扰着人们。

就海德格尔把此在的时间性看作是源始的时间性而言,他的立场更接近于时间本性问题上的“主观派”。海德格尔认为,所谓的“客观时间”来源于此在的时间性至少有两个方面的证据:

首先,我们为什么说时间逝去而不同样强调时间生出?从纯粹的现在序列着眼这两种说法可以同样有道理。因此,在时间逝去这种观念或说法中,此在对时间的理解归根到底多于它所愿意承认的。实际上,只是因为此在在先行之际是将来的,所以它必定有所期备地把现在序列理解为滑开着逝去的现在序列。强调时间逝去的事实,也就是以公共的方式反映出“客观时间”来源于此在的时间性的有终的将来状态。[3]

其次,流俗时间解释把时间规定为一种不可逆转的前后相续,那么,时间为什么不可逆转?在那种盯着现在之流的眼界里本来就看不出一一相续的现在为什么不也得会在逆转的方向上表现出来。逆转之所以不可能的根据在于:公共时间出自时间性,而时间性的到时首要地是将来的,是以绽出方式向其终结“行进”的,也就是说,时间性的到时已经“是”向着终结的“存在”。[4]

但是这并不意味着海德格尔就是时间本性问题上的主观主义者。在海德格尔看来,如果“客观”一词意指世内照面的存在者的自在现成存在,那么,现成事物动止“在其中”的时间就不是“客观的”。同样,如果我们把“主观的”理解为在一个“主体”中现成存在或出现,那么时间也不是“主观的”。世界时间比一切可能的客体都“更客观”,因为它作为世内存在者之所以可能的条件向来已随着世界的展开一绽出视野的方式“客观化”了。所以,与

〔1〕 海德格尔.存在与时间.陈嘉映,王庆节,合译.北京:生活·读书·新知三联书店,2006:482.

〔2〕 同上:458.

〔3〕 同上:480.

〔4〕 同上:481.

康德的意见相反,海德格尔认为,世界时间在物理事物那里一如在心理事物那里一样是直接出现的,而非先要假道于心理事物才在物理事物那里出现。但世界时间也比一切可能的主体"更主观",因为若把操心的意义适当地理解为实际生存着的自身存在,那就只有时间才一道使这种存在成为可能。总之,时间既不在"主体"中也不在"客体"中现成存在,既不"内在"也不"外在",时间比一切主观性与客观性都"更早""存在",因为它表现为这个"更早"之所以可能的条件本身。[1] 海德格尔所作的这些令人耳目一新的论述,表明了他与以康德、胡塞尔等人为代表的主体性哲学在时间的本性问题上所存在的分歧。

我们以上的论述主要是围绕海德格尔对胡塞尔的时间学说的批评这一问题展开的,但从中不难看出,海德格尔对胡塞尔的批评与他对包括主体性哲学在内的传统哲学的时间观的批评是很难分开的。这就是说,我们完全可以把前面提到的海德格尔对胡塞尔的时间学说的三个批评"读作"对主体性哲学的时间概念的批评。具体来说,这种批评可以归结为以下三点:首先,对于海德格尔来说,时间存在于一切意识内容和意识行为之前,因此企图从意识的内容或行为中寻找时间的起源,无异于本末倒置;需要探讨的是日常生活中的时间观念是如何从此在的源始的时间性衍变而成的,"时间的谱系学"应该取代"时间的起源说",这可能就是海德格尔的时间观与主体性哲学时间概念的最大不同;其次,与主体性哲学把时间看作是无始无终的现在之流不同,海德格尔强调时间的意蕴性、可定期性和有终性;最后,海德格尔认为主体性哲学在时间问题上的主观主义的立场与牛顿式的客观主义立场一样都是片面的、肤浅的。

---

〔1〕 海德格尔.存在与时间.陈嘉映,王庆节,合译.北京:生活·读书·新知三联书店,2006:473.

第十七章　空间概念的生存论重建

时间和空间都是最常见又最令人感到费解的现象。奥古斯丁曾经感叹道:“时间究竟是什么? 没有人问我,我倒清楚,有人问我,我想说明,便茫然不解了。”[1]相对而言,与转瞬即逝的时间相比,空间似乎更容易把握一些。但是,实际上,要从哲学上说明什么是空间,同样不是一件容易的事。

正如爱因斯坦在为麦克斯·雅默的《空间的概念——物理学中的空间理论史》[2]一书所做的序言中所指出的,在现实生活中,对于空间实际上存在着以下两种并行不悖的理解和看法:

第一种看法把空间理解为某个物体所占的位置。根据对空间的这种理解,空间就是物体之间的关系或秩序。如果从这个意义上来理解和界定空间,那么,谈论“是否存在脱离物体独立存在的虚空或空间”显然是没有任何意义的。

我们在现实生活中还在另外一种不同的意义上来谈论空间。一个空的箱子可以用来盛大米,也可以用来装土豆。在这里我们看到,这个箱子本身固然是一个真实存在的物体,但这个箱子可以容纳别的东西的属性显然像这个箱子本身一样是“真实存在的”,我们把箱子的这个属性称为它的“空间”。当我们把这种意义上的空间看作是可以脱离物体独立存在的东西并将其加以无限扩大时,我们便获得将世界万物都容纳于其中的“宇宙空间”的概念。根据对空间的这种理解,一个不存在于空间中的物体是无法设想的,而一个不被任何物体所占据的空无一物的空间则是可以设想的。

爱因斯坦认为,上面这两种空间概念其实都是“人类想象力的自由创造”,其目的在于使我们对感性经验的理解变得方便易行。[3] 从哲学上来说,爱因斯坦是空间的本性问题上的“主观论者”。空间是主观的还是客观的?这是关于空间本性的哲学讨论所无法回避的问题。另一个必须面对的问题则是“是否存在空无一物的空间?”在康德之前,人们对空间本性的不同认识

〔1〕 奥古斯丁.忏悔录.周士良,译.北京:商务印书馆,1963:242.

〔2〕 Jammer, Max. *Concepts of Space*. New York: Dover Publications, Inc., 1993.

〔3〕 Jammer, Max. *Concepts of Space*. New York: Dover Publications, Inc., 1993, xv.

主要是围绕后一个问题展开的。关于是否存在真空的争论在近代牛顿力学盛行的时期更是达到了白热化的程度。康德把空间看作是人的感性直观的先天形式,实现了空间概念"先验论"转向,等于宣告空间是"主观的",从而使"在客观世界中是否存在虚空或真空"的问题成为一个无意义的问题,实际上是因为对前面提到的第一个问题(空间是主观的还是客观的)的解决而使第二个问题(是否存在空无一物的空间)失去了合法性。海德格尔认为位置、远近等空间概念是在人的生存活动中开启出来的,实现了空间概念的"生存论"转向,同时也取消了脱离人生活于其中的世界孤立存在的"绝对真空"或"自在空间"概念的合法性。但对海德格尔来说这并不意味着空间像康德所认为的那样是"主观的"。实际上,在海德格尔看来,不仅"是否存在独立自在的虚空"的问题是无意义的,而且追问"空间是主观的还是客观的"也是不妥当的。

一、亚里士多德对"虚空说"的批判

在西方哲学史上,首先认识到空间的重要性的是原子论者留基伯和德谟克利特。他们把原子和虚空作为万物的本原。在他们看来,对于世界万物的存在来说,虚空与原子同样重要。虚空是原子运动的场所,如果只有原子,没有虚空,那么整个宇宙将是完全充实的。原子的运动以及它们之间的结合和分离就是无法想象的,世界万物的产生和存在也就无从谈起。

作为最微小的、不可再分割的物质微粒,原子是充实的、内部没有空隙的东西。就此而言,原子与虚空是完全对立的。但是,另一方面,尽管原子本身非常微小,但仍有大小形状之分,这等于说原子本身仍然占有一定的空间体积。那么,原子本身所占据的空间与把它们分割开来并作为它们的运动场所的空间("虚空")是同一种空间还是两种不同的空间？显然,在"什么是空间"的问题没有得到解决的情况下,想要透彻地说明空间与事物的存在和运动的关系,是难以做到的。

亚里士多德在《物理学》第四章中进一步对空间是否存在以及空间的本性是什么等问题进行了系统的探讨。他首先赞同原子论者的见解,认为空间不仅存在,而且"比什么都重要",因为离开空间任何别的事物都无法存在,但空间本身却可以离开别的事物存在——当寓居于空间之中的事物灭亡时,空间并不随之灭亡。正是从这个意义上来说,亚里士多德认为,赫西俄德所谓的"万物之先有混沌,然后才产生宽广的大地"的说法是很有道理的。[1]

---

〔1〕 亚里士多德.物理学.张竹明,译.北京:商务印书馆,1982:93.

与“空间是否存在”这个问题相比，“空间的本性是什么”的问题是一个更加重要也更加复杂的问题。柏拉图是第一个明确提出后面这个问题的哲学家，“须知大家都不过是在说明确有空间这东西，只有柏拉图已经在力图说明空间是什么了”[1]。但亚里士多德并不认同柏拉图把空间和处所等同于(形式的)“接受者”即质料的看法。[2] 在他看来，空间既不是形式也不是质料，“因为事物的形式和质料是不能脱离事物的，而空间是能脱离事物的”[3]。

空间既不是形式也不是质料，那么它是不是物体的“限面间的一个独立的体积”呢？在某个容器本身未发生变动的情况下，容器里面的东西却常常发生变动，例如水从杯子里倒出去。这很容易使人们想象“有一个限面间的体积这样一种作为移走了的事物以外的东西独立存在着”[4]。但亚里士多德认为这样一种“独立的体积”是不存在的，当水从杯子里倒出去时，原来充满水的空间并没有变成空无一物的“虚空”，而是由别的事物例如“空气”所充满。

实际上，亚里士多德并不反对把空间理解为物体所占的“体积”，他只是反对把这种体积作为可以不容纳任何事物独立存在的“虚空”来理解。在空间的本性问题上，亚里士多德的基本立场是否认存在着“空无一物的空间”(即所谓的“独立的体积”，亦即原子论者所说的“虚空”)。一方面，亚里士多德承认空间对于世界万物的存在来说是不可缺少的，空间既是与事物不同的东西，又是事物存在的前提条件。但另一方面，亚里士多德又坚决否认空无一物的绝对空间或“虚空”的存在。因此，在亚里士多德看来，就德谟克利特看到了原子的存在和运动离不开空间而言，他的原子—虚空说包含合理的成分，但就他没有看到原子本身也处在空间中以及并不存在空无一物的“虚空”而言，他的学说又是完全错误的。总之，亚里士多德既看到了空间对于世界万物的相对独立性，又否认存在着可以离开一切事物独立存在的“自在的空间”。空间一开始就是作为事物存在的处所出现的，原子论者所说的空无一物的绝对“虚空”不过是人的意识的想象和虚构罢了。

二、笛卡尔、牛顿与莱布尼茨在空间问题上的“虚实之争”

笛卡尔在哲学上开启了一个崭新的时代，是近代哲学的奠基者，这主要是指他是文艺复兴之后第一个把“自我”作为整个科学知识大厦的基石的哲

〔1〕 亚里士多德.物理学.张竹明，译.北京：商务印书馆，1982：96.
〔2〕 吴国盛.希腊空间概念.北京：中国人民大学出版社，2010：32—33.
〔3〕 亚里士多德.物理学.张竹明，译.北京：商务印书馆，1982：96.
〔4〕 同上：102.

学家。不过,我们不应当忘记的是,笛卡尔能够把自我作为阿基米德点的前提条件是首先获得如下这样一种见解——除了以空间作为本性的物质实体之外,还存在着一类不占有任何空间体积的无形的精神实体,即所谓的“心灵”或“自我”,它的唯一本性在于思维。可见,笛卡尔对“自我”的发现与他对空间及物质实体的本性的理解有着密切的关系。“我思故我在”的理论前提之一是心物二元论,而后者的实质则在于把“是否占有一定的空间体积(广袤)”作为区分物质实体与精神实体的标准。

笛卡尔在他的《哲学原理》一书中对物质实体的“空间”(广袤)本性进行了详细的论证,其中最有名的是下列这段话:“物质或物体的本性,并不在于它是硬的、重的、或者有颜色的,或以其他方式刺激我们的感官。它的本性在于它是一个具有长、宽、高三量向的实体。”[1]试以一块石头为例,当我们把颜色、重量、温度从它身上排除出去之后,我们将看到,物体的观念中并没有剩下别的,而只剩下一种在长、宽、高三方面延伸展开来的东西,而这种东西是包含在我们的空间观念中的,而且“它不止包含于充满物体的空间观念中,同时也包含于所谓‘虚空’的空间观念中”[2]。

一方面,物质实体是无法离开空间存在的,不占有一定的空间体积的物体是无法想象的。但是,另一方面,空间同样也无法离开物体独立存在,世界上并不存在离开物体独立存在的“自在空间”,并不存在其中空无一物的绝对“虚空”,在这一点上,笛卡尔与亚里士多德是完全一致的。难能可贵的是,笛卡尔进一步对“虚空”概念的实质进行了深入的剖析。他认为,“虚空这一名词的通用意义并不是指一个绝对没有任何事物的场所或空间,而是指一个场所,那里没有我们假设为应有的那些东西。”[3]举例来说,人制造杯子是为了盛水,当杯子里只有空气而没有水时,我们就说它是空的。一般来说,我们说某个空间是“虚空”,并不是因为里面真的空无一物,而只是因为其中没有包含“可感知的事物”。如果我们认为被称为“虚空”的那个空间,不但不包含可感知的对象,而且根本不包含任何对象,那我们就错了。

笛卡尔对绝对虚空的否定,虽然产生了很大的影响,但事实上它并没有被普遍接受,牛顿的“绝对时空说”的横空出世,就充分说明了这一点。牛顿力学把时间和空间看作绝对的、实在的存在,物体必定存在于时空中,时空则可以离开物体独立存在,因此,没有物体存在的地方也仍有空间,即“虚空”是

---

〔1〕 笛卡尔.哲学原理.关文运,译.北京:商务印书馆,1959:35.
〔2〕 同上:39.
〔3〕 同上:42.

存在的。

在哲学上，牛顿力学的这种观点虽然得到洛克等人的赞同，但却遭到莱布尼茨的坚决反对。牛顿与莱布尼茨这两个科学史上的巨人在空间本性问题上的一场空前激烈的争论，呈一触即发之势。莱布尼茨与牛顿的代言人克拉克就有关问题通过书信展开的哲学论战[1]，正是在这种形势下发生的。

在致克拉克的"第三封信"中，莱布尼茨对他本人在空间本性问题上与牛顿及其追随者截然不同的看法作了如下表达："至于我，已不止一次地指出过，我把空间看作某种纯粹相对的东西，就像时间一样；看作一种并存的秩序，正如时间是一种接续的秩序一样。因为以可能性来说，空间标志着同时存在的事物的一种秩序，只要这些事物一起存在，而不必涉及它们特殊的存在方式；当我们看到几件事物在一起时，我们就觉察到事物彼此之间的这种秩序。"[2]

基于对空间本性的上述这种看法，莱布尼茨坚决否认空无一物的"虚空"或真空的存在，他同笛卡尔一样，认为离开物质独立存在的"自在空间"或虚空不过是人们的一种想象，他这样写道："空间就其本身来看和时间一样是观念性的东西，所以世界之外的空间应该是想象的东西。……世界之内的空的空间也是一样，我根据我已提出的那些理由认为它也是想象的。"[3]

当时很多科学家和哲学家受牛顿的影响，反对莱布尼茨的这种观点，认为虚空或真空的存在是不容否定的，并试图通过人为地制造出"真空"的实验来反驳莱布尼茨的观点。但莱布尼茨认为他们所得到的众所周知的实验结果并没有证明真空的存在，他在致克拉克的"第五封信"中谈到这一点时指出："人家用马德保盖利克先生发明的虚空来反驳我，那虚空是他把一个容器中的空气抽去而造成的；人家以为在这容器中就真正有完全的虚空，或无物质的空间，至少一部分是这样。亚里士多德派和笛卡尔派都不承认真空，他们就已经回答了盖利克的这个实验，同样也回答了佛罗伦萨托里拆利的实验（他是利用水银把一根玻璃管内的空气排空），在这管子或在这容器内根本就没有虚空，因为那玻璃有很多细的孔，光线、磁线和其他很多细的物质都可以穿过这些细孔进去的。我是同意他们的意见的……"。[4] 显然，莱布尼茨明确意识到，在是否存在虚空或真空的问题上，已经形成相互对立的两个派别：以亚里士多德、笛卡尔为代表的一派否认虚空的存在，而以德谟克利特、牛顿

〔1〕 莱布尼茨与克拉克论战书信集．陈修斋，译．北京：商务印书馆，1996．
〔2〕 同上：18．
〔3〕 同上：63．
〔4〕 同上：63－64．

为代表的另一派则肯定虚空的存在。在后一派的观点似乎已得到有关实验结果的支持的情况下，莱布尼茨仍然力排众议，毫不犹豫地坚持自己的看法，表现出极大的敢于坚持真理的勇气。

在牛顿力学及其绝对时空观如日中天的背景下，莱布尼茨对真空的否定不免显得有点不合时宜。但时隔200多年之后发生的物理学革命，却证明莱布尼茨所言不虚。法拉第-麦克斯韦的电磁场理论和爱因斯坦的相对论表明，在没有空气的“真空”中，还有电磁场、引力场的存在；现代量子场论则把真空看作是处于基态的量子场，它“并非一个完全空的区域，而只是一个具有最低可能能量的空间区域”[1]。这些事实充分说明“真空不空”，可以看作莱布尼茨在空间本性问题上的理论学说的迟到的注脚。

三、康德：“虚空”的先验论消解

康德是一个既善于吸收前人的研究成果，又富有革新精神的哲学家，在空间本性的问题上同样如此。康德既反对像牛顿等人那样把空间理解为某种客观实在的东西，也反对像莱布尼茨那样把空间看作客观事物之间的关系。在1770年以《论可感世界与理智世界的形式及其原则》为题的教授资格论文[2]中，他曾对此进行集中的阐述：“空间不是某种客观的实在的东西，它既不是实体，也不是偶性，也不是关系；而是主观的东西，是观念的东西，是按照固定的规律仿佛从精神的本性产生出的图式，要把外部感知的一切都彼此排列起来。为空间的实在性辩护的人们，要么把它设想为可能事物的无条件的、不可测度的容器，这种观点在英国人看来为大多数几何学家所赞同；要么就主张它是存在的事物关系自身，取消了事物，这种关系就化为乌有，仅仅在现实的东西那里才是可设想的，按照莱布尼茨的观点，它对于我们大多数人来说就是这样。”[3]

康德把空间看作是主观的、观念的东西，看作是“精神外部感知的图式”。这样一种看法初看起来不仅违背常理，而且与牛顿和莱布尼茨等人的观点有着天壤之别，确实是一种非常独特、似乎很难使人“把它当真”的一种看法。然而，康德之所以要提出这样一种显得“另类”的看法，却不是为了显示自己的思想有多么独特和高明，而是因为在他看来只有那样一种看法才能避免和

---

〔1〕 狄拉克．物理学的方向．张宜宗，郭应焕，译．北京：科学出版社，1981：15．

〔2〕 康德著作全集（第二卷）．李秋零，主编．北京：中国人民大学出版社，2004：387－431．

〔3〕 同上：412．

解决牛顿与莱布尼茨的理论所带来的矛盾和问题。

在康德看来，牛顿空间理论的问题在于"既然它虚构出没有任何相互关联的存在物的真实的无限关系，就属于童话世界"〔1〕。康德的意思是说，空间的概念本身就表明它表示的是事物之间的关系，但牛顿的绝对空间说却认为这种关系在事物不存在时也仍然存在，这显然是像童话一样的"虚构"。莱布尼茨比牛顿高明的地方在于他看到空间表示的不过是事物之间的关系，但由于他把这种关系看成是客观的、外在的，结果却陷入了"更糟糕的错误"，这种错误在于它会"使几何学失去最高的确定性"〔2〕。因为，如果空间的所有属性都仅仅通过经验从外部关系得来，那么几何学的公理就成为从归纳得来的、只有相对普遍性的命题，这显然是无法使人接受的。

正如我们上文所提到的，莱布尼茨曾明确指出，作为同时存在的事物之间的并列关系或秩序，空间并不是客观的，而是观念性的。因此，康德认为莱布尼茨把空间看成是事物之间"客观的"关系，是对莱布尼茨的学说的曲解；他基于这种曲解对后者所做的上述批评，是不公正的。但不管怎样，由于莱布尼茨与其对手争论的焦点是"空间是一种实体还是一种关系"，以及"真空是否存在"等问题而非"空间是主观的还是客观的"问题，因此，对于空间的观念性或主观性，莱布尼茨确实谈得并不多。他既没有像康德那样把空间问题与几何学公理的有效性问题联系起来，也没有把它规定为"精神"的外部感知的图式，而这也正是康德的空间理论的特性和贡献之所在。

在时隔十年之后的《纯粹理性批判》(1781 年，第一版)中，康德对空间的本性的进一步考察是从下列这串明知故问式的问题开始的："空间与时间是什么呢？它们是现实的存在物吗？或者它们虽然只是事物的诸规定乃至于诸关系，但却是哪怕事物未被直观到也仍然要归之于这些事物本身的东西？要么，它们是这样一些仅仅依附于直观形式、因而依附于我们内心的主观性状的东西，没有这种主观性状，这些谓词就根本不可能赋予任何事物？"〔3〕这就是说，在空间的本性问题上，有三种不同的看法，第一种是把它看成"现实的存在物"，第二种是把它看成事物的属性或关系，第三种是把它看成依附于我们内心的主观性状或直观形式的东西。显然这三种不同的看法大体上分别对应于牛顿、莱布尼茨和康德本人的看法。

康德认为，牛顿和莱布尼茨的共同错误在于他们把空间看成自在之物

---

〔1〕 康德著作全集(第二卷). 李秋零，主编. 北京：中国人民大学出版社，2004：412.

〔2〕 同上.

〔3〕 康德. 纯粹理性批判. 邓晓芒，译. 北京：人民出版社，2004：28.

(或它们之间的关系)的客观属性,而没有把它看成是“外感官的一切现象的形式,亦即唯一使我们的外直观成为可能的主观感性条件”[1]。在康德看来,空间并非自在之物的客观属性,而是现象的形式,亦即人对外界物体的感性直观的先天形式。

在空间是什么的问题上,人们普遍承认的是,空间是同时存在的不同事物之间的并列关系或秩序,如内外、上下、前后、左右,等等。莱布尼茨已经看到这种关系的“观念性”,但没有对其作进一步的发挥。康德则对此进行了深入的探讨。在他看来,既然我们无法在具有内外或上下关系的事物本身中直观到这种关系,那么,就说明这种关系来自于我们认识者本身,而不存在于被认识者身上。换言之,“只要我们抽掉一切经验的可能性这个条件,并把空间假定为某种给自在之物提供基础的东西,空间就什么也不是了”[2]。这就是空间的“先验的观念性”,但这并没有否认空间“经验性的实在性”,即“一切事物,作为外部现象,都相互并存于空间里”[3]。——我们虽然可以设想空无一物的空间,但却无法设想不存在于空间中的物体,也就是说,在我们对外界物体的直观中,已经预先包含对它的空间形式的直观。

对于康德来说,“空无一物的空间”即所谓的虚空或真空,虽然是可以设想的,但也仅仅是设想,只有作为经验对象的形式的空间,才是实在的。像牛顿那样认为空间在事物不存在时也仍然存在,不过是像童话一样的“虚构”罢了。在他关于空间的本性的哲学探讨中,康德并没有正面讨论是否存在真空的问题,原因在于他把空间看成人的感性直观的先天形式,否定了空间的客观性,这就从根本上取消了“是否存在真空或虚空?”的问题。从这个意义上来说,在是否存在虚空或真空的问题上,康德与笛卡尔和莱布尼茨站在了一起。

四、海德格尔:“自在空间”的生存论解构

对于海德格尔来说,空间问题的重要性也许无法与时间问题相提并论,但不难看到的是,无论是在以《存在与时间》为代表的前期著作中,还是在《诗·语言·思》等后期著作中,对空间问题的讨论都占有不少的篇幅。海德格尔空间理论的一个显著特点是他把人与空间的关系作为思考的重心。在

---

〔1〕 康德.纯粹理性批判.邓晓芒,译.北京:人民出版社,2004:31.

〔2〕 同上:32.

〔3〕 同上.

他看来,只有从人与空间的关系出发,才能使空间的本质得到正确的说明,而要弄清人与空间的关系,则必须首先弄清空间与物体及其位置的关系。[1]

空间或者是指由房屋、杯子之类的物体的边界所设置的具有一定用途的空间,或者是指物体所占据的具有长、宽、高三个维度的广延(extension)。前者是有差异的异质空间,是一个复数,它被称为"各个(具体的)空间";后者是无差异的匀质空间,是一个单数,它被称为"这个(抽象的)空间"。

海德格尔认为复数意义上的空间更接近"空间"的本义。"空间"原意是指"为定居和宿营而空出的场地"[2]。根据对"空间"的这种理解,"一个空间乃是某种被设置的东西,被释放在一个边界中的东西";而边界"并不是某物停止的地方",相反,"边界是某物赖以开始其本质的那个东西"[3]。以房屋为例,房屋的空间是指由墙壁、屋顶、地板等设置的可供人居住的那部分空间,墙体本身当然也占有一定的空间,但人们一般不会把它作为"房屋的空间"的一部分。也许海德格尔在他著名的《筑·居·思》一文中所举的"桥"的例子更能说明问题:桥的空间并不是指桥体本身所占据的空间,而是指由桥体开辟出来的可供人们通行的空间。[4] 同样的道理,隧道空间的大小取决于它作为通道的大小而非它所穿越的山体的大小。

上述这种复数意义上的空间是从各个物体及其所占的位置而来的,它并不像人们通常所认为的那样建立在单数意义上的空间的基础之上。因此,海德格尔强调说:"各个空间乃是从各个位置那里而不是从'这个空间'那里获得其本质的。"[5]

那么,单数意义上的"这个空间"又从何而来呢?海德格尔认为它来自物与物或人与物之间的间隔或距离。例如,房顶与地板之间的间隔,我与某座桥之间的距离等。这种意义上的空间的特点是它具有长、宽、高三个不同的维度,并且可以从这三个方面进行测量和比较。这也正是笛卡尔称之为广延并把它作为物质实体的本性的东西。如果从这个意义上来理解空间,那么,房屋的墙体所占据的空间与由它们开辟出来可供居住的空间这两种对于人来说具有截然不同的意义的空间将是"同质的"。海德格尔认为对空间的这样一种流俗的理解与"空间"的本义相去甚远。不可否认,在由物体的位置所设置的具体空间中,总是有作为可测量的广延意义上的空间;但是,这种意义

[1] 海德格尔.演讲与论文集.孙周兴,译.北京:生活·读书·新知三联书店,2005:165.
[2] 同上:162.
[3] 同上.
[4] 同上:160-162.
[5] 同上:163.

上的空间并不因为“它们普遍地适用于一切延展之物”而就成为空间的本质。[1] 也就是说,“物体的广延”意义上的同质空间并没有穷尽“空间”概念的丰富而具体的含义。空间固然可以看作是同质的、单数的,但必须看到它同时又是异质的、复数的。

对海德格尔而言,弄清了空间与物体及其所占的位置的上述这种错综复杂的关系,我们对人与空间的关系的思考就有了可靠的依据。[2]

当我们谈起人与空间的关系时,听起来似乎是人站在一边,而空间站在另一边。[3] 但是,空间实际上并非存在于人的存在之外的某种东西,因为人的存在就是“在大地上栖居”,甚至为栖居所进行的筑造也不过是栖居的一种方式。[4] 当我们谈起“某个人”时,我们总是把他作为栖居于这个世界上的某处的人来看待,甚至已经去世的人我们也把他们设想为在天堂之上或九泉之下存在着。

一方面,作为在大地上的栖居,人的存在离不开空间;另一方面,空间并非与人的存在无关的“自在之物”,而是在人的存在中开启出来的。因此,在海德格尔那里,空间和空间性成为生存论概念。这首先表现在,空间维度意义上的上下、前后等是通过人的生存活动所使用的用具(即所谓的“上手事物”)的位置来决定的。例如,“上面”就是“房顶那里”,“下面”就是“地板那里”,“后面”就是“门那边”。[5] 而上手事物或用具之所以有各不相同的位置,则是由于人的生存活动有种种不同的需要。举例来说,只是因为人的生存离不开太阳的光和热,因此太阳处在天空的哪个位置才成为人所关心的问题,于是才有诸如东方(日出处)与西方(日落处)之类的空间概念。再如,只是因为人有采光、避寒、取暖等需要,人所居住的房屋才有向阳面与背风面之分。

上手事物不仅处于不同的位置,而且还有远近和方向上的不同,而这种远近和方向不能用物理学意义上的空间距离和方向来衡量,而同样是由此在的生存活动所决定。决定着从周围世界上到手头的东西之远近的,乃是人的操劳活动所包含的特有的“视”,海德格尔把这种“视”称为“寻视”(Umsichit)。“近”说的是,处在寻视着首先上手的东西的环围之中——“接近不是以身体这物为准,而是以操劳在世为准的”[6]。通常以为“最近的东西”根本不是“离

〔1〕 海德格尔.演讲与论文集.孙周兴,译.北京:生活·读书·新知三联书店,2005:164.
〔2〕 同上:165.
〔3〕 同上.
〔4〕 同上:154—156.
〔5〕 海德格尔.存在与时间.陈嘉映,王庆节,合译.北京:生活·读书·新知三联书店,2006:120.
〔6〕 同上:125.

我们"距离最短的东西。我们总是越过在距离上"切近的东西"去听去看，例如，眼镜从距离上来说就近得"在鼻梁上"，然而对戴眼镜的人来说，这种用具在周围世界中比起对面墙上的画来要远得多。我们打电话时使用的电话机，乃至我们步行时所使用的道路，也是同样的情形。"(我们)行走时每一步都触到街道，似乎它在一般上手事物中是最切近最实在的东西了，它仿佛就顺着身体的一个确定部分即脚底向后退去。但比起'在街上'行走时遇见的熟人，街道却相去甚远，虽然这个熟人相'去'二十步之'远'。"〔1〕

海德格尔认为，事物的方向同样是由此在的在世或生存活动奠定的，而不是像康德所认为的那样是由主体对左右的"单纯感觉"决定的。我若要为自己制定方向，除非我把捉到了一件我熟悉的事物，否则"对我两侧之区别的单纯感觉"是毫无用处的。〔2〕

总之，对海德格尔来说，空间是在此在的在世或生存及作为其基本构成环节的世界中展开的，因此，与其说世界在空间之中，不如说空间在世界之中。但这并不意味着空间存在于作为实体来看待的此在或主体之内。空间确实如康德所说的那样是一种"先天的东西"，但是，"先天这个名称说的不是先行归属于一个尚无世界的主体而这个主体又从自身抛射出一种空间之类，先天性在这里说的是凡上手事物从周围世界来照面之际空间就已经照面……"〔3〕即每一个上手事物对我们来说都是处于某种空间关系(位置、远近、方向)中的事物；我们或许能够发现一种其中"空空如也"的位置或场所，但决不能找到不占有某个位置的事物。事物对人来说必定处于某个空间位置中，甚至在事物到来之前人就已经为它准备好了位置以至于我们经常遇见"空的场所或位置"，这是由人的在世或生存的固有特性决定的。简而言之，空间确实具有先天性，但这并不是因为它像康德所说的那样是人的感性直观的先天形式，而是因为人的生存活动预先对它进行了开启和筹划。"天不生仲尼，万古如长夜"，如果把其中"仲尼"换成"此在"，则颇能表达海德格尔的意思。对于海德格尔来说，此在这样一种"自然之光"不仅照亮了世界万物，而且还开启了作为它们存在前提的时间和空间。

海德格尔如何看待"是否存在虚空"的问题呢？像康德一样，海德格尔也未正面表达他对这个问题的看法。但是，不难看到的是，一旦我们把空间看作通过人的生存、在世才得以开启或展开，并在上手事物的位置和远近等之

〔1〕 海德格尔.存在与时间.陈嘉映，王庆节，合译.北京：生活·读书·新知三联书店，2006：125.

〔2〕 同上：127.

〔3〕 同上：129.

中显现出来的东西，那么就否定了与人的生存无关的自在空间，这也就从根本上取消了是否存在虚空的问题；换言之，对于海德格尔而言，空间归根到底是此在与上手事物以及不同上手事物彼此之间的关系，谈论与此在及上手事物无关的自在空间是否存在是没有意义的。

第十八章　对胡塞尔“危机哲学”的存在论反思

晚年胡塞尔和后期海德格尔不约而同地都成了现代文明或其实证科学基础的批判者，成为“危机哲学家”。毫无疑问，胡塞尔和海德格尔等人的“危机哲学”首先是对20世纪上半叶以世界大战为代表的一系列灾难性事件的直接反应。但是，如果我们把当时的那些具体的具有一定偶然性的不幸事件看作是晚年胡塞和后期海德格尔成为“危机哲学家”的根本原因，就有可能误解胡塞尔和海德格尔的“危机哲学”的真正意义。必须看到，对于胡塞尔和海德格尔来说，无论是世界大战的爆发，还是经济的衰退，抑或是纳粹的上台，都绝非偶然。人人都知道，当时的欧洲确实“病得不轻”，但是，可能很多人没有看到，世界大战、经济衰退、纳粹上台等都只是“病症”，而非“病因”。只有找到病因，才能真正治好病，否则顶多只是“头痛医头，脚痛医脚”。胡塞尔和海德格尔的“危机哲学”所要探究的，正是当时的种种时代乱象的深层原因。

一、现代实证科学的本质特征

胡塞尔认为，在近代之初，开始出现这样一种前所未闻的构想，即“由一般存在者构成的无限的全体本身就是一个合理的无所不包的统一体，它可以相应地由一种普遍的科学完整无遗地把握”〔1〕。按照这种构想，由理念的东西构成的无限的世界，它的对象不能够单个地、不完整地好像是偶然地被我们所认识，而是要通过一种合理的系统地统一的方法才能达到。当然，如果说这种构想起源于古希腊柏拉图的理念学说和欧几里得几何学，也并不为过。但是，必须看到的是，只是由于伽利略对自然的数学化，自然本身才在新的数学的指导下彻底理念化了，自然本身才变成了“数学的流形”〔2〕。因此，伽利略可以说是现代实证科学思想的奠基人，现代自然科学在很长的一个时

〔1〕 胡塞尔.欧洲科学的危机与超越论的现象学.王炳文，译.北京：商务印书馆，2001：33.
〔2〕 同上：34.

期内被称作伽利略式的自然科学,是恰如其分的。这意味着,如果我们想要了解现代实证科学不同于古代科学的基本特征,就必须了解伽利略将自然数学化的动机和过程。

对于前科学地在日常的感性经验中被给予的这个世界,可以说我们每一个人都有自己的表象。但对于伽利略来说,只有以纯几何学为代表的纯数学所教给我们的东西,才是我们对这个世界的经验表象中的必真的内容。纯几何学是关于"纯粹的极限形状"的科学,纯几何学的工作就是规定这些"极限形状",并从已经被规定的"极限形状"出发,通过一定运算程序规定其他观念的形状,以及最终规定一切观念的形状。通过几何学的这些工作,我们能够对形体世界中的东西做出一种"全新的归纳预见"[1],即能够根据已知的、被测定的、涉及形状的事件,以绝对的必然性对未知的、用直接的测量手段所达不到的事件做出"计算"。于是,"这个与世界相疏远的观念的几何学变成了'应用的'几何学,并且,在某种程度上可以说,变成了认知实在的东西的一般方法"[2]。

在伽利略看来,与纯几何学的情况相类似的事情对于这个具体的世界来说也是可能的,自然在它的一切其他方面(非单纯形状的领域)也可以用同样的方式构成地规定。当然,由于"具体地充实形体世界的时空形状环节的质料的充实('特殊的'感性性质),在它们自己的度量方面不能像形状本身一样被直接地处理"[3]等原因,对物体的特殊的感性性质进行"直接的"数学化在原则上是不可能的。但是,值得庆幸的是,物体的特殊的感性性质("充盈")与它们的形状之间的密切联系则为我们提供了对物体的特殊的感性性质进行"间接的"数学化的可能性。因此,在作为真正的客观知识王国的数学和在它指导下的技术激发下,下面这样一种自然观通过伽利略本人的卓有成效的工作被确立起来:一切通过特殊的感性性质把自己展示为实在的东西在属于形状的领域(在此它当然已被设想为观念化了的)内的事件中都有它们的数学指数(Mathematischen Index)。显然,这样一种自然观的形成,意味整个自然界被彻底数学化了。[4]

从以上所述可以看出,对于胡塞尔来说,现代实证科学的认识方式的根本特征在于它的数学性,它总是要根据已知的、被测定的事件,以绝对的必然性对未知的、用直接的测量手段所达不到的事件做出"计算",以达到对感性

[1] 胡塞尔.欧洲科学的危机与超越论的现象学.王炳文,译.北京:商务印书馆,2001:45.
[2] 同上.
[3] 同上.
[4] 同上:52.

直观世界中的具体事件做出实践上所需要的、具有经验的确定性的预言的目的。[1]

初看起来，海德格尔对现代实证科学认识方式的根本特征的看法与胡塞尔的上述看法相当接近。因为海德格尔曾经明确指出，现代实证科学与其说是事实科学、是实验科学、是测量科学等，不如说它是“数学的科学”[2]。但是，在如何理解现代实证科学的“数学”本性的问题上，在海德格尔与胡塞尔之间发生了分歧。海德格尔认为，“公理因素、原理的设定——所有进一步的工作都以明晰的次序建立在原理的基础上——乃是作为筹划的数学因素的本质。”[3]因此，现代实证科学的“数学”本性不在于它使用通常意义上的数学工具，而在于它通过数学筹划对某个存在者领域的基本轮廓进行了筹划，这种筹划一方面为某门科学开启了它藉以活动的对象区域，规定着什么能够成为对象以及它如何成为对象[4]；另一方面还预先描画出认识的程式必须以何种方式维系于被开启的区域，以保持这种认识的严格性。[5] 就拿现代物理学来说，现代物理学之所以被叫作数学的物理学，根本的意义不在于像胡塞尔等人所说的那样它应用一种通常意义上的数学工具，而在于通过物理学并且为了物理学，以一种强调的方式，预先就构成（筹划）了某种具有一系列特殊的规定性的关于自然的基本轮廓。这种关于自然的基本轮廓（具有时空关系的质点的自成一体的运动联系）后来必定成为对所寻求的自然知识而言的自然，一切事件唯有在这种基本轮廓的视界内，预先被规定为时间—空间内的某种运动，才能作为自然事件成为物理学的研究对象；相应地，物理学研究的每一个追问步骤都把任何进入其研究范围内的自然事件规定为时间—空间上的运动量，物理学以及其他数学的自然科学正是通过对对象区域的维系的精确性而确保了自身的严格性。[6]

从以上所述来看，虽然胡塞尔与海德格尔都把“数学性”看作是现代实证科学的认识方式的根本特征，但他们对现代实证科学的“数学本性”的具体理解存在着很大的差异，这种差异进一步导致了他们在现代实证科学的形而上学基础和现代实证科学的危机的实质和根源等问题上的不同见解。

---

〔1〕 胡塞尔.欧洲科学的危机与超越论的现象学.王炳文，译.北京：商务印书馆，2001：58.

〔2〕 同上：849.

〔3〕 同上：879.

〔4〕 同上.

〔5〕 同上：887.

〔6〕 海德格尔.海德格尔选集.上海：生活·读书·新知上海三联书店，1996：888—889.

二、现代实证科学的形而上学基础

胡塞尔认为,对世界的数学化及其所建立的公式或函数关系的普遍应用的结果是:自然科学的经验的、发现的思想方式,逐步转变成为以变换的概念、“符号的”概念进行思考的思想方式;人们以字母和表示联接和关系的记号,按照本质上与纸牌或棋类游戏的活动方式没有什么区别的游戏规则来演算。在这个过程中,真正地给予这种技术化的过程以意义及这个过程的结果以真理的本来思想不知不觉地被排除出去了。[1] 这意味着自然科学的方法和理论的本来意义被掩盖起来了。尽管人们在某种程度上意识到了技艺和科学的区别,但是人们对技艺工作(几何学)的真正意义的反思始终仅仅停留在理念化了的自然上;他们没有把反思进行到底,不去追问从前科学的生活和它的周围世界中产生出来的现代实证科学,以及与之不可分割的几何学,是为何种根本目的服务的。[2]

胡塞尔还用“衣服”作比喻进一步说明数理自然科学的表面意义对它的本来意义的上述这种分离和掩盖。他说,在几何的和自然科学的数学化中,我们为生活世界量体裁一件理念的衣服(Idenkleid),即所谓客观科学的真理的衣服。就是说,通过一种(为我们所希望的)能在每一个别的情况中实际地实行的、并能被不断证明的方法,我们首先为生活世界的可具体地被直观的形状的实际和可能的感性的充实构作量值指数,然后用这种方式获得预言直观地被给予的生活世界中具体的、现在还没有被实际地给予或不再被实际地给予的事件的可能性。[3] 但是,这件“数学和数学的自然科学”的理念的衣服或数学符号的衣服,后来逐渐囊括了一切对于科学家和受过教育的人来说作为“客观实际的、真正的”自然,并代表和化装成生活世界中的一切东西。这件理念的衣服最终使我们把只是一种方法的东西当作真正的存有,而这种方法本来是为了用科学的预言来改进原先在生活世界中的粗略的预言的目的而被设计出来的。[4]

胡塞尔认为对现代实证科学理论的原初意义的上述这种忘却和掩盖必然使人们产生“物理学的客观主义”的世界观,这种世界观认为世界本身具有自在的数学理性,整个世界是一个前后一贯的理性系统,我们的科学和哲学

---

〔1〕 胡塞尔.欧洲科学的危机与超越论的现象学.王炳文,译.北京:商务印书馆,2001:62.
〔2〕 同上:65.
〔3〕 同上:67.
〔4〕 同上.

理性是对这种理性系统的摹写。无论是笛卡尔还是莱布尼兹或斯宾诺莎都受这种世界观的支配，并成为这种世界观的代言人，如斯宾诺莎的《伦理学》就是把这种世界观上升为系统的哲学理论的一次“大胆”的尝试。[1]

胡塞尔认为，当谈论“客观性”的时候不考虑经验这种客观性、认识这种客观性、实际地具体地造就这种客观性的主观性，这是一种素朴的观点；研究自然或研究整个世界的科学家看不到他们所获得的一切作为客观真理的真理和作为他们公式的基础的客观世界本身（日常的经验的世界和高层次的知识的概念世界）是在他们本身中发展起来的他们自己的生活的构造，这也是一种素朴的观点。“一旦我们注视到了这种生活，这种素朴的观点自然就不再可能站住脚了。”[2]

物理学主义的客观主义本身的上述这种“硬伤”使人们一开始就对这种理性主义的哲学理想有所怀疑，并且这种怀疑随着时间的推移而不断加深。整个近代哲学史在某种意义上就是一部客观主义哲学与反对这种哲学的超验主义哲学进行顽强斗争的历史。[3] 作为近代哲学开创者的笛卡尔不仅是近代客观主义的理性主义的创始人，而且也是破除这种理性主义的超验主义动机的奠基者：一方面，笛卡尔的普遍哲学理念具有数学的或物理主义的理性主义的意义；另一方面，笛卡尔哲学第一次确立了自我和主观性的基础性地位，预示了物理主义的理性主义必然被超越论的主观主义所取代的命运。[4]

笛卡尔是通过彻底怀疑的中止判断的方法确立自我或主观性的基础性地位的。胡塞尔认为，笛卡尔的“自我”概念的确立是一个伟大的发现，但是笛卡尔把“自我”理解为人的心灵或灵魂，是完全错误的。笛卡尔对“自我”的这种错误理解使“自我的发现”的意义大打折扣。[5] 历史上的事实表明，人们在回溯到那个无可置疑的自我中去的时候，容易跟随笛卡尔把这个自我解释为心灵，把最根本的自明性理解为“内在知觉”的自明性。这种理解最后导致了洛克的不可知论及贝克莱和休谟等人的唯心主义的怀疑论。[6]

在胡塞尔看来，贝克莱和休谟等人的唯心主义的怀疑论的观点毫无疑问是完全荒谬的。然而必须进一步看到的是，贝克莱和休谟等人的荒谬结论从

---

〔1〕 胡塞尔.欧洲科学的危机与超越论的现象学.王炳文，译.北京：商务印书馆，2001:81.
〔2〕 同上:120.
〔3〕 同上:88.
〔4〕 同上:92—93.
〔5〕 同上:101—103.
〔6〕 同上:110—112.

根本上来说是由对“自我”的笛卡尔式的错误理解，即把“自我”理解为人的心灵或灵魂引起的。如果我们能够摆脱对“自我”的这种错误理解，彻底贯彻中止判断的要求，把自我如实地理解为“绝对自我”或“纯粹意识”，那么我们就能发现贝克莱和休谟等人貌似荒谬的理论主张中的合理成分。[1] 具体来说，贝克莱和休谟等人的怀疑论揭示了一种完全新的判断世界的客观性、判断它的整个存有的意义，以及相关地判断客观科学的存有的意义的方式。这种完全新的判断方式并不攻击客观科学本身的有效性，但攻击它们的形而上学主张——物理学主义的客观主义。[2]

如果说贝克莱和休谟等人的怀疑论只是以一种极端的形式不自觉地启示了一种判断客观世界的存有的意义不同于物理学主义的客观主义的新的方式的话，那么康德则在前人的基础上自觉地对这种新的判断方式进行了系统的构建和论证。按照康德的有关理论，正如客观的物体世界一样，整个自然科学的世界都是我们的理智的主观构造。因此，那种认为人能够超出他作为认识者的主观性认识自在的存有中的客观理性(在胡塞尔看来，这种自在的理性不过是实证科学的一种虚构而已)的物理学主义的客观主义的观点是完全错误的。

胡塞尔认为，康德的超越论哲学是一种在反对前科学的和科学的客观主义的斗争中回到作为一切客观意义的授予和对存有的认定的最终所在地认知的主体中去的哲学。它企图把现存的世界理解为意义和有效性的结构，并且以这种方式寻求创建一种本质上新型的科学的态度和新型的哲学。这种哲学第一次揭示了实证科学的成就的真正意义以及相应地揭示了客观世界的真正的存有意义。毫无疑问，这种揭示有利于现代实证科学走出自我理解的误区，摆脱它面临的困境。

与胡塞尔一样，海德格尔认为有必要揭示现代实证科学的形而上学基础。海德格尔认为，现代实证科学不仅是数学的科学和研究的科学，它们同时还是技术的科学，是“现实之物的理论”。[3] 海德格尔关于现代实证科学的本质的这些结论告诉我们，自然或历史受到了摆置，成为说明性表象的对象，是现代实证科学的基本特征。只有如此这般地成为对象，如此这般地是(ist)对象的东西，才被现代实证科学视为存在着的(seinend)。换句话说，只有当存在者之存在在这种对象性中被寻求之际，才出现现代实证科学；相应地，当

---

〔1〕 胡塞尔.欧洲科学的危机与超越论的现象学.王炳文，译.北京：商务印书馆，2001：111－112.
〔2〕 同上.
〔3〕 海德格尔.海德格尔选集.上海：生活·读书·新知上海三联书店，1996：956.

而且只有当真理已然转变为表象的确定性之际，我们才达到了现代实证科学。可见，存在者被规定为表象的对象性及真理被规定为表象的确定性，就是现代实证科学的形而上学基础之所在；而这样一种关于存在者的存在和关于真理的概念，则支配着现代形而上学的全部进程。[1]

通常认为，现代形而上学是通过笛卡尔哲学确立起来的。直到笛卡尔时代，任何一个自为地现存的物都被看作"主体"；但从笛卡尔开始，"我"成了别具一格的主体，其他的物都根据"我"这个主体才作为其本身而得到规定。而人成为主体意味着：人成为那种存在者，一切存在者都把自身的存在和真理建立在这种存在者之上。可见，在人成为主体的同时，人们对存在者整体的理解也相应地发生了某种根本的变化。[2] 在古代，存在者之存在从来就不在于：存在者作为对象被带到人面前，存在者被摆置到人的决定和支配领域之中，并唯有这样才成为存在着的。[3] 只有到了现代，存在者的存在才是在存在者的被表象状态中被寻求和发现的，存在者才唯有作为具有表象和制造作用的人摆置的对象而言才是存在着的。[4] 海德格尔认为，存在者在人的表象中的对象化意味着世界对于人来说成了人的图像。在人成为主体的同时世界成为图像，这就是现代不同于前现代的时代特征。现代的本质就在于它是一个世界图像的时代，现代的基本进程乃是对作为图像的世界的征服过程。无论是现代形而上学还是现代实证科学，都不过是现代的这种本质和进程的不同反映而已。[5]

总起来说，胡塞尔与海德格尔对现代实证科学的形而上学基础的不同理解在于：在胡塞尔看来，从笛卡尔开始的现代哲学包含着截然不同的两种哲学类型——物理学主义的客观主义与超越论的主观主义；随着由贝克莱和休谟开创的、在康德那里得到系统阐发并由他本人推进到了先验唯心主义阶段的"超越论的主观主义"对作为现代实证科学的形而上学基础的"物理学主义的客观主义"的胜利，现代实证科学将恢复它对人的现实生活世界的意义，从而摆脱它面临的危机。对于海德格尔来说，无论是物理学主义的客观主义还是超越论的主观主义，就它们都是把人当成主体、把世界当作表象和利用的对象的主客二分的二元论哲学来说，是"一丘之貉"；因此，要想摆脱现代实证科学乃至整个现代文明的危机，就必须彻底抛弃包括胡塞尔的先验唯心主义

[1] 海德格尔.海德格尔选集.上海：生活·读书·新知上海三联书店，1996：896.
[2] 同上：897.
[3] 同上：900.
[4] 同上：899.
[5] 同上：902—904.

在内的整个现代哲学把自然对象化、把世界图像化的思维方式。可见，胡塞尔和海德格尔对现代实证科学的形而上学基础的不同理解，不仅决定着他们对现代哲学的不同态度，而且决定着他们在现代科学危机的实质和根源等问题上的不同看法。从下面对他们两人在科学危机问题上的具体观点的比较中，人们可以更加清楚地看到这一点。

三、现代实证科学的危机

在胡塞尔看来，包括纯数学和各门精确自然科学在内的现代科学的“科学性”和理论成就是毋庸置疑的。因此如果现代科学危机指的是“现代科学的方法和成果的科学性成了问题”，那么可以说并不存在这样的危机；相反，现代科学至今仍然不失为“严格的和最富有成果的科学性的楷模”[1]。

胡塞尔指出，直到19世纪后半叶为止，现代人一直迷惑于现代实证科学所造就的“繁荣”而毫无保留地让自己的整个世界观受现代实证科学的支配，结果是“单纯注重事实的科学造就了单纯注重事实的人”[2]，所有那些无法用实证科学的方法加以研究但对于真正的人来说至关重要的问题都被当作“形而上学的问题”而被排除在认真严肃的科学研究的范围之外。胡塞尔认为，这意味着现代实证科学在原则上排斥了一个在经济危机和世界大战相互交织的不幸时代中，人面对命运攸关的根本变革所必须立即做出回答的问题：探问整个人生有无意义。这个对于整个人类来说是普遍和必然的问题本来非常需要从理性的观点出发加以全面的思考和回答，但实际上不但单纯关于物体的科学(即自然科学)完全舍弃这个“主观方面的问题”，即使是精神科学也为了所谓的“严格的科学性”而拒绝对这个问题进行思考和回答。[3]

如果无论是在物质世界还是在精神世界中，我们都只能发现事实的堆积，而看不到“理性”的作用，那么，世界以及在其中的人的存在在根本上还能有什么意义呢？[4] 现代实证科学在时代危机面前对人生的意义问题的排斥和回避使人开始对现代实证科学的价值和意义产生怀疑，人们开始抱怨在人生的根本问题上，实证科学对我们什么也没有说。可见，现代实证科学的危机不在于它的科学性受到怀疑，而在于它因被实证地简化为纯事实的与人的理性无关的科学而丧失了对人的生活的意义。

---

〔1〕 胡塞尔.欧洲科学的危机与超越论的现象学.王炳文，译.北京：商务印书馆，2001：13.
〔2〕 同上：16.
〔3〕 同上.
〔4〕 同上.

对纯粹客观事实的追求使现代科学完全排除了人生的意义问题，但是“特殊的人的问题在过去也并不始终被排除在科学领域之外，它们跟一切科学的内在关系，其中包括跟不以人为研究对象的科学（比如自然科学）的内在关系，在过去也并不总是不加以考虑的”[1]。现代实证科学把“纯粹客观的事实”作为最高的诉求，把一切关于人生的价值和意义的问题都当作“主观的东西”加以排斥的态度从根本上来说是由它的物理学的客观主义的立场造成的，这种立场使它忽视了这样一个事实：“意识生活是一种进行造就的生活，她（不论正确还是错误）造就了存有的意义。这既包括造就被感性地直观到的存有的意义，也包括造就科学的存有的意义。”[2]这就是说，对于下面这样一个事实，客观科学是从来不加以考虑的：“正如感性的世界、日常经验的世界，是感性的思的活动的所思一样，科学的世界也是科学的思的活动的所思……整个世界本身来自多重的流动着的思的活动的普遍的综合的所思；在较高的层次上，科学的思的活动的理性的造就行为（前者以后者为基础）对科学的世界来说是起构成作用的。”[3]对如上事实的忽视是现代实证科学漠视人的生存的意义以至陷入自身的意义危机的根源所在。

与胡塞尔一样，海德格尔也认为，当人们谈论科学的危机的时候，决不意味着科学本身陷入了危机，因为“科学本身在今天的步履比以往任何时候都更加坚定”[4]，但是同时不可否认，确实有一种奇特的不安贯穿于所有科学之中，并且这种不安远远超出了科学基本概念之不可靠性的范围[5]。那么，产生这种不安或危机感的根源何在呢？

海德格尔认为现代实证科学陷入危机的主要原因在于：

第一，现代实证科学作为“现实之物的理论”永远无法达到对不可回避之物的完全解蔽。所有科学都依赖于它的不可回避之物（例如自然就是以物理学为代表的自然科学的不可回避之物），同时正在又都无法达到对不可回避之物的本质的完全揭示，这倒并不是因为每一门科学都在“途中”，而是因为科学的对象化思维本身仅仅是不可回避之物显现自身的一种方式而不是全部方式。尽管物理学可以从物质与能量的同一性出发来设想自然所具有的最一般的规律性，尽管对物理学来说这种设想就是自然本身，但这里的自然却无可否认地只是作为对象领域的自然，它作为研究对象是通过物理学的加

---

〔1〕 胡塞尔.欧洲科学的危机与超越论的现象学.王炳文，译.北京：商务印书馆，2001:17.

〔2〕 同上：111—112.

〔3〕 同上：112—113.

〔4〕 海德格尔.海德格尔选集.上海：生活·读书·新知上海三联书店，1996:975.

〔5〕 同上.

工才得到规定并且是在物理学中被特殊地制造出来的。[1] 物理学一开始就戴着一副有色眼镜去看待自然,无论它对在它的眼镜中显现出来的自然的认识达到了多么完善的地步,它都决不意味着我们对自然的本质有了“真正的”认识。

第二,现代实证科学对不可回避之物的解蔽是一种“遮蔽着的解蔽”。科学总是意味着对不可回避之物的某种程度的解蔽,这是不可否认的。但是当人们把科学的解蔽看成是独一无二的时候,这种解蔽在解蔽的同时就成了一种遮蔽,因为这样它就驱除了任何另一种解蔽的可能性。因此,海德格尔说:“一切存在者一向于其中显示自身的那种无蔽状态都蕴涵着危险,即:人在无蔽领域那里会看错了,会误解了无蔽领域。于是,在人们根据因果关系来描述一切存在者的地方,甚至上帝也可能对表象而言丧失了一切神圣性和崇高性,也可能丧失了它的遥远的神秘性。”[2]可见,杀死“上帝”(这里的“上帝”不应该理解为宗教神学上的上帝,而应该理解为人类向往和追求的一种终极理想)的,不是科学本身,而是人们对科学的无知和迷信。实证主义的盛行把人们对科学的这种无知和迷信表露无遗,而我们这个时代的悲剧在于,人们甚至把克服实证主义的希望也寄托于实证主义。

第三,现代实证科学对不可回避之物的解蔽总是一种狭隘而片面的解蔽,即它总是把不可回避之物解蔽为持存物或存货。一旦无蔽领域甚至不再作为对象,而是唯一地作为持存物与人相关涉,而人成为单纯的持存物的订造者,那么人就走到了悬崖的最边缘,在那里人本身也被看作持存物。但受到如此威胁的人却浑然不知其危险的处境而神气活现地以地球的主人自居。“由此,便有一种印象蔓延开来,好像周遭一切事物的存在都只是由于它们是人的制作品。这种印象导致一种最后的惑人的假象,以此假象看,仿佛人所到之处,所照面的只还是自身而已。”[3]但实际上,今天人类恰恰无论在哪里都不再碰到自身,亦即他的本质。

如果要用一句话来总结现代科学陷入危机的原因,那么这句话就是“科学不沉思”[4]。当然,如果沉思仅仅意味着对某物的表象,那么,科学也沉思。但真正的沉思决不仅仅是对某物的表象,因为“沉思的本质在于:探讨意义(Sinn)。”[5]沉思要求我们摆脱科学理性的对象化的思维方式的束缚,学会

[1] 海德格尔.海德格尔选集.上海:生活·读书·新知上海三联书店,1996:971.
[2] 同上:944.
[3] 同上.
[4] Heidegger, M. What Is Called Thinking?. New York: Harp and Row, 1968, p. 8.
[5] 海德格尔.海德格尔选集.上海:生活·读书·新知上海三联书店,1996:944.

“面对事实本身”，认识事物在人的技术利用目的之外的自在本性。

海德格尔认为，我们所处的这个技术时代，是一个贫困而黑暗的时代。这个时代的贫困和黑暗之处在于：人们已经被科学理性和技术意志蒙蔽了双眼，完全看不到包括人自身在内的存在者的天性了。海德格尔认为，在这样一个黑暗而贫困的时代，唯有一流的思者或诗人能够帮助我们从对时代偶像的崇拜中解脱出来，使我们重新看到一个真实的世界。

胡塞尔与海德格尔对科学危机的上述看法孰是孰非、孰优孰劣？这个问题虽然棘手，却并不重要。因为胡塞尔和海德格尔的上述思考的主要意义在于提醒我们要去寻找现代文明的各种弊病的深层原因，而不在于他们是否针对这些弊病开出了有效的“药方”。

参考文献

外文部分

1. Aristotle. *The Complete Works of Aristotle*. *Vol* 2. Edited by Jonathan Barnes. Princeton, New Jersey: Princeton University Press, 1984.

2. Mill, John Stuart. *A System of Logic*. Harper Brothers, Publishers, Franklin Square. 1882.

3. Husserl, Edmund. Logiche Untersuchungen. Zweiter Band. Ⅱ. Teil. Täbingen: Max Niemeyer Verlag, 1968.

4. Husserl, Edmund. Ideen zu einer reinen Phänomenologie und Phänomenologischen Philosophie, Erst Buch: Allgemeine Einführung in die reine Phänomenologie. The Hague, Netherlands: Martinus Nijhoff, 1950.

5. Husserl, Edmund. *The Phenomenology of Internal Time-Consciousness*. Bloomington: Indiana University Press, 1964.

6. Husserl, Edmund. Formale und transzendentale Logik. Halle: Max Niemeyer, 1929.

7. Husserl, Edmund. Cartesianische Meditationen und Pariser Vorträge. The Hague, Netherlands: Martinus Nijhoff, 1973.

8. Husserl, Edmund. Zur Phänomenologie der Intersubjektivität. Erster Teil: 1905—1920. The Hague, Netherlands: Martinus Nijhoff, 1973.

9. Husserl, Edmund. *Psychological and Transcendental Phenomenology and the Confrontation with Heidegger* (1927 — 1931). Edited and translated by Thomas Sheehan and Richard E. Palmer. Dordrecht, Boston, London: Kluwer Academic Publishers, 1997.

10. Heidegger, M. Frühe Schriften (Gesamtausgabe Abt. I: Band 1). Frankfurt am Main: Vittorio Klostermann, 1978.

11. Heidegger, M. Phänomenologische Interpretationen zu Aristoteles Anzeige der hermeneutischen Situation (Gesamtausgabe Abt. II: Band 63). Frankfurt am Main: Vittorio Klostermann, 2005.

12. Heidegger, M. Platon: Sophistes (Gesamtausgabe Abt. II: Band 19). Frankfurt am Main: Vittorio Klostermann,1992.

13. Heidegger, M. History of the Concept of Time. Bloomington: Indiana University Press, 1985.

14. Heidegger,M. *The Basic Problems of Phenomenology*. Bloomington: Indiana University Press,1982.

15. Heidegger,M. Metaphysical Foundations of Logic. Bloomington: Indiana University Press,1984.

16. Heidegger, M. Zur Sache des Denkens (Gesamtausgabe Abt. I: Band 14). Frankfurt am Main: Vittorio Klostermann, 2007.

17. Heidegger,M. Heidegger Lesebuch. Frankfurt am Main: Vittorio Klostermann ,2007.

18. Heidegger, M. *What Is Called Thinking*? New York: Harp and Row,1968.

19. Ricoeur, Paul. *Husserl: An Analysis of His Phenomenology*. Evanston: Northwestern University Press, 1967.

20. Richardson, William J. *Heidegger: Through Phenomenology to Thought*. New York: Fordham University Press, 2003.

21. Kisiel, Theodore. *The Genesis of Heidegger's Being and Time*. Berkeley and Los Angeles,California: University of California Press,1993.

22. Smith, Barry and Woodraff Smith, David (ed.). *The Cambridge Companion to Husserl*. Cambridge: Cambridge University Press, 1995.

23. Moran, Dermot. *Edmund Husserl: Founder of Phenomenology*. Cambridge: Polity Press,2005.

24. Michalsk, Krzysztof. : *Logic and Time: An Essay on Husserl's Theory of Meaning*. Dordrecht, The Netherlands: Kluwer Academic Publishers,1997.

25. Zahavi, Dan. *Husserl's Phenomenology*. Stanford, California: Stanford University Press,2003.

26. Mohanty, J. N. *Husserl and Frege*. Bloomington:Indiana University Press, 1982.

27. Sokolowski, Robert. *The Formation of Husserl's Concept of Constitution*. The Hague, Netherlands: Martinus Nijhoff, 1970.

28. Elliston, Frederick A. & Cormick, Peter MC (ed.) . *Husserl*:

Expositions and Appraisals. London: University of Nortre Dame Press, 1977.

29. Figal, Günter. Martin Heidegger zur Einführung. Hamburg: Junius Verlag,2003.

30. Jammer, Max. *Concepts of Space*. New York: Dover Publications, Inc. ,1993.

中文部分

1. 亚里士多德. 物理学. 张竹明,译. 北京:商务印书馆,1982.

2. 奥古斯丁. 忏悔录. 周士良,译. 北京:商务印书馆,1963.

3. 笛卡尔. 哲学原理. 关文运,译,北京:商务印书馆,1959.

4. 莱布尼茨与克拉克论战书信集. 陈修斋,译. 北京:商务印书馆,1996.

5. 康德. 纯粹理性批判. 邓晓芒,译. 北京:人民出版社,2004.

6. 康德. 康德著作全集(第二卷). 李秋零,主编. 北京:中国人民大学出版社,2004.

7. 康德. 康德著作全集(第三卷). 李秋零,主编:北京:中国人民大学出版社,2004.

8. 维科. 新科学. 朱光潜,译. 北京:商务印书馆,1989.

9. 弗雷格. 算术基础. 王路,译. 北京:商务印书馆,1998.

10. 弗雷格. 弗雷格哲学论著选集. 王路,译. 北京:商务印书馆,2006.

11. 胡塞尔. 逻辑研究(第一卷). 倪梁康,译. 上海:上海译文出版社,2006.

12. 胡塞尔. 逻辑研究(第二卷第一部分). 倪梁康,译. 上海:上海译文出版社,2006.

13. 胡塞尔. 逻辑研究(第二卷第二部分). 倪梁康,译. 上海:上海译文出版社,2006.

14. 胡塞尔. 现象学的观念. 倪梁康,译. 上海:上海译文出版社,1986.

15. 胡塞尔. 纯粹现象学通论. 李幼蒸,译. 北京:商务印书馆,1992.

16. 胡塞尔. 笛卡尔式的沉思. 张廷国,译. 北京:中国城市出版社,2002.

17. 胡塞尔. 欧洲科学的危机与超越论的现象学. 王炳文,译. 北京:商务印书馆,2001.

18. 胡塞尔. 胡塞尔选集. 倪梁康,选编. 上海:上海三联书店,1997.

19. 海德格尔. 存在与时间. 陈嘉映,王庆节,合译. 北京:生活·读书·新知三联书店,2006.

20. 海德格尔. 面向思的事情. 陈小文,孙周兴,译. 北京:商务印书馆,1999.

21. 海德格尔. 演讲与论文集. 孙周兴,译. 北京:生活·读书·新知三联书店,2005.

22. 海德格尔. 海德格尔选集. 孙周兴,选编. 上海:生活·读书·新知上海三联书店,1996.

23. 伽达默尔. 哲学解释学. 夏镇平,宋建平,译. 上海:上海译文出版社,1994.

24. 伽达默尔. 伽达默尔集. 严平,编选;邓安庆,等译. 上海:上海远东出版社,1997.

25. 施皮格伯格. 现象学运动. 王炳文,张金言,译. 北京:商务印书馆,1995.

26. H. P. 里克曼. 狄尔泰. 殷晓蓉,吴晓明,译. 北京:中国社会科学出版社,1989.

27. [波兰]沙夫. 语义学引论. 罗兰,周易,合译. 北京:商务印书馆,1979.

28. 克里普克. 命名与必然性. 梅文,译. 上海:上海译文出版社,2001.

29. 达米特. 分析哲学的起源. 王路,译. 上海:上海译文出版社,2005.

30. 狄拉克. 物理学的方向. 张宜宗,郭应焕,译. 北京:科学出版社,1981.

31. 张庆熊. 胡塞尔论内在时间意识. 中国现象学与哲学评论(第一辑). 上海:上海译文出版社,1995.

32. 张汝伦. 海德格尔与现代哲学. 上海:复旦大学出版社,1995.

33. 洪汉鼎. 理解与解释——诠释学经典文献(修订本). 北京:东方出版社,2006.

34. 倪梁康. 现象学及其效应. 北京:生活·读书·新知三联书店,1994.

35. 吴国盛. 希腊空间概念. 北京:中国人民大学出版社,2010.

后 记

自 1986 年入学北京师范大学哲学系至今，已将近三十年。但我对胡塞尔和海德格尔哲学的钻研，则在 2000 年进入复旦大学哲学系攻读博士学位期间才真正开始。我在上海三年的学习时光，大部分是在复旦图书馆当时通常读者寥寥的外文藏书室度过的。

本书的雏形是我于 2003 年提交的题为“海德格尔与现象学的本体论转向”的博士学位论文。该文的基本主题是“海德格尔对胡塞尔现象学的存在论或生存论的批评与改造”。这个问题几乎涉及胡塞尔和海德格尔哲学的所有重要方面，十来万字的“博士论文”没有也不可能真正把这个问题说清。自那时至今的十多年时间里，我围绕这个问题又陆续撰写了若干篇论文，这次借出版本书的机会将这些后续的研究成果吸收整合到了本书中。以上算是对本书的由来的一个交代吧。

作为现象学运动两个主要代表人物，胡塞尔和海德格尔生前均长期在弗莱堡大学工作，因此，几乎所有从事现象学研究的学者都希望能有机会造访该校。感谢古恩特 · 费盖尔(Güntel Figal)教授的热情邀请，使我得以在 2012—2013 年实现埋藏心底多年的愿望。

感谢李兰芬、邢冬梅及苏州大学哲学系其他老师的推动和督促，使我能够有机会通过此书与国内同行交流研究心得，聆听专家学者们的批评指正！

感谢苏州大学出版社李寿春、薛华强等老师的精心指导和辛勤工作，使本书能够得以顺利问世！

朱耀平

2014 年 10 月 21 日